21 世纪全国职业教育通识课规划教材

新编法律基础知识读本
（第二版）

杜亚敏　李安祥　主编

内容简介

为贯彻《中共中央关于全面深化改革若干重大问题的决定》,我们适时编写了本书。本书共九章:第一章法律基础基本理论,第二章宪法相关法,第三章民法商法,第四章行政法,第五章经济法,第六章社会法,第七章刑法,第八章诉讼及非诉讼程序法,第九章律师代理与法律援助。每一章根据内容实际分成若干节。每节分为三个部分:第一部分为基本知识点;第二部分为重点问题;第三部分是案例评析。本书可作为非法学专业大学生学习法律时的辅导参考用书。

图书在版编目(CIP)数据

新编法律基础知识读本/杜亚敏,李安祥主编. —2版. —北京:北京大学出版社,2014.9
(21世纪全国职业教育通识课规划教材)
ISBN 978-7-301-24700-6

Ⅰ. ①新… Ⅱ. ①杜…②李… Ⅲ. ①法律—中国—高等职业教育—教材 Ⅳ. ①D92

中国版本图书馆 CIP 数据核字(2014)第 198872 号

书　　　　名:	新编法律基础知识读本(第二版)
著作责任者:	杜亚敏　李安祥　主编
策划编辑:	桂　春
责任编辑:	周　伟
标准书号:	ISBN 978-7-301-24700-6/D·3655
出版发行:	北京大学出版社
地　　　　址:	北京市海淀区成府路205号　100871
网　　　　址:	http://www.pup.cn　新浪官方微博:@北京大学出版社
电子信箱:	zyjy@pup.cn
电　　　　话:	邮购部 62752015　发行部 62750672　编辑部 62754934　出版部 62754962
印　刷　者:	北京富生印刷厂
经　销　者:	新华书店

787毫米×1092毫米　16开本　15印张　311千字
2007年8月第1版
2014年9月第2版　2016年5月第2次印刷(总第6次印刷)

定　　价:35.00元

未经许可,不得以任何方式复制或抄袭本书之部分或全部内容。
版权所有,侵权必究
举报电话:010-62752024　电子信箱:fd@pup.pku.edu.cn

第二版前言

本书是为非法学专业大学生学习法律知识编写的辅导参考用书。全书紧扣依法执政、依法行政、法治国家建设的基本治国方略,坚持以人为本,从本书的使用对象对法律知识了解少、集中统一学习时间相对较少的实际出发,进行重点和实用的指导。本书每节分为三个部分。第一部分为基本知识点,包括每节的基本法律知识,是教师与法律专业人员必须熟知和掌握的内容。第二部分为重点问题,它既是本节的重点法律知识,也是我们在日常生活、工作和学习中经常会碰到的法律问题,加以深刻理解与掌握是非常必要的。第三部分是案例评析,在该部分我们精选了本节所涉及重点内容的经典案例并对其进行深入评析,让读者能够将所学的法律知识与司法实践有机结合,达到举一反三、触类旁通的效果。

教师可以以"节"为单位(即每一次课所讲的内容以本节为中心),围绕这个中心再挑选学生关心的、兴趣强烈的问题进行重点讲解与介绍,从而达到提纲挈领的教学效果;教师也可以以每节后的经典案例为教学重点,组织学生进行讨论,在此基础上进行点评,从而引申出与本节相关的重点法律问题进行讲解与介绍。

本书主要适用于非法学专业法律爱好者、创业时期人士等作为普法类读物使用,也可以用作基础较薄弱的人员参加国家司法考试的参考用书。

本书由杜亚敏(四川绵阳职业技术学院教授,四川绵阳仲裁委员会仲裁员)和李安祥(中共绵阳市委党校副教授,博士研究生,四川道融民舟律师事务所律师,绵阳仲裁委员会仲裁员)担任主编。李安祥承担了该书第一章、第三章、第四章、第五章、第六章、第七章的编写工作。西南政法大学杨化老师、四川绵阳职业技术学院李丹老师、广东君厚律师事务所韩宇烈律师、绵阳风行律师事务所王平律师、四川省犯罪防控研究中心常务副主任廖天虎等同志也参与了部分章节的编写工作。

中国特色社会主义法律体系内容庞大,要想在较少篇幅内提炼出重点法律知识实非易事,加之时间及编者水平的局限,本书不足之处在所难免,恳请各位读者批评指正!

编者

2014 年 7 月

目 录

第一章 / 1
法律基础基本理论
- 第一节 概述 /1
- 第二节 法的运行 /8
- 第三节 法与社会 /11

第二章 / 16
宪法相关法
- 第一节 概述 /16
- 第二节 国家基本制度 /20
- 第三节 公民的基本权利与义务 /22
- 第四节 国家机构 /24

第三章 / 27
民法商法
- 第一节 民法概述 /27
- 第二节 物权 /35
- 第三节 债权 /42
- 第四节 知识产权 /55
- 第五节 婚姻家庭法律制度与继承权 /59
- 第六节 人身权 /66
- 第七节 侵权 /69
- 第八节 商法概述 /75

第四章 / 81
行政法
- 第一节 概述 /81
- 第二节 行政许可法 /86

　　　　第三节　行政处罚法　/90
　　　　第四节　行政强制法　/97
　　　　第五节　行政复议法　/100

第五章／104

经济法

　　　　第一节　消费者权益保护法、产品质量法、食品安全法　/104
　　　　第二节　反垄断法、反不正当竞争法　/113
　　　　第三节　土地法和房地产法　/118
　　　　第四节　环境保护法　/123

第六章／126

社会法

　　　　第一节　劳动法、劳动合同法、劳动基准法、劳动争议解决法　/126
　　　　第二节　社会保险法　/133

第七章／140

刑法

　　　　第一节　刑法概述　/140
　　　　第二节　犯罪　/142
　　　　第三节　刑罚　/153
　　　　第四节　刑法分则　/164

第八章／182

诉讼及非诉讼程序法

　　　　第一节　民事诉讼法与仲裁法　/182
　　　　第二节　刑事诉讼法　/199
　　　　第三节　行政诉讼法　/208

第九章／218

律师代理与法律援助

　　　　第一节　律师代理　/218
　　　　第二节　法律援助　/225

参考文献／233

第一章 法律基础基本理论

第一节 概 述

基本知识点

1. 法的概念,法的本质,法的基本特征,法的作用。
2. 法的价值的含义,法的价值判断与事实判断,法的价值种类,法的价值冲突及解决。
3. 法律规则,法律原则,权利与义务。
4. 法的渊源的概念,当代中国法的正式渊源,正式的法的渊源的效力原则,当代中国法的非正式渊源。
5. 法律部门,法律体系,当代中国法律体系。法的效力,法的效力范围,法对人的效力,法的空间效力,法的时间效力。
6. 法律关系的概念与种类,法律关系的主体,法律关系的内容,法律关系的客体,法律关系的产生、变更与消灭。
7. 法律责任的概念,法律制裁。
8. 法的起源,法的产生过程与标志,法产生的一般规律。
9. 法的历史类型,法的继承与移植。
10. 西方两大法系。
11. 法的现代化的含义,当代中国法治现代化的特点。
12. 法治的含义,由"法制"向"法治"的过渡,法治国家与社会主义法治国家。
13. 社会主义法治理念,社会主义法治精神的弘扬,法治思维。

重点问题

1. 法有哪几种价值?

一般而言,法的价值主要有以下四种。

(1) 自由。

（2）秩序。
（3）利益。
（4）正义。

2. 我国解决法的价值冲突主要有哪些原则？

（1）比例原则。比例原则，是指如果某种价值的实现必然会以其他价值的损害为代价，也应当使被损害的价值减低到最小程度。

（2）个案平衡原则。个案平衡原则，是指处在同一位阶上的法的价值之间发生冲突时，必须综合考虑主体之间的特定情形、需求和利益，以使得个案的解决能够适当兼顾双方的利益。

（3）价值位阶原则。价值位阶原则，是指不同位阶的法的价值发生冲突时，在先的价值优于在后的价值。一般而言，自由代表了人的最本质的人性需要，它是法的价值的最高层，正义次之，秩序应当接受自由和正义的约束。

3. 法律规则由哪些要素构成？

一般认为，法律规则应当由假定条件、行为模式和法律后果三个部分构成。

假定条件，是指法律规则中有关适用该规则的条件和情况的部分，即法律规则在什么时间、什么空间、对什么人适用以及在什么情境下对人的行为有约束力的问题。

行为模式，是指法律规则中规定人们如何具体行为之方式的部分。

法律后果，是指法律规则中规定人们在作出符合或不符合行为模式的要求时应承担相应的结果的部分，是法律规则对人们具有法律意义的行为的态度。

4. 法律规则和法律条文的区别是什么？

法律规则是法律条文的内容，法律条文是法律规则的表现形式，并不是所有的法律条文都直接规定法律规则，也不是每一个法律条文都完整地表述一个法律规则或只表述一个法律规则。

5. 什么是法律原则？

法律原则，是为法律规则提供某种基础或本源的综合性的、指导性的价值准则或规范，是法律诉讼、法律程序和法律裁决的确认规范。法律原则不仅关注主体行为及各种条件的共性，而且关注它们的个别性。不同的法律原则都可能存在于同一部法律中。

6. 法律权利的特点是什么？

（1）法律权利总是与义务人的义务相关联的。
（2）法律权利体现为一定的利益。

（3）法律权利是主体按自己的意愿决定是否实施一定的行为，具有自主性。

（4）法律权利在本质上由国家规定。

7. 什么是法律概念？

法律概念是对各种法律现象或法律事实加以描述、概括的概念，它不是完全独立的法律要素，而依附于法律规则或法律原则。

8. 我国的法律渊源有哪些？

（1）宪法。

（2）法律。

（3）行政法规。

（4）地方性法规、民族自治法规、经济特区的规范性文件。

（5）特别行政区的法律。

（6）规章。

（7）国际条约、国际惯例。

9. 什么是法律责任？

法律责任，是指行为人由于违法行为、违约行为或者由于法律规定而应承担的某种不利的法律后果。承担法律责任的最终依据是法律，法律责任具有国家强制性。

10. 法产生的根源是什么？

（1）私有制和商品经济的产生是法产生的经济根源。

（2）阶级的产生是法产生的阶级根源。

（3）社会的发展是法产生的社会根源。

11. 法产生的主要标志是什么？

国家的产生、权利和义务观念的形成，法律诉讼和司法的出现是法产生的主要标志。

12. 当代中国法治现代化的特点是什么？

从起因上看，中国法的现代化明显属于外源型的现代化。它是在外部环境的影响下，社会受外力冲击，引起思想、政治、经济领域的变革，最终导致法律文化领域的革新。外来因素是最初的推动力。该种现代化不仅表现为正式法律制度的内部矛盾，而且反映在正式法律制度与传统习惯、风俗、礼仪的激烈斗争中。传统的利益群体和传统的观念相结合，一方面成为法的现代化的强大阻力，另一方面又使法的现代化进程呈现多样性。在我国这种法治现代化中，西方法律资源是主要参照。

当代中国法治现代化表现出以下特点：

（1）具有被动性。

（2）具有依附性。这种现代化明显带有工具色彩，一般被要求服务于政治、经济变革。法律改革的合法性依据，并不在于法律本身，而在于它的服务对象的合理性。

（3）具有反复性。传统的本土文化与现代的外来文化之间的矛盾比较尖锐，法的现代化过程经常出现反复。

13. 我国建立社会主义法治国家的思想条件是什么？

（1）法律至上。

（2）权利平等。

（3）权力制约。

（4）权利本位。

14. 什么是法律关系？

法律关系是法律规范在调整社会关系的过程中所形成的人们之间的权利和义务关系。法律关系具有以下特点：

（1）法律关系是根据法律规范建立的一种社会关系，具有合法性；

（2）法律关系是特定法律关系主体之间的权利和义务关系；

（3）法律关系是体现意志性的特种社会关系。

15. 什么是法律关系的主体？

法律关系主体是法律关系的参加者，即在法律关系中一定权利的享有者和一定义务的承担者。在我国，根据法律的规定，法律关系的主体主要有：

（1）公民或自然人；

（2）机构和组织（法人）；

（3）国家。

16. 法律关系的内容是什么？

法律关系的内容就是法律关系主体之间的法律权利和法律义务。

17. 什么是法律关系的客体？

法律关系的客体，是指法律关系主体之间法律权利和法律义务所指向的对象。法律关系客体主要有以下四种：

（1）物；

（2）人身；

（3）精神产品；
（4）行为结果。

18. 法律关系产生、变更与消灭的条件是什么？

法律关系产生、变更与消灭的主要条件如下。

（1）法律规范。法律规范是法律关系形成、变更与消灭的依据，没有一定的法律规范就不会有相应的法律关系。

（2）法律事实。法律事实是法律规范所规定的，能够引起法律关系产生、变更和消灭的客观情况或现象，法律事实包括法律事件和法律行为。法律事件是法律规范规定的，不以当事人的意志为转移而引起法律关系产生、变更或消灭的客观事实。法律事件又分为社会事件和自然事件两种。社会事件如战争、社会革命等，自然事件如自然灾害等。

法律行为可以作为法律事实而存在，能够引起法律关系形成、变更和消灭。

19. 什么是大陆法系，它有哪些特点？

大陆法系又称民法法系、罗马法系、罗马-日耳曼法系，是以罗马法为基础而发展起来的法律总称。它首先产生在欧洲大陆，后扩大到拉丁族和日耳曼各国。大陆法系以《法国民法典》和《德国民法典》为代表形成了两个分支。法国、德国、日本、中国等均为大陆法系国家。大陆法系主要有以下特点：

（1）大陆法系国家具有制定法的传统，制定法为其主要的法律渊源，判例一般不作为法律的正式渊源，对法院审判无拘束力；

（2）大陆法系的一些基本法律一般采用法典形式；

（3）大陆法系法律的基本结构是在公法与私法的分类基础上建立的，传统的公法指宪法、行政法、刑法以及诉讼法，私法主要指民法和商法；

（4）大陆法系国家的法官通常用演绎推理的方法；

（5）大陆法系国家倾向于诉讼中的职权主义，法官在诉讼中起积极主动的作用。

20. 什么是英美法系，它有哪些特点？

英美法系又叫普通法系、英国法系或者判例法系，是以英国普通法为基础建立起来的世界性法律体系，与大陆法系并称当今世界的两大法系。英美法系具有以下主要特点：

（1）以判例法为主要渊源；

（2）以日耳曼法为历史渊源；

（3）法官对法律的发展所起的作用举足轻重，判例法是在法官的长期审判实践中逐渐创造出来的，法官判决本身具有立法意义；

（4）以归纳为主要推理方法；

（5）不严格区分公法与私法。

案例评析

案例一：有一天，某市35路公交车上来一位行动不便、怀孕近8个月的妇女。好心的司机王某叫乘客给这位孕妇让个座，满车的乘客竟无一人让座。最后，司机王某耐不住怒火，扬言："今天要是没人让座，我这车就不开了。"并且王某还真的熄了火。王某的行为遭到了全体乘客的反对，他们要求王某按时开车，如果不按时开车，耽误时间造成损失，乘客们将到人民法院告司机王某并要求其承担损失。

试问：

1. 王某的行为的法律性质是什么？
2. 本案给了我们什么启示？

案例一评析：1. 从法律的角度看，司机王某的行为是一种违反合同义务的违约行为。我国《民法通则》《合同法》等法律规定，合同是当事人之间设立、变更、终止民事关系的协议；依法成立的合同受法律保护；合同当事人应当按照合同的约定，全面履行自己的义务；公民、法人违反合同或者不履行其他义务的，应当承担民事责任。从案例一可知，乘客上车后按照规定买了车票，此时就与35路公交车所属的公交公司形成运输合同关系，作为公交公司的职工王某应当按照合同规定及时、安全地将全部乘客送到约定的地点，这是王某的法定义务。如果王某在没有法定理由或者约定理由的情形下停车，耽误时间并造成乘客损失的话，乘客可以依据法律规定向公交公司要求赔偿损失。

2. 这或许是一件经常会发生在我们身边的小事，一方面它让我们对那些乘客们的道德水准低下而忧心，另一方面也为司机王某的行为感到欣慰与高兴。但如果司机王某的停止开车行为违反了法律规定，不得不承担相应的法律责任。案例一让我们看到了法律与道德的冲突，让我们认识到，要建立一个富强、民主、文明、和谐的现代化中国，单纯依靠法律的惩罚或是道德的谴责都是达不到应有效果的，只有把二者很好地结合起来，把法律的规制与道德的约束有机结合，方能建立一个和谐的中国。

案例二：1. 一法学博士以空调公交车不开空调却多收一元钱空调费为由，将北京巴士公司告上法庭。

2. 姚明发现他的肖像及姓名出现在可口可乐产品外包装上，他要求法庭判可口可乐公司赔偿其精神损失费人民币一元钱。

3. 82岁的长春市民李成宪，虽然持有长春市《老年人优待证》，但多次乘坐专线公共汽车时仍要买票。李成宪认为其权利受到侵害，向人民法院起诉，要求市公交公司赔礼道歉，并赔付精神损失费一元钱。

4. 一名消费者在书店买了一本《走向法庭》的书。离开书店后他发现该书中间少装了几十页,于是返回书店要求换书,并且要求书店给付一元钱的车票。书店同意换书但拒绝给付车票。该消费者将书店告上人民法院,要求书店支付一元钱的车票钱。

试问:

以上四个一元钱的案例给我们了什么启示?

案例二评析: 以上四个一元钱的案例让我们欣喜地看到了我国公民法律意识的提高。一元钱也是我们的合法权益,无论谁侵犯了它,我们就有理由、有力量拿起法律的武器,索回我们的应有权利。社会主义法治国家的建设、法治理念的形成都必须通过普通公民在日常生活中法律习惯的养成和法律素养的不断提升。这些案例就起到了很好的示范作用,它让法律从书本走向我们平常的生活实际。

案例三: 邹某,30岁,农村家庭妇女,因无法忍受丈夫平日里经常的打骂甚至是毒打,于是到附近马路边购买剧毒老鼠药一包,趁丈夫不注意时放入丈夫的饭中,丈夫因此被毒死。公安机关侦查后送交检察院起诉,人民法院最后判处她杀人罪,邹某却要求人民法院提高工作效率,她还急着回家看小孩和种地。

试问:

邹某的行为合法与否?本案给了我们什么启示?

案例三评析: 邹某的行为当然违反法律,已经构成杀人罪。邹某平日经常受到丈夫的虐待,也是一个受害者,法律也给予了充分的救济途径,她可以找当地的有关部门解决,也可以找公安机关协助制止丈夫的行为,她更可以到人民法院去起诉丈夫的违法行为。但法律绝对不会给她毒死丈夫的权利。案例三再一次向我们表明,培养老百姓的法律意识是何等重要。只有广大公民知法、懂法、用法,并对社会主义法产生认同,逐步形成守法意识,社会主义法才能得到自觉遵守,和谐社会的建立才会有了前提、基础和保障。

案例四: 某大学一男生宿舍多次遭到小偷光顾,令同学们深恶痛绝,于是学生们便设下埋伏……小偷终于被同学们抓获,为解心头之恨,同学们你一拳、我一脚,对着小偷一顿猛打……小偷被打伤住院,花去医药费1000元,小偷为此起诉到人民法院要求打人的学生赔偿其医疗费用1000元。

试问:

学生们的行为合法与否?本案给了我们什么启示?

案例四评析: 大学生们的行为构成故意伤害罪,理应赔偿小偷的医疗费用。大学生们被盗本是受害者,但他们没有惩罚小偷的权利。这个案例再一次说明普及法律知识的重要性与紧迫性。

第二节 法的运行

基本知识点

1. 立法的定义,立法体制,立法原则,立法程序。
2. 执法的含义,执法的基本原则。
3. 司法的含义与特点,司法与执法的区别,当代中国司法的要求与原则。
4. 守法的含义,守法的要求。
5. 法律监督的含义,法律监督的实质和构成,国家法律监督体制,社会法律监督体制。
6. 法律解释的含义与种类,法律解释的特点,法律解释的方法,当代中国法律解释的体制。
7. 法律推理的含义与特点,法律推理的类型。

重点问题

1. 我国的立法体制是什么?

根据《中华人民共和国宪法》(以下简称《宪法》)的规定,我国的立法体制是一元立法体制。全国只有一个立法体系,同时这个体系又是多层次的。如全国人民代表大会及其常委会制定法律,国务院制定行政法规,省、自治区、直辖市以及较大的市的人民代表大会及其常委会制定地方性法规等。

2. 我国的执法原则有哪些?

(1) 依法行政原则。
(2) 讲求效能原则。
(3) 公平合理原则。

3. 我国司法的原则是什么?

(1) 司法公正。
(2) 公民在法律面前一律平等。
(3) 以事实为根据,以法律为准绳。

（4）司法机关依法独立行使职权。

4. 执法与司法的区别是什么？

（1）主体不同。司法是由司法机关及其工作人员适用法律的活动，而执法是由行政机关及其公职人员来执行法律的活动。

（2）内容不同。司法活动的对象是案件，主要内容是裁决涉及法律问题的纠纷和争议及对有关案件进行处理。而执法是以国家的名义对社会进行全面管理，行政管理的事务涉及社会生活的方方面面，执法的内容远比司法的内容广泛。

（3）主动性不同。司法活动具有被动性，案件的发生是引起司法活动的前提，司法机关不能主动去实施法律，只有在受理案件后才能进行应用法律的专门活动。而执法则具有较强的主动性，对社会进行行政管理的职责要求行政机关应当积极主动地去实施法律。

（4）程序性要求不同。司法活动有严格的程序性要求，司法机关的活动一般都有相应的较为严格的程序性规定，如果违反程序，将导致司法行为的无效和不合法。而执法活动虽然也有相应的程序规定，但由于执法活动本身的特点，特别是基于执法效能的要求，其程序规定没有司法活动那样严格和细微。

5. 什么是违法行为？

广义的违法，是指所有违反法律的行为，包括犯罪行为和狭义的违法行为。狭义的违法行为包括民事和行政侵权行为，是指除犯罪以外所有非法侵犯他人人身权、财产权、政治权利、精神权利或知识产权的行为。

6. 违法行为的构成要件有哪些？

一般来说，违法有以下要件要求：
（1）以违反法律为前提；
（2）必须是某种违反法律规定的行为；
（3）必须是在不同程度上侵犯法律上所保护的社会关系的行为；
（4）一般必须有行为人的故意或者过失；
（5）行为人必须具有法定责任能力或者法定行为能力。

7. 什么是法律解释？

法律解释，是指一定的人或组织对法律规定含义的说明，法律解释具有以下特点：

（1）法律解释的对象是法律规定和它的附随情况。法律解释的任务是要通过研究法律文本及其附随情况即制定时的经济、政治、文化、技术等方面的背景情况，探求它们所表现出来的法律规定的意思和宗旨。

(2) 法律解释与具体的案件密切相关。

(3) 法律解释具有一定的价值取向性。法律解释的过程是一个价值判断、价值选择的过程。人们制定并实施法律是为了实现一定的目的,而这些目的又以某些基本的价值为基础。这些目的和价值就是法律解释所要探求的法律意思和宗旨。

(4) 法律解释受解释学循环的制约。即整体只有通过理解它的部分才能得到理解,而对部分的理解又只能通过对整体的理解。

8. 什么是法律推理?

法律推理就是在纠纷中运用法律理由解决问题的过程。与一般推理比较,法律推理具有以下特点:

(1) 它是一种寻求正当性证明的推理。法律推理的核心主要是为行为规范或者人的行为是否正确妥当提供正当理由。

(2) 法律推理要受现行法律的约束。现行法律是制约法律推理的前提和条件。在我国,宪法、法律、行政法规、地方性法规都是法律推理的前提。在缺乏明确的法律规定的情况下,法律原则、政策、法理和习惯都会成为法律推理的前提。

(3) 法律推理是一种实践理性。在法律推理中,人们总是寻求尽量减少被视为专断和非理性的意志的干扰。法律推理的任务,就是运用法律推理的方法,依照法律制度努力促进的价值,使法律精神与文字协调一致。

9. 常用的法律推理有哪些类型?

(1) 演绎推理。演绎推理在结构上由大前提、小前提和结论三个部分组成。大前提是那种概括了若干同类个别事物中共性的普遍性判断,小前提是对某一个别事物也具有大前提主词外延的一种说明,结论表明该个别事物也具有大前提中普遍性判断所揭示的属性。在当代中国,制定法的各种具体规定是我们进行法律推理的大前提。

(2) 归纳推理。归纳推理与演绎推理的思维路径相反,是从特殊到一般的推理。

(3) 辩证推理。辩证推理侧重对法律规定和案件事实的实质内容进行价值评价或者在相互冲突的利益间进行选择的推理。类比推理、法律解释、论辩、劝说、推定是通常进行辩证推理的具体方法。

案例评析

案例一:45岁的锅炉工李江的身体一直非常好。一天,李江和家人告别后去上班,在工作过程中,李江突然昏过去,由他负责烧的锅炉因未及时加水而发生爆炸,导致炸死一人,炸伤二人,并且造成单位财产损失共计20万元。

试问:

李江的行为违法吗?

案例一评析：根据我国法律的规定，一个行为要构成违法，必须具备以下条件：(1) 行为人是具有行为能力的人；(2) 行为人是具有责任能力的人；(3) 行为人必须实施了违法行为，包括作为与不作为；(4) 行为人的行为必须对社会造成了危害，损害了法律所保护的社会关系；(5) 行为人的行为与损害之间存在因果关系；(6) 行为人在主观上应当具有过错(包括故意和过失)。

通过分析李江的行为我们可以认定，他不存在主观上的过错，即对损害后果既无故意也没有过失，所以，李江的行为不构成违法。此损害应当认定为是不可抗力或者是一次意外事故。

案例二：魏某花8000元买了一辆旧汽车，尔后，他以3万元的价格在保险公司投保。为了骗取这笔保险金，他与邵某合谋，进行保险诈骗犯罪活动。双方约定事成之后，除了8000元买车钱归魏某外，余下的二人平分。一天，魏某故意将这辆汽车停放在一家饭店的门前，自己进屋吃饭。邵某则按约定，把这辆汽车开到铁路与公路的交叉路口，然后下车逃走。火车开来后，这辆汽车当然被撞毁。魏某诈骗得来了保险金。魏某在法庭辩称，他曾是该省十大杰出青年，人民法院不应当判处其刑罚。

试问：

魏某的行为构成犯罪吗？魏某的辩护有理吗？

案例二评析：通过分析得知魏某和邵某都构成保险诈骗罪，应当受到法律制裁。至于魏某在法庭辩称是没有任何道理的。我国《刑法》明确规定，对任何人犯罪，在适用法律上一律平等，不许任何人有超越法律的特权。魏某的行为符合我国《刑法》关于保险诈骗罪的犯罪构成，应当受到相应的处罚。

第三节 法与社会

基本知识点

1. 法与社会的一般关系。
2. 法是由经济基础决定的，法对经济的作用。
3. 科技进步对法的影响，法对科技进步的作用。
4. 法与政治的一般关系，法与政策的联系与区别，法与国家。
5. 法与道德的联系，法与道德的区别。
6. 宗教对法的影响，法对宗教的影响。
7. 法与人权的一般关系。

重点问题

1. 法与社会的一般关系是什么?

(1)法以社会为基础。

(2)法对社会进行调整。

2. 法对经济作用的主要表现是什么?

(1)确认经济关系。

(2)规范经济行为。

(3)维护经济秩序。

(4)服务经济活动。

3. 法与政策的区别和联系是什么?

政策一般指国家或政党的政策,此处指政党政策。政党政策是政党为实现一定政治目标、完成一定任务而作出的政治决策。执政党的政策在政治生活中尤其占有重要地位。

法与执政党政策在内容和实质方面存在联系,包括阶级本质、经济基础、指导思想、基本原则和社会目标等根本方面具有共同性。但二者的区别也很明显,主要表现在形式上。

(1)意志属性不同。法由特定国家机关依法定职权和程序制定或认可,体现国家意志,具普遍约束力,向全社会公开。政党政策是党的领导机关依党章规定的权限和程序制定,体现全党意志,其强制实施范围仅限于党的组织和成员,允许有不对社会公开的内容存在。但在政党法制化趋势下,政党特别是执政党政策公开与秘密的范围也须以法界定。

(2)规范形式不同。法表现为规范性法律文件或国家认可的其他渊源形式,以规则为主,具有严格的逻辑结构,权利、义务的规定具体、明确。政党政策则不具有法这种明确、具体的规范形式,表现为决议、宣言、决定、声明、通知等,更多具纲领性、原则性和方向性。

(3)实施方式不同。法的实施与国家强制相关,且是有组织化、专门化和程序化等特点。政党政策以党的纪律保障实施,其实施不与国家强制相关,除非它已转化为法律。

(4)调整范围不尽相同。法倾向于只调整可能且必须以法定权利义务来界定的,具有可诉性的社会关系和行为领域。一般而言,政党政策调整的社会关系和领域比法律广,对党的组织和党的成员的要求也比法的要求高。但这并不意味着政党政策可涵盖法的调整范围,法也有其相对独立的调整空间。

（5）稳定性、程序化程度不同。法具有较高的稳定性,但并不意味着法不能因时而变,只是法的任何变动都须遵循严格、固定且专业性很强的程序,程序性是法的重要特征。政策可应形势变化作出较为迅速的反应和调整,其程序性约束也不及法那样严格和专门化。但这也并不意味着政策可朝令夕改或无最基本的程序要求。

4. 法与道德有哪些区别？

（1）法在产生上往往与有组织的国家活动相关,由权威主体经程序主动制定认可。道德在社会生产生活中自然演进生成,不是自觉制定和程序选择的产物,自发性是其本质属性。

（2）行为标准上的确定性与模糊性。法有明确的行为模式及法律后果,具有可操作性。道德的要求比较笼统、原则、模糊,只具有一般倾向性。

（3）存在形态上的一元性与多元性。法在特定国家的体系结构基本是一元的,法律上的决策一致是其本性和要求,而这种决策上的一致是通过程序上的正统性达到的。道德在本质上是自由的、多元的和多层次的。

（4）调整方式上,法一般只规范和关注主体的外在行为,一般不离开行为过问动机。而道德主要关注内在动机,不仅侧重通过内在信念影响外在行为,而且评价和谴责主要针对动机。

（5）运作机制上的程序性与非程序性。程序是法的核心,法的实体内容通过程序选择和决定,其生成和实现也与程序相关。法以权利、义务为实质内容,所调整的关系往往具有交涉性,因而就特别需要程序提供交涉方式和途径,提供制度性协商和对话机制,以使决定能被交涉中的各方认同和接受。道德在于义务或责任。道德以主体内省和自决的方式生成和实现,也使道德与程序无关。

（6）法注重外在强制而道德注重内在约束。

（7）法解决方式具有可诉性而道德解决方式不具有可诉性。对与法相关的行为的个别处理是可能和可操作的,而且是有预设的实体标准和程序规则作为依据的,故可实现对相类似行为和情形的非差别对待,保证处理和决定的一致性和平等性。此外,法的可诉性还意味着争端纠纷解决的终局性和最高权威性。道德不具有可诉性,主要表现为无形的舆论压力和良心谴责,而且舆论的评价或谴责往往是多元的。

5. 法与人权的一般关系是什么？

（1）人权可以作为判断法律善恶的标准。
（2）法是人权的体现和保障。

案例评析

案例一：2011年9月10日中午,房县土城镇某村3组村民云飞和老伴晓燕再次因琐事发生争吵。当天下午,晓燕越想越气,就带了些脏衣服独自来到家门前的河边清洗,同时她还带了一个碗和一瓶农药。后来,邻居阿华(化名)经过河边,她看到晓燕在河边洗衣服,发现其身后放着碗和农药,感觉有些奇怪:洗衣服为什么会带这些东西?阿华就赶紧凑过去与晓燕交谈,交谈中阿华得知晓燕因和丈夫怄气喝了一些农药。阿华马上找到晓燕的丈夫云飞,告诉其晓燕服毒一事。云飞见状也找到晓燕问了下情况,感觉晓燕的身体无大碍后便没再过问此事。当晚七八点钟时,晓燕感觉身体不适,晚饭也没有吃就上床休息。23时左右,晓燕身体异常的情况更加明显,并且伴随有呕吐症状,但还是没有引起云飞的足够重视。直到后来,他发现妻子的身体状况越发糟糕才用水给妻子洗胃,然而一切都已经太晚。9月11日早上,晓燕因中毒太深不幸去世。

试问：

丈夫云飞的行为违法吗?

案例一评析：根据我国法律的规定,被告人云飞身为被害人晓燕的丈夫,对其有救护义务。当云飞得知其妻服毒并且出现中毒反应后,不积极救治,其行为已构成故意杀人罪。

案例二：黄小英与刘海华均属再婚,2000年下半年经人介绍相识。由于二人均是再婚,为慎重起见,婚前双方签订了一份忠诚协议。该协议约定,如果一方在婚期内出轨,不忠诚对方提起离婚,出轨一方须赔偿对方5万元整。2012年5月,刘海华被黄小英当场捉奸在床。为此黄小英诉至人民法院,要求离婚,并要求依约支付赔偿款5万元。

试问：

黄小英的请求能得到法律的支持吗?

案例二评析：刘海华的出轨行为,严重损害了夫妻关系,夫妻感情已经完全破裂,因此法院应当对黄小英离婚的诉请予以支持。这二人之间签订的协议,没有违反法律禁止性规定,且双方是在没有受到任何胁迫和平等地位下自愿签订的,该协议的内容也未损害他人的利益,因此合法有效。刘海华违反了该协议,就应该按照该协议的规定支付原告赔偿款5万元。

案例三：2013年8月8日,河南省新密市农民李某因内急误入某废品收购站内寻找厕所,不料,却被废品收购站饲养的狗咬伤腿部。李某认为狗的主人陈某监管不力应承担责任,而陈某认为饲养的狗是用铁链拴着的,自己没有过错且尽到了监管职责,李某被咬伤是其自己不小心所致。无奈,李某将陈某诉上法庭。①

---

① http://www.legalinfo.gov.cn/index/content/2014-07/04/content_5648863.htm?node=66702。

试问:

李某被咬伤的损失应当由谁承担?

案例三评析: 从过错责任来看,判断是否构成动物致人损害的民事责任要看:饲养或管理的动物的直接加害行为;受害人遭受损害的事实;直接加害行为与损害事实之间具有因果关系。《民法通则》第127条规定了两种法定免责事由:受害人的过错或者第三人的过错造成损害。从本案来看,被告陈某作为狗的饲养人和管理人,虽已用铁链将狗拴住,履行了一定的看护职责,但狗咬伤原告李某的事实客观存在,咬伤行为与损害事实之间存在因果关系,且被告陈某不能举证证明原告李某的受伤是由原告李某自己的过错或第三人的过错造成。根据动物致害责任的构成要件,被告陈某应当承担责任。换言之,被告陈某用铁链拴住狗这一事实并不能完全保证狗不会伤人。因此,饲养人存在过错,对于原告李某的经济损失应承担赔偿责任。

从举证责任来看,对动物伤人由谁举证及如何担责,法律也有明确规定,动物致人损害是一种特殊侵权责任类型。根据《民法通则》的相关规定,饲养动物致人损害的民事责任,不以动物饲养人或者管理人的过错为要件,所以该类侵权案件的赔偿应适用无过错责任原则。而根据"谁主张,谁举证"这一民事诉讼法举证责任的分配原则,如无特别规定,受害人应就受到动物侵害的事实、动物致人损害的加害行为、损害事实与加害行为之间具有因果关系承担提供证据加以证明的责任。如果被告即动物饲养人或管理人主张免责,则要按照最高人民法院《关于民事诉讼证据的若干规定》第4条第1款第5项的规定,饲养动物致人损害的侵权诉讼,由动物饲养人或者管理人就受害人有过错或者第三人有过错承担举证责任。动物饲养人或者管理人所要证明的不是自己无过错,而是证明损害是由受害人的过错或第三人的过错引起,如举证充分,就可免除赔偿责任。

本案中,原告李某被被告陈某饲养的狗咬伤,有原告李某提供的证据证明,且被告陈某对其所饲养的狗将原告李某咬伤的事实予以认可。被告陈某饲养的狗虽然是拴着的,但其在临街且未设院墙的废品收购站饲养狗,又未设警示标志,原告李某是在着急方便且不知废品收购站内养狗的情形下,误入废品收购站内,原告李某不存在故意或者重大过失的情形。人民法院经审理后支持了原告李某的诉讼请求,判决被告陈某赔偿原告李某各项费用共计17 182.9元。

第二章 宪法相关法

第一节 概　　述

基本知识点

1. 宪法的概念与特征,宪法的本质与分类,宪法与法律的关系,宪法与宪政的关系。

2. 我国宪法的历史发展。

3. 宪法的基本精神和基本原则。

4. 宪法的作用。

5. 宪法的渊源与宪法的结构。

6. 宪法规范的特点。

7. 宪法关系的特点,宪法实施的途径和方式。

8. 全国人民代表大会和地方各级人民代表大会选举法,地方各级人民代表大会和地方各级人民政府组织法。

9. 全国人民代表大会组织法,国务院组织法,人民法院组织法,人民检察院组织法。

10. 香港特别行政区基本法,澳门特别行政区基本法。

11. 居民委员会组织法和村民委员会组织法。

12. 缔结条约程序法,领海及毗连区法,专属经济区和大陆架法,反分裂国家法和国旗法,国徽法。

13. 集会游行示威法,国家赔偿法。

14. 民族区域自治法。

重点问题

1. 我国宪法的历史发展状况如何?

我国的宪法经历了以下的发展历程:

(1) 1908 年,清政府颁布的《钦定宪法大纲》是中国历史上第一个宪法性文件。

(2) 1912 年,中华民国南京临时政府颁布的《中华民国临时约法》是中国历史上唯一的一部资产阶级宪法性文件。

(3) 中华人民共和国成立后的宪法取得了巨大的发展:

1954 年通过了我国第一部社会主义宪法;

1975 年在第四届全国人大第一次会议上通过了第二部宪法;

1978 年在第五届全国人大第一次会议上通过了第三部宪法;

1982 年在第五届全国人大第五次会议上通过了第四部宪法。该部宪法到目前已经过 1988 年、1993 年、1999 年和 2004 年四次修改。

2. 我国宪法的基本精神和基本原则是什么?

我国《宪法》的基本精神是:全面体现党在社会主义初级阶段的基本路线,集中反映全国各族人民的共同意志和根本利益,认真贯彻社会主义的民主原则和法治精神,切实保障公民的自由和权利,科学规范国家权力,充分适应我国经济、政治、文化发展以及各项社会事业发展的要求,逐步实现工业、农业、国防和科学技术的现代化,推动物质文明、精神文明和政治文明协调发展,把我国建设成为富强、民主、文明的社会主义国家。

我国《宪法》的基本原则有:(1) 人民主权原则;(2) 基本人权原则;(3) 法治原则;(4) 权力制约原则。

3. 与一般法律规范相比,宪法规范的主要特点是什么?

(1) 根本性。

(2) 最高权威性。

(3) 原则性。

(4) 纲领性。

(5) 相对稳定性。

4. 什么叫宪政?

近现代意义的宪政(Constitutionalism)也叫民主宪政、立宪政体。它是以宪法为前提,以民主政治为核心,以法治为基石,以保障人权为目的的政治形态或政治过程。在理解宪政时必须把握以下关键点:(1)宪法实施是建立宪政的根本途径;(2)建立有限政府是宪政的基本精神;(3)树立宪法的最高权威是宪政的集中表现。

5. 村民委员会的组成人员有哪些？

根据《中华人民共和国村民委员会组织法》(以下简称《村民委员会组织法》)的规定:村民委员会由主任、副主任和委员共3~7人组成。村民委员会成员中,应当有妇女成员,多民族村民居住的村应当有人数较少的民族的成员。对村民委员会成员,根据工作情况,给予适当补贴。

6. 涉及村民的哪些事项，必须经村民会议讨论方可决定办理？

根据《村民委员会组织法》的规定,涉及村民利益的下列事项,经村民会议讨论决定方可办理:

(1) 本村享受误工补贴的人员及补贴标准；
(2) 从村集体经济所得收益的使用；
(3) 本村公益事业的兴办和筹资筹劳方案及建设承包方案；
(4) 土地承包经营方案；
(5) 村集体经济项目的立项、承包方案；
(6) 宅基地的使用方案；
(7) 征地补偿费的使用、分配方案；
(8) 以借贷、租赁或者其他方式处分村集体财产；
(9) 村民会议认为应当由村民会议讨论决定的涉及村民利益的其他事项。村民会议可以授权村民代表会议讨论决定前款规定的事项。法律对讨论决定村集体经济组织财产和成员权益的事项另有规定的,依照其规定。

案例评析

案例一：2001年12月23日,蒋韬看到成都某媒体刊登的中国人民银行成都分行的招录公务员广告,其中规定招录对象条件之一为"男性身高168厘米,女性身高155厘米以上",而蒋韬恰巧因为身高不符合该招聘单位的要求而丧失报名资格。蒋韬认为,该单位招考国家公务员这一具体行政行为违反了《宪法》第33条关于中华人民共和国公民在法律面前人人平等的规定,限制了他的报名资格,侵犯了其享有的依法担任国家机关公职人员的平等权和政治权利,应当承担相应的法律责任,于是他向成都市武侯区人民法院提起行政诉讼。

试问：
银行的行为是否违反法律的规定？

案例一评析：1. 我们必须明确，该银行的招录行为不是一种具体行政行为，因此蒋韬提起的行政诉讼是不符合法律规定的。

2. 中国人民银行成都分行的做法是否违反了《宪法》第33条关于中华人民共和国公民在法律面前人人平等的规定，限制了蒋韬的报名资格，侵犯了其享有的依法担任国家机关公职人员的平等权和政治权利？《宪法》上的平等具有相当丰富的含义：首先是机会平等与结果平等，所谓"结果平等"，就是要求个人同样获得最后所要实现的结果，而机会平等则只是要求个人获得平等机会去实现目标，现代国家的宪法要求一般限于机会平等。其次是程序性平等与实体性平等，程序性平等是指仅要求法律在适用过程中平等，并不考虑法律本身是否平等，而仅考虑那些在法律上处于平等地位的人是否在法律适用过程中享受了平等；实体性平等则指法律内容的平等，又包含两层含义，表层的含义是法律在文字上的平等，更深层含义则是指法律在效果上的平等。在宪法学领域里，平等原则不应仅限于程序性平等，而应进一步要求实体性平等，否则宪法对于普通法律就失去了控制作用，平等原则也就失去了宪法意义。

与平等权相关的还有一个很重要的问题，即"合理差别"的问题。事实上，各国宪法在规定平等权的同时，一般根据个人在自然的、生理的和社会的不同情况，作出了差别待遇的规定。其目的在于弥补平等原则对不同的情况、不同的人不作区别的对待可能造成事实上的不平等。事实上，我国《宪法》中也注意到了"合理差别"的问题，如根据履行特定国家职务而对公民行使某些权利方面采取合理差别措施；根据人的生理自然差异上的不平等而采取合理差别措施；根据民族、性别等原因造成差别而给予不同的措施等。

综合以上分析，该银行的做法并不违反我国法律的规定。

案例二：(1) A公司在2012年国庆节期间，将国旗挂在众多彩色旗帜里面。

(2) B公司为了庆祝2012年国庆节，将前些年严重褪色的国旗找出来重新挂上。

(3) C房产公司在其售楼广告中运用了国旗的图案。

(4) 村民小王的父亲去世，办丧事时，他使用了几面国旗。

试问：

上述相关主体的这些行为是否符合法律的规定？

案例二评析：上面这些行为全都是违反法律的行为。根据《国旗法》的规定，升挂国旗，应当将国旗置于显著的位置；列队举持国旗和其他旗帜行进时，国旗应当在其他旗帜之前；国旗与其他旗帜同时升挂时，应当将国旗置于中心、较高或者突出的位置。不得升挂破损、污损、褪色或者不合规格的国旗。国旗及其图案不得用作商标和广告，不得用于私人丧事活动。在公共场合故意以焚烧、毁损、涂划、玷污、践踏等方式侮辱中华人民共和国国旗的，依法追究刑事责任；情节较轻的，由公安机关处以15日以下拘留。

第二章 宪法相关法

第二节 国家基本制度

基本知识点

1. 我国的国家性质，人民民主专政的内涵，人民民主专政的性质，我国人民民主专政的主要特色。
2. 经济制度的概念，社会主义市场经济体制。
3. 文化制度的概念及特点，我国宪法关于基本文化制度的规定，我国宪法关于公民道德教育的规定。
4. 政权组织形式的概念与种类，人民代表大会制度的基本内容与性质。
5. 我国选举制度的特点，选举的组织与程序，选举的物质保障和法律保障。
6. 我国的单一制国家结构形式。
7. 民族区域自治制度，特别行政区制度。

重点问题

1. 我国的基本经济制度和分配制度是什么？

《宪法》第6条的规定说明了我国的经济制度和分配制度："国家在社会主义初级阶段，坚持公有制为主体、多种所有制共同发展的基本经济制度，坚持按劳分配为主体、多种分配方式并存的分配制度。"

2. 我国选举制度的基本原则有哪些？

根据我国《宪法》和《中华人民共和国选举法》的规定，选举制度的基本原则有：
（1）选举权的普遍性原则；
（2）选举权的平等性原则；
（3）直接选举和间接选举并用原则；
（4）秘密投票原则。

3. 我国的代表候选人如何提出？

实行直接选举的单位，代表候选人由各选区的选民、各政党、各人民团体提名推荐；实行间接选举的单位，则由各政党、各人民团体或者代表10人以上提名推荐代表候选人。

4. 我国法律规定有对代表的罢免程序吗？

有。根据《中华人民共和国全国人民代表大会和地方各级人民代表大会选举法》第50条的规定，罢免直接选举所生产的代表，须经原选区过半数选民通过；罢免间接选举产生的代表，须经原选举单位过半数代表通过，在代表大会闭会期间，须经各该级人大常委会组成人员过半数通过。罢免决议应当报上一级人大常委会备案。

5. 我国宪法规定民族自治地方的自治机关是哪些？

根据《宪法》的规定，民族自治地方的自治机关是自治区、自治州和自治县的人民代表大会和人民政府。

案例评析

案例一：选民王某，35岁，外出打工期间本村进行乡人民代表的选举。王某因路途遥远和工作繁忙不能回村参加选举，于是打电话嘱咐14岁的儿子帮他投本村李叔一票。

试问：

本案中存在哪些违法之处？

案例一评析：《宪法》第34条规定："中华人民共和国年满18周岁的公民，不分民族、种族、性别、职业、家庭出身、宗教信仰、教育程度、财产状况、居住期限，都有选举权与被选举权；但是依照法律被剥夺政治权利的人除外。"我国《全国人民代表大会和地方各级人民代表大会选举法》第40条规定："选民如果在选举期间外出，经选举委员会同意，可以书面委托其他选民代为投票。每一选民接受的委托不得超过3人，并应当按照委托人的意愿代为投票。"由此可知，接受他人委托的必须是选民，也就是说必须具备选民资格，而本案中王某的儿子才14岁，根本不具备选民资格，是不可以委托其投票的。同时，委托其他人投票必须是书面委托并经选举委员会同意，本案例中的电话委托也是违反法律规定的。

案例二：某市市长以下意见或做法哪些是违反宪法性法律规定的？

1. 某县为大力发展科技，请市政府选派1名博士挂职担任科技副县长。有人提出，副县长应当通过人大选举。市长答复，县长需要选举产生，而副县长可以由上级任命。

2. 某县刚被确定为民族自治县，市长指示，根据我国《民族区域自治法》的规定，县法院和县检察院的院长和检察长应当更换为由实行区域自治的民族的公民。

3. 某县地域宽广，为了便于经济建设和行政管理，县政府请示市政府：拟设5个区公所，分别管辖所属的30多个乡镇。市长答复，此事经县人大通过即可。

4. 市长指示:为了提高村民委员会的整体素质,市里抽调一批应届高校毕业生担任村民委员会主任或副主任。

案例二评析:1. 根据我国《宪法》第101条的规定,县长或副县长由本级人民代表大会选举或罢免,因此该市长关于副县长可以由上级任命的说法不合法律规定。

2. 根据《宪法》第112条、第113条、第114条的规定,我国民族自治地方的自治机关是自治区、自治州、自治县的人民代表大会和人民政府。上面各级人民代表大会中的主任或副主任应当由实行区域自治的民族的公民担任,自治区主席、自治州州长、自治县县长应当由实行区域自治的民族的公民担任。至于法院院长、检察院检察长并无特别规定,所以,该市长的做法没有法律依据。

3. 根据我国《地方各级人民代表大会和地方各级人民政府组织法》第68的条规定,县、自治县的人民政府在必要的时候,经省、自治区、直辖市的人民政府批准,可以设立若干区公所,作为它的派出机关。因此,该市长的指示严重违法。

4. 根据《村民委员会组织法》第11条的规定,村民委员会主任、副主任和委员,由村民直接选举产生。任何组织或者个人不得指定、委派或者撤换村民委员会成员。因此,该市长的做法又违反了法律规定。

第三节　公民的基本权利与义务

基本知识点

1. 公民的概念,公民的基本权利和基本义务的概念,基本权利限制界线,基本权利与人权,我国公民基本权利与义务的主要特点。

2. 我国公民的平等权,政治权利和自由,宗教信仰自由,人身自由,社会经济权利,文化教育权利,监督权和获得赔偿权。

3. 我国公民的基本义务。

重点问题

1. 什么是公民的基本权利与基本义务?

所谓基本权利,是指由宪法规定的公民享有的主要的、必不可少的权利。基本义务也称宪法义务,是指由宪法规定的公民必须遵守和应尽的法律责任。

2. 我国公民的基本权利有哪些?

我国《宪法》对公民的基本权利作了广泛的规定,具体内容如下。

(1) 平等权。平等权,是指公民依法平等地享有权利,不受任何差别对待。

(2) 政治权利和自由。政治权利和自由是公民作为国家政治主体而依法享有的参加国家政治生活的权利和自由,包括选举权与被选举权、监督权和获得赔偿权、政治自由。

(3) 宗教信仰自由。宗教信仰自由的含义包括公民有信教或者不信教的自由,有信仰这种宗教或者那种宗教的自由,有信仰同种宗教中的这个教派或者那个教派的自由,有过去信教现在不信教或者过去不信教而现在信教的自由。

(4) 人身自由权。人身自由权包括人身自由不受非法侵犯,人格尊严不受侵犯,住宅不受侵犯,通信自由和通信秘密受法律保护。

(5) 社会经济、文化教育方面的权利。社会经济、文化教育方面的权利包括公民的财产权,劳动权,劳动者休息的权利,获得物质帮助的权利,受教育的权利,进行科学研究、文学艺术创作和其他文化活动的自由。

(6) 监督权和获得赔偿权。监督权,是指宪法赋予公民监督国家机关及其工作人员的活动的权利,其内容包括批评建议权、控告检举权和申诉权等。获得赔偿权,是指公民的合法权益因国家机关或者国家机关工作人员违法行使职权而受到侵害的,公民有要求国家赔偿的权利。

3. 我国公民的基本义务有哪些?

根据我国《宪法》的规定,我国公民基本义务主要有以下内容:

(1) 维护国家统一和民族团结;

(2) 遵守宪法和法律,保守国家秘密,爱护公共财产,遵守劳动纪律,遵守公共秩序,尊重社会公德;

(3) 维护祖国的安全、荣誉和利益;

(4) 保卫祖国、依法服兵役和参加民兵组织;

(5) 依法纳税。

4. 我国公民的基本权利和义务的主要特点是什么?

(1) 公民基本权利和自由的广泛性。

(2) 公民基本权利与义务的平等性。

(3) 公民基本权利和义务的现实性。

(4) 公民基本权利与义务的一致性。

案例评析

案例一： 王芳与李林婚后感情不和，王芳一直怀疑丈夫李林有外遇。为了收集"第三者"破坏他们夫妻感情的证据，王芳委托当地一私人调查机构以各种形式对这名所谓的"第三者"进行跟踪。

试问：

王芳的行为是否违法？

案例一评析：《宪法》第37条规定："中华人民共和国公民的人身自由不受侵犯。任何公民，非经人民检察院批准或者决定或者人民法院决定，并由公安机关执行，不受逮捕。禁止非法拘禁和以其他方法非法剥夺或者限制公民的人身自由，禁止非法搜查公民的身体。"法律中的人身自由一般包括两个方面：一是行为人自由地作出某种行为；二是行为人排斥他人的非法干预，包括监督和跟踪。因此，王芳委托私人调查机构进行调查的行为违法。

案例二： 某市一超市保安人员根据超市的规定，对一盗窃嫌疑人李某当场进行搜身检查。由于李某拒绝，超市保安于是将李某关在一小仓库内达3小时。

试问：

超市及保安的行为是否违法？

案例二评析： 从案例一的评析中可以得知，该超市及其保安的行为侵犯了李某的人身自由。保安对李的搜查行为以及将李某关在小仓库内的行为是严重的违法行为。

第四节　国家机构

基本知识点

1. 国家机构的概念与分类，我国国家机构的组织和活动原则。
2. 全国人民代表大会，全国人民代表大会常务委员会，全国人大各委员会，全国人民代表大会代表。
3. 中华人民共和国国家主席的性质、地位、产生、任期和职权。
4. 国务院的性质、地位、领导体制、职权，国务院所属各部、各委员会，审计机关。
5. 中央军事委员会的性质、地位、组成、任期和职责。
6. 地方各级人民代表大会，县以上地方各级人大常委会，地方各级人大代表，地方各级人民政府。
7. 人民法院的组织与制度，人民检察院的组织与制度。
8. 人民法院、人民检察院与公安机关的关系。

重点问题

1. 我国国家机构的组织和活动原则是哪些?

根据我国《宪法》的规定,我国国家机构的组织和活动原则包括:
(1) 民主集中制原则;
(2) 社会主义法治原则;
(3) 责任制原则;
(4) 联系群众,为人民服务原则;
(5) 精简和效率原则。

2. 修改宪法的条件是什么?

由全国人民代表大会常务委员会或者五分之一以上的全国人民代表大会代表提议,并由全国人民代表大会以全体代表的三分之二以上的多数通过。

3. 我国国家主席的性质与地位是什么?

国家主席不是握有一定国家权力的个人,而是我国国家机构的重要组成部分。中华人民共和国主席对外代表国家。

4. 我国国务院的性质是什么?

中华人民共和国国务院即中央人民政府,是最高国家权力机关的执行机关,是最高的行政机关,执行和行政表明了它的性质。

5. 我国中央军事委员会的性质是什么?

中央军事委员会是全国武装力量的最高领导机关。

6. 我国人民法院的性质是什么?

人民法院是国家的审判机关。只有人民法院具有审判权,其他任何国家机关、单位或者个人绝对没有审判权。

7. 我国人民检察院的性质是什么?

人民检察院是国家的法律监督机关。人民检察院依照法律规定独立行使检察权,不受行政机关、社会团体和个人的干涉。

案例评析

案例一：从部队转业9天的石东玉，因一起毫不相干的凶杀案被判死刑，缓期2年执行。未婚妻因此改嫁他人，大姐精神恍惚探监时被火车撞死，小妹出走他乡。6年后，伊春市公安局友好分局终于查清此案。1995年4月22日，石东玉被无罪释放。黑龙江省及伊春市很快给石东玉赔偿人民币6万余元，二室一厅居室一套，并安排了工作，使黑龙江第一大赔偿案画上了句号。

试就本案中相关主体的行为进行法律分析。

案例一评析：《宪法》第41条第3款规定："由于国家机关和国家工作人员侵犯公民权利而受到损失的人，有依照法律规定取得赔偿的权利。"根据《国家赔偿法》第2条的规定，国家机关工作人员违法行使职权侵犯公民、法人和其他组织的合法权益造成损害的，受害人有依照该法取得国家赔偿的权利。本案中的石东玉因一起毫不相干的凶杀案被判死缓，冤枉坐牢6年，致使其本人、亲属不仅精神上遭受打击，经济上也造成巨大的损失。所以，有关部门在清查错案的同时，及时给予赔偿是完全应当、合情合法的。

案例二：刚从财会学校毕业的小陈被分配到一工厂当会计。工作了一段时间后，她逐渐发现厂长高某不遵守财经制度，随意花钱，滥发奖金，经常用公款请客送礼，大吃大喝。工作认真负责的小陈向高某严肃地提出了严格财经制度的建议，并向上级机关反映了高某的经济问题。高某为此对小陈怀恨在心，寻机报复。他利用职权在各种会议上指责小陈有个人野心，吃里爬外。在工作中他也对小陈百般进行刁难。两个月前，小陈因病休息了10天，他竟诬蔑小陈故意怠工，撤了小陈的会计职务，派人封了小陈的办公桌。小陈上班后，他又一直不给安排工作。这一系列的打击使小陈精神上受到了极大的压力，终于走投无路，投水自尽。

试问：

高某的行为是否违反法律的规定？

案例二评析：《宪法》第41条第1款和第2款规定："中华人民共和国公民对于任何国家机关和国家工作人员，有提出批评和建议的权利；对于任何国家机关和国家工作人员的违法失职行为，有向有关国家机关提出申诉、控告或检举的权利，但是不得捏造或者歪曲事实进行诬告陷害。对于公民的申诉、控告或者检举，有关国家机关必须查清事实，负责处理。任何人不得压制和打击报复。"我国《刑法》第254条明确规定："国家机关工作人员滥用职权、假公济私，对控告人、申诉人、批评人、举报人实行报复陷害的，处2年以下有期徒刑或者拘役；情节严重的，处2年以上7年以下有期徒刑。"本案被告高某因小陈向厂里提出了严格财经制度的建议并向上级机关反映了他的经济问题，就利用职权、假公济私对小陈进行种种报复，造成了小陈被迫自杀的严重后果，这是一起引起社会轰动的案件，高某的行为已构成了报复陷害罪，被依法判处有期徒刑5年。

第三章 民法商法

第一节 民法概述

基本知识点

1. 民法的概念与含义，民法的基本内容，民法的地位和作用，民法的调整对象。
2. 民法基本原则的概念，民法基本原则的内容。
3. 民事法律关系的概念与特征，民事法律关系的要素，民事权利、民事义务与民事责任，民事法律事实。
4. 物的概念与特征，物的分类，货币，有价证券。
5. 自然人的概念，自然人的民事权利能力。
6. 自然人民事行为能力的概念，自然人民事行为能力的种类。
7. 住所。
8. 监护的概念，监护人的设立，监护人的职责，监护的终止。
9. 宣告失踪的概念、法律条件、效力、撤销，宣告死亡的概念、法律条件、效力、撤销。
10. 个体工商户，农村承包经营户与个人合伙。
11. 法人的概念，法人的分类，法人应具备的条件，法人的民事权利能力和民事行为能力。
12. 法人的机关与法人的分支机构。
13. 法人的设立、变更与终止。
14. 民事法律行为的概念，民事法律行为的分类。
15. 意思表示的概念、类型、效果与瑕疵。
16. 民事法律行为的成立，民事法律行为的生效。
17. 附条件和附期限的民事法律行为。
18. 无效民事行为的概念与类型，无效民事行为的效果。
19. 部分无效的民事行为。

20. 可变更、可撤销民事行为的概念、类型与效果。

21. 效力未定的民事行为的概念、类型与效果，代理的概念、特征、法律要件、类型。

22. 代理权的概念，代理权的发生，代理权的授予，滥用代理权之禁止，代理权的终止。

23. 无权代理。

24. 表见代理。

25. 诉讼时效的概念，诉讼时效的法律要件和法律效果，诉讼时效期间的起算，诉讼时效的中止、中断和延长。

26. 期限，期限的效力，期限的性质与类型，期间的计算方法，期间的如期与终期。

重点问题

1. 什么是民法，它的调整对象有哪些？

民法是调整平等主体之间的财产关系和人身关系的法律规范的总称。民法的调整对象为平等主体之间的人身关系和财产关系。民法调整的人身关系即是自然人的人格权关系和身份权关系；民法调整的财产关系是人们基于财产的支配和交易而形成的社会关系。

2. 民法的体系是怎么划分的？

民法体系分为总论和分论：总论研究普遍适用于民法的一般法律规定及相关理论；分论根据研究对象的相对独立性，分为物权法制度、债法制度、知识产权法制度、人身权法制度、婚姻家庭继承制度、民事责任与侵权制度等几大部分。

3. 民法的渊源有哪些？

民法的渊源，是指民事法律规范的表现形式，即正式载有民法规范的公开文件。在法律效力上，民法渊源是指一切有效民事法律，包括制定法和习惯。

其中，制定法包括宪法中的民法规范，《中华人民共和国民法通则》（以下简称《民法通则》）以及民事单行法，国务院制定发布的民事法规，地方性法规、自治条例和单行条例，规章，最高人民法院民事解释规范性文件，国际条约中的民法规范。

习惯，是指人们在日常生活、交易中形成的经常性做法。

4. 民法基本原则的内容有哪些?

民法的基本原则,反映民事生活的根本属性,尤其是市民社会的一般条件、趋势和要求。一般认为民法的基本原则的内容如下。

(1) 平等原则。平等原则,是指主体的身份平等。任何自然人、法人在民事生活中平等地享有法律赋予的权利。

(2) 意思自治(或自愿)原则。意思自治(或自愿)规则,是指当事人可以根据自己的判断去从事民事活动,国家一般不干预当事人的意志自由,充分尊重当事人的选择。

(3) 诚实信用原则。诚实信用原则要求当事人按照市场制度的互惠性行事。

(4) 公序良俗原则。公序良俗原则即当事人的行为应当符合公共秩序和善良风俗。

(5) 权利不得滥用原则。权利不得滥用原则,是指民事主体在民事活动中必须正确行使自己的权利,如果行使权利损害到他人合法利益或者社会公共利益时则构成权利滥用。

5. 民事法律关系的要素有哪些?

(1) 民事法律关系的主体,即参加民事法律关系,享有民事权利和承担民事义务的人。

(2) 民事法律关系的客体,即民事权利和民事义务所指向的对象。

(3) 民事法律关系的内容,即具体的民事权利和民事义务。

6. 什么是自然人的民事权利能力?

自然人的民事权利能力,是指自然人依法享有民事权利和承担民事义务的资格。自然人的民事权利能力具有统一性、平等性和抽象性。自然人的民事权利能力开始于出生,终止于死亡,出生时间的证明认定首先以户籍证明为准;没有户籍证明的,以医院的出生证明为准;没有医院证明的,参照其他有关证明认定。自然人的死亡包括生理死亡和宣告死亡。

7. 什么是自然人的民事行为能力?

自然人的民事行为能力,是指自然人能以自己的行为取得民事权利、承担民事义务的资格。依据对自己行为性质和后果的判断能力不同,自然人的民事行为能力可以分为三类,即完全民事行为能力、限制民事行为能力和无民事行为能力。各国的划分标准不完全一样,我国现行标准是:

(1) 18周岁以上智力正常的自然人为完全民事行为能力人,16周岁以上不满18周岁的,以自己的劳动收入为主要生活来源的,视为完全民事行为能力人;

(2) 10周岁以上,未满18周岁的自然人或者不能完全辨认自己行为的精神病人是限制民事行为能力人；

（3）未满10周岁的自然人或者不能辨认自己行为的精神病人是无民事行为能力人，由他的法定代理人代理民事活动。

8. 什么是宣告失踪与宣告死亡制度？

宣告失踪与宣告死亡制度是为解决一个人长期下落不明而给自己的利益和利害关系人利益造成不正当影响而设立的。宣告失踪和宣告死亡都有严格的法律条件和法律程序，但宣告失踪不是宣告死亡的必经程序。一个人被宣告死亡并不表示他就真的死亡了，而是以他原住所地为中心的一切法律关系发生与其死亡一样的法律效力，他在自然死亡前所为的民事行为仍与未死亡时一样。

9. 法人成立的条件有哪些？

一个组织要成为法人必须具备一定的条件，那就是：
（1）依法成立；
（2）有必要的财产或经费；
（3）有自己的名称、组织机构和场所；
（4）能够独立承担民事责任。

依据不同的标准，法人可以分为不同的种类，如机关法人、事业单位法人、社会团体法人、企业法人、社团法人与财团法人等。

10. 法人具有怎样的民事权利能力与民事行为能力？

法人具有民事权利能力，但这种民事权利能力与自然人的民事权利能力有所不同。法人的民事行为能力受其经营范围的限制。法人具有民事责任能力，对其工作人员执行职务时所为的行为负责，如果对他人造成损害的，法人应当承担相应的民事责任。

11. 什么是个人合伙？

个人合伙，是指两个以上的公民按照协议，各自提供资金、实物、技术等，合伙经营，共同劳动。

12. 民事法律行为有哪些分类？

民事法律行为可以分为单方行为与多方行为，财产行为与身份行为，有偿行为与无偿行为，诺成性行为与实践性行为，要式行为与不要式行为，主行为与从行为。其中，比较重要的分类如下。

（1）有偿民事法律行为与无偿民事法律行为。在财产性的双方民事法律行为中，根据当事人是否因给付而取得对待而作出这样的区分。所谓对待或者对价，是按照市场法则判断当事人在交易中各行其所,而不是按观念判断的绝对均等。有偿民事法律行为,是指双方当事人各因给付而取得对待利益的行为。无偿民事法律行为,是指当事人约定一方当事人履行义务,对方当事人不给予对价利益的行为。

(2)诺成性民事法律行为与实践性民事法律行为。在双方民事法律行为中,根据民事法律行为在意思表示之外,是否以标的物的交付为成立要件而作出此种区分。诺成性民事法律行为是当事人双方意思表示一致即可成立的行为,它不以标的物的交付为要件。实践民事法律行为是除当事人意思表示一致之外,还需要交付标的物才能成立的民事法律行为。

(3)要式民事法律行为与不要式民事法律行为。根据民事法律行为是否必须依照一定方式实施,可以把它分为要式民事法律行为与不要式民事法律行为。要式民事法律行为是必须依照法律规定的形式实施的行为,一定方式常见的如书面形式、履行登记手续等。不要式民事法律行为是当事人可自由决定行为的形式,只要该行为意思表示合法,行为即可生效。

13. 民事法律行为的成立与生效一般须具备哪些条件?

民事法律行为的成立与生效是民事法律行为理论的重要内容。民事法律行为的成立,是指民事主体的行为符合民事行为的构成要素。民事法律行为的一般成立要件包括当事人、意思表示、标的,法律有特别要求的,依照法律规定。

民事法律行为的生效,是指已成立的民事行为因符合法定有效要件而取得法律认可的效力。民事法律行为的成立与生效有区别。民事法律行为的成立是一种事实判断,民事法律行为的生效是一种价值判断。

民事法律行为的生效要件,是指已经成立的民事行为能够按照意思表示的内容发生法律效果所应当具备的法定条件。民事法律行为的生效要件包括实质要件和形式要件。一般认为,实质要件有:

(1)行为人有相应的民事行为能力;
(2)行为人的意思表示真实;
(3)标的确定、可能和合法。

而形式要件只在法律有特殊要求时需要。

14. 什么是附条件和附期限的民事法律行为?

对民事法律行为附条件或附期限是对民事法律行为生效或失效的一种限制。条件是当事人以将来客观上不确定事实的出现与否决定民事法律行为效力的发生与否。期限是当事人以将来确定事实的到来决定民事法律行为的效力的发生或消灭的附款。

15. 什么是无效民事行为?

欠缺民事法律行为的有效要件的行为称为无效民事行为。无效民事行为为自始无

效、当然无效、确定无效。根据《民法通则》第58条的规定,无效民事行为包括:

(1) 无民事行为能力人实施的;
(2) 限制民事行为能力人依法不能独立实施的;
(3) 一方以欺诈、胁迫的手段或者乘人之危,使对方在违背真实意思的情况下所为的;
(4) 恶意串通,损害国家、集体或者第三人利益的;
(5) 违反法律或者社会公共利益的;
(6) 以合法形式掩盖非法目的的。

16. 什么是可变更、可撤销的民事行为?

可变更、可撤销的民事行为,是指行为人的意思表示有瑕疵,但法律并不使之绝对无效,而是赋予意思表示有瑕疵表意人变更权或撤销权的民事法律行为。这种民事行为在变更或撤销前已生效,但变更或撤销请求如获支持,则其效力溯及民事法律行为成立时。根据《民法通则》及《中华人民共和国合同法》(以下简称《合同法》)的规定,可撤销民事行为的种类有:

(1) 因重大误解而实施的民事法律行为;
(2) 显失公平的民事法律行为;
(3) 因受欺诈而实施的民事法律行为;
(4) 因受胁迫而实施的民事法律行为;
(5) 因危难被利用而实施的民事法律行为。

17. 什么是效力未定民事行为?

在民事行为中,还有一类是虽然不完全符合民事法律行为的有效要件,但法律并不使之绝对无效,而是赋予第三人追认权,如其追认,则该行为有效,反之,该行为无效。效力未定民事行为与可撤销民事行为的区别在于前者享有决定民事行为效力的人是民事关系之外的第三人,而后者决定民事行为效力的人是民事关系的当事人。效力未定民事行为主要有:

(1) 欠缺民事行为能力的行为;
(2) 欠缺处分权限的行为;
(3) 欠缺代理权的行为;
(4) 欠缺债权人同意的行为。

18. 什么是代理?

代理,是指民事主体根据他人的授权,以该他人的名义与第三人发生民事法律关系,其后果由该他人承担的民事行为。授权的他人称被代理人,以他人名义与第三人实施民

事法律行为的人称代理人。依据不同的标准,代理可以分为不同的种类,常见的分类有:

(1) 依据代理权产生根据划分的委托代理、法定代理、指定代理;

(2) 以代理权是由被代理人直接授予还是由代理人转托为标准划分的本代理与再代理(复代理或转代理);

(3) 直接代理与间接代理。

另外,必须注意的是:

(1) 同一种代理按不同的标准有不同的归类;

(2) 再代理中再代理人不是原代理人的代理,而是被代理人的代理人;原代理人的授权范围也不能超过自己被授予的代理权限。

19. 什么叫表见代理?

表见代理,是指行为人虽无代理权,但存在某些表象使相对人有理由相信行为人有代理权而与其发生民事法律关系,法律使之发生与有权代理相同的法律效果的民事行为。

20. 什么是诉讼时效?

诉讼时效,是指权利人不行使权利的事实状态持续经过法定期间,即依法发生权利不受法律强制性保护的法律后果的制度。诉讼时效与除斥期间有区别,除斥期间,是指法律规定一定的期限,此期限经过,无论权利人是否行使权利,该权利均消灭的期间。虽然二者都是消灭时效,但诉讼时效消灭的是胜诉权,而除斥期间消灭的是实体权利,此外,诉讼时效期间是可变期间而除斥期间是不变期间。从效力上讲,在我国,诉讼时效期间届满,权利人不行使其权利将丧失胜诉权即请求国家保护其权利的权利,但并不消灭起诉权。诉讼时效主要适用于财产类请求权。

在我国,诉讼时效分为:

(1) 普通诉讼时效,其期间为2年;

(2) 特殊诉讼时效,其期限为1年;

(3) 最长诉讼时效,其期间为20年,不中断、不中止和不延长。

诉讼时效期间自当事人知道或应当知道权利被侵害之日起计算。

21. 发生诉讼时效中断的事由有哪些?

诉讼时效中断,是指因有与权利人怠于行使权利相反的事实,使已经过的时效期间失其效力,而须重新计算时效期间的制度。我国法律规定发生诉讼时效中断有以下事由。

(1) 权利人之请求,是指权利人于诉讼外向义务人请求其履行义务的意思表示。权利人提出请求,使不行使权利的状态消除,诉讼时效由此中断。

(2) 义务人的同意,是指义务人向权利人表示其同意履行义务的意思。义务人的同意,亦即对权利人的权利的承认,它与请求发生相同之中断时效的效果。

(3) 提起诉讼或仲裁,是指权利人提起民事诉讼或申请仲裁,请求人民法院或仲裁庭保护其权利的行为。

22. 什么叫诉讼时效的中止,发生中止的事由有哪些?

诉讼时效中止,是指在诉讼时效期间的最后 6 个月,因法定事由而使权利人不能行使请求权的诉讼时效期间的计算暂时停止。诉讼时效中止有以下事由:

(1) 不可抗力,指不能预见、不能避免、不能克服的客观情况,包括自然灾害和非出于权利人主观意思的社会事件如罢工、暴乱等;

(2) 法定代理人未确定或者丧失民事行为能力;

(3) 法律规定的其他情况,如继承开始后,继承人或者遗产管理人尚未确定时,其诉讼时效可中止。

案例评析

案例一:甲被人民法院宣告死亡,甲的父亲乙、妻子丙、孩子丁分割了其遗产。后来乙病故,丁代位继承了乙的部分遗产。丙与刘某再婚后因车祸遇难,丁、刘某又分割了丙的遗产。现在甲重新出现,人民法院撤销了对甲的死亡宣告。

请应用你所掌握的法律知识理清上述复杂的财产关系。

案例一评析:本案重点涉及被撤销死亡宣告以后的法律效果。根据《民法通则》第25条的规定,被撤销死亡宣告的人有权请求返还财产。依照《继承法》取得甲的财产的公民或者组织,应当返还原物;原物不存在的,给以适当补偿。被撤销死亡宣告的人与配偶的婚姻关系,自死亡宣告之日起消灭。死亡宣告被人民法院撤销,如果其配偶尚未再婚的,夫妻关系从撤销死亡宣告之日起自行恢复;如果其配偶再婚后又离婚或者再婚后配偶又死亡的,则不得认定夫妻关系自行恢复。所以,乙、丙、丁从甲处继承的财产都应当返还。丁和刘某还应当把自己从丙处继承的原来是从甲处继承的财产予以返还。

案例二:甲欠丙800元到期债务无力偿还,乙替甲还钱,并对甲说:"这800元就算给你了"。甲称将来一定奉还。事后甲还了乙500元。后甲乙两人的关系恶化,乙要求甲偿还余款300元,甲以乙送自己800元为由要求乙退回500元。

试问:

下列说法正确吗?

1. 甲应再还乙300元;
2. 乙应当退回500元;
3. 乙不必退回甲500元,甲也不必再还乙300元。
4. 乙应当退还甲500元及银行同期利息。

案例二评析：首先，根据《合同法》第185条的规定，赠与合同是赠与人将自己的财产无偿给予受赠人，受赠人表示接受赠与的合同。从本案实际来看，乙虽然说赠与甲800元，但甲并没有接受，因此两人之间不形成赠与关系。当然，甲也就不能基于赠与要求乙退回500元。

其次，通过分析可知甲与乙之间形成了借款合同法律关系。根据《合同法》第211条的规定，自然人之间的借款合同对支付利息没有约定或者约定不明确的，视为不支付利息。本案中两人对是否支付利息没有约定，故不存在利息的问题。

所以，甲应当再还乙300元，即第一个说法的观点正确。

第二节 物 权

基本知识点

1. 物权的概念和特征，物权法体系和价值，物权法的基本原则，物权的效力，物权的分类，物权与债权的区别，物权请求权与债权请求权的区别。

2. 物权的公示。

3. 所有权的概念和特征，所有权的内容。

4. 国家所有权，集体所有权，私人所有权，法人所有权。

5. 建筑物区分所有权的概念，建筑物区分所有权的内容。

6. 相邻关系的概念，处理相邻关系的原则和根据，各种相邻关系。

7. 所有权的取得方法，善意取得，拾得遗失物，发现埋藏物，附合、混合与加工、先占。

8. 按份共有的概念，按份共有内部关系，按份共有外部关系，共有物的分割。

9. 共同共有的概念，共同共有的内部关系与外部关系，共同共有的类型。

10. 土地承包经营权的概念、特征、取得，承包人的权利与义务，发包人的权利与义务。

11. 建设用地使用权的概念、特征，建设用地使用权的产生和期限，建设用地使用权的内容。

12. 宅基地使用权的概念，宅基地使用权的内容。

13. 抵押权的概念，抵押权的设立，抵押权当事人的权利，抵押权的实现，抵押权的终止。

14. 质权的概念，动产质权，权利质权。

15. 留置权的概念、取得、效力。

16. 占有的概念、种类，占有的效力与保护，占有的取得与消灭。

重点问题

1. 物权具有哪些法律特征?

(1) 物权是权利人直接支配的权利。这里的直接支配是指物权人可以依自己的意志就标的物直接行使其权利,无须他人的意思或义务人行为的介入。

(2) 物权是权利人直接享受物的利益的权利。物权作为财产权,是一种具有物质内容的、直接体现为财产利益的权利。

(3) 物权是排他性的权利。物权为权利人直接支配物的权利,因此必然具有排他性。

2. 物权与债权的区别有哪些?

(1) 权利性质不同,物权为支配权,债权为请求权。

(2) 权利客体不同,物权的客体由其性质所决定,只能是物;而债权的客体为给付,即债务人的特定行为。

(3) 主体不同,物权的义务主体是除权利主体以外的不特定的任何人,而债权的义务主体是特定的。

(4) 权利存在的期限不同,物权的所有权为无限期的权利,债权为有限期的权利,法律不准许有无限期的债权。

3. 物权的设立、变更、转让和消灭的法律要件是什么?

根据《中华人民共和国物权法》(以下简称《物权法》)的规定,物权的设立、变更、转让和消灭的法律要件包括:不动产物权为登记;动产物权为交付。

4. 不动产物权的登记机构不得有哪些行为?

根据《物权法》的规定,登记机构不得有下列行为:
(1) 要求对不动产进行评估;
(2) 以年检等名义进行重复登记;
(3) 超出登记职责范围的其他行为。

5. 物权受到侵犯时,权利人的救济措施有哪些?

根据《物权法》的规定,物权受到侵犯时,权利人可经请求确认物权、返还原物、排除妨害、消除危险、修理、重作、更换、恢复原状、损害赔偿。

6. 什么是所有权?

所有权是民事主体依法对物实行的占有、收益、使用和处分并独立享有物之支配的权利。所有权是最完整、最充分的物权。为充分发挥物的效用,从所有权中可以分离、派生、引申出各种其他的物权。

7. 农村农民集体所有权是我国经济制度中一种重要的所有权形式,按照法律规定必须经本集体成员决定的事项有哪些?

《物权法》明确规定,在农民集体所有权中,下列事项应当依照法定程序经本集体成员决定:

(1) 土地承包方案以及将土地发包给本集体以外的单位或者个人承包;
(2) 个别土地承包经营权人之间承包地的调整;
(3) 土地补偿费等费用的使用、分配办法;
(4) 集体出资的企业的所有权变动等事项;
(5) 法律规定的其他事项。

8. 什么是善意取得?

善意取得,是指无权处分他人动产或者不动产的让与人,于不法将其占有的他人的动产或者不动产交与买受人后,如买受人取得该动产时系出于善意,则其取得该动产或者不动产的所有权。

善意取得的要件为:

(1) 让与人为动产的占有人;
(2) 让与人无转让的权利;
(3) 须基于法律行为而受让动产或者不动产所有权;
(4) 须实际占有受让动产或者已依法登记;
(5) 受让人须为善意。

9. 《物权法》对建筑物的区分所有权是如何规定的?

根据《物权法》的规定,业主对建筑物内的住宅、经营性用房等专有部分享有所有权,对专有部分以外的共有部分享有共有和共同管理的权利。

10. 《物权法》对小区的车库、绿地等有什么规定?

《物权法》明确规定,建筑区划内规划用于停放汽车的车位、车库应当首先满足业主的需要。建筑区划内规划用于停放汽车的车位、车库的归属,由当事人通过出售、附赠或者出租等方式约定。

建筑区划内的道路,属于业主共有,但属于城镇公共道路除外。建筑区划内的绿地,属于业主共有,但属于城镇公共绿地或者明示属于个人的除外。建筑区划内的其他公共场所、公用设施和物业管理用房,属于业主共有。

11. 业主可以将自己的住宅用房变为经营性用房吗?

根据《物权法》的规定,业主不得违反法律、法规及管理规约,将住宅改变为经营性用房。业主将住宅改变为经营性用房的,除遵守法律、法规及管理规约外,应当经有利害关系的业主同意。

12. 因不动产相邻关系发生纠纷应如何处理?

根据《物权法》的规定,处理不动产相邻关系纠纷应遵循以下原则:有利生产、方便生活、团结互助、公平合理。法律、法规对处理相邻关系有规定的,依照其规定;法律、法规没有规定的,可以按照当地习惯。

13. 相邻关系主要有些什么类型?

根据我国法律规定及实践,主要的相邻关系有:
(1) 相邻通行关系;
(2) 相邻管线安设关系;
(3) 相邻防险、排污关系;
(4) 相邻用水、流水、截水、排水关系;
(5) 相邻光照、通风、音响、震动关系;
(6) 相邻竹木归属关系。

14. 什么是按份共有?

按份共有,是指两个或两个以上的共有人按照各自的份额分别对其共有财产享有权利和承担义务的一种共有关系。

15. 什么是共同共有?

共同共有,是指各共有人根据法律规定或合同的约定,共同结合在一起,共同所有某项财产而不分份额。

16. 我国有哪些类型的共同共有?

在我国的实际生活中,共同共有主要有:
(1) 夫妻共同财产;
(2) 家庭共有财产;
(3) 共同继承的财产;
(4) 合伙财产。

17. 权利人领取自己的遗失物时是否应当向拾得人或者有关部门支付保管费用？

根据《物权法》的规定，权利人领取自己的遗失物时，应当向拾得人或者有关部门支付必要的保管费用。权利人悬赏寻找遗失物的，领取遗失物时应当按照承诺履行义务。拾得人侵占遗失物的，无权请求保管遗失物等支出的费用，也无权请求权利人按照承诺履行义务。

18. 用益物权可分为哪些种类？

用益物权的分类有：
（1）农村土地承包经营权；
（2）宅基地使用权；
（3）建设用地使用权；
（4）地役权。

19. 我国对土地承包经营权的期限是怎样规定的？

根据《物权法》的规定，耕地的承包期为30年；草地的承包期为30—50年；林地的承包期为30—70年，特殊林木的林地承包期，经国务院林业行政主管部门批准可经延长。上述规定的承包期届满，由土地承包经营权人按照国家有关规定继续承包。

20. 农村土地承包经营权可以流转吗？

土地承包经营权人依照农村土地承包法的规定，有权将土地承包经营权采取转包、互换、转让等方式流转。流转的期限不得超过承包期的剩余期限。未经批准，不得将承包地用于非农建设。

21. 我国对通过出让取得的建设用地使用权的出让最高年限有哪些具体规定？

根据《中华人民共和国城镇国有土地使用权出让和转让暂行条例》（以下简称《城镇国有土地使用权出让和转让暂行条例》）的规定，土地使用权出让最高年限按下列用途确定：
（1）居住用地70年；
（2）工业用地50年；
（3）教育、科技、文化、卫生、体育用地50年；
（4）商业、旅游、娱乐用地40年；
（5）综合或者其他用地50年。

22. 我国目前的商品住宅70年到期后如何办？

根据《物权法》的规定，住宅建设用地使用权期间届满的，自动续期。

23. 什么是抵押权？

抵押权，是指债权人对于债务人或者第三人不移转占有而提供担保的财产，在债务人不履行债务时，依法享有的就担保的财产变价并优先受偿的权利。

24. 哪些财产不得抵押？

根据《物权法》的规定，下列财产不得抵押：
（1）土地所有权；
（2）耕地、宅基地、自留地、自留山等集体所有的土地使用权，但法律规定可以抵押的除外；
（3）学校、幼儿园、医院等以公益为目的事业单位、社会团体的教育设施、医疗卫生设施和其他社会公益设施；
（4）所有权、使用权不明或者有争议的财产；
（5）依法被查封、扣押、监管的财产；
（6）法律、行政法规规定不得抵押的其他财产。

25. 什么是质权？

质权，是指债务人或第三人将其财产移转交给债权人占有，以其作为债权担保的担保方式。

26. 什么是留置权？

留置权，是指在依法可以留置的合同中，债权人按照合同的约定占有债务人的动产，债务人不按照合同的约定履行债务的，债权人有权依法留置该财产，并可以留置的财产折价或以拍卖、变卖所获得的价款优先受偿。

27. 抵押权与典权的区别有哪些？

（1）抵押权是担保物权，典权是用益物权。
（2）抵押人不占有抵押物，不能使用、收益；典权人需占有典物，并得以对典物进行使用收益。
（3）抵押权具有从属性和物上代位性，典权并无从属性。
（4）抵押权具有优先受偿性，典权则不具有。

28. 占有的种类有哪些？

根据占有的不同状态，可以将占有分为以下不同的种类：
（1）自主占有和他主占有；

(2) 直接占有和间接占有；
(3) 有权占有和无权占有；
(4) 善意占有和恶意占有；
(5) 无过失占有和有过失占有；
(6) 无瑕疵占有与有瑕疵占有。

案例评析

案例一：张一从某房产开发商处购买了一小区3栋1单元3号商品房，合同约定一年后入住；张二则与该开发商约定购买该套商品房并取得了钥匙；张三也从该开发商处购买该套商品房屋并且已入住一个月；张四从该开发商处购买该套商品房并且已在房产部门登记。

试问：

四个买主购买同一套房屋，法律应该支持谁为该房屋的所有权人？

案例一评析：根据《物权法》的规定，该房应当属于张四所有。因为不动产物权以登记为准，登记谁是权利人法律就支持谁。

案例二：北京一小区物业公司将小区内的道路用于停车，所得收入作为奖金分发给自己公司的职工。同时，该物业公司将住宅的电梯间的广告、大楼外墙壁广告收益归自己所有。

试问：

该物业公司的行为合法吗？

案例二评析：该物业公司的行为全部违反《物权法》，建筑区划内的道路除属于城镇公共道路以外，应属于业主共有，因此，收益应当是业主共有，而不应归为开发商或者物业公司所有。住宅电梯间的广告、大楼外墙壁广告收益也应当归全体业主共有。

案例三：2006年1月，小张与小李解除房屋租赁合同时，小张欠小李租金3000元，一年后小张仍不加理睬此事。2007年3月，小李决定将小张告上人民法院。

试问：

法律会支持小李的主张吗？

案例三评析：法律将不再保护小李的权利。因为法律明确规定，延付或者拒付租金的，权利人必须在一年以内寻求救济，否则法律将不再予以保护。

案例四：小李丢失自己心爱的日记本，于是他贴出告示，表示拾得该日记本并还给他的人，他将付给500元作为酬谢。A女士如约归还该日记本时，小李却说《物权法》规定，拾得遗失物应当返还权利人。

试问：

小李的说法符合法律的规定吗？

案例四评析： 没有，小李应当给付A女士500元。因为，根据《物权法》的规定，权利人悬赏寻找遗失物的，领取遗失物时应当按照承诺履行义务。

案例五： 2001年年初，孟宪元与孟宪传二人之母去世后，孟宪元与其兄弟姐妹商议在其母墓前立石碑一块，要求各人平均出资，孟宪传未同意。孟宪元便与其他亲属共同出资立碑，并在碑上署名，但未将孟宪传与孟宪传之妻的名字署上。孟宪传与孟宪传之妻得知后，将石碑上孟宪元与其兄弟姐妹的名字凿除。为此，孟宪元与其兄弟姐妹于2001年11月29日诉至青州市人民法院，要求判令二被告赔偿墓碑损失2000元及精神损失费1万元。

试就本案中相关主体的行为进行法律分析。

案例五评析： 根据我国法律的规定，二被告将原告及他人所立墓碑损坏，侵犯了他人的财产权，依法应予赔偿。因墓碑被损坏，造成原告的精神痛苦，亦应抚慰。在人民法院开庭审理前，双方当事人自愿达成协议，被告赔偿原告墓碑损失及精神损失共计1800元。原告据此以诉讼目的已达到，双方自行和解为由申请撤诉。

第三节 债 权

基本知识点

1. 债的概念和特征，债的要素，债的发生原因，债的分类。
2. 债的履行主体、标的、期限、地点、方式、费用。
3. 债的履行不能、拒绝履行、迟延履行、瑕疵履行。
4. 债权人的代位权与撤销权。
5. 保证和定金。
6. 债权的让与和债务的承担，债的消灭原因。
7. 合同的概念，合同订立的一般程序，合同的特殊订立方式，格式条款，合同的订立规则，合同的成立。
8. 合同的内容，合同解释的原则，合同解释的方法，格式条款的解释规则。
9. 同时履行抗辩权的概念与成立条件。
10. 不安抗辩权的概念与成立条件。
11. 先履行抗辩权的概念与成立条件。

12. 合同变更的概念,合同变更的条件,合同变更的法律后果。

13. 合同解除的概念,合同解除的条件,合同解除的程序,合同解除的法律后果。

14. 违约责任的概念,违约责任的构成要件,违约的免责事由,违约责任的形式。

15. 缔约过失责任的概念、构成要件、适用与赔偿范围。

16. 买卖合同,赠与合同,借款合同,租赁合同,承揽合同,运输合同,保管合同,居间合同,行纪合同。

17. 不当得利的概念,不当得利的性质,不当得利的构成要件与法律效力。

18. 无因管理的概念和性质,无因管理的构成要件与法律效力。

重点问题

1. 民法上的债的概念是什么?

作为民法上的概念,债是指特定当事人之间可以请求一定给付的民事法律关系。它包括合同关系、因无因管理引起的权利义务关系、因不当得利返还产生的关系和因侵权行为引起的权利义务关系等。

2. 债的特征有哪些?

(1) 债为特定当事人之间的民事法律关系。
(2) 债是以特定行为(给付)为客体的民事法律关系。
(3) 债是以请求债务人给付为内容的民事法律关系。
(4) 债是能够用货币衡量评价的财产法律关系。

3. 债的要素有哪些?

(1) 债的主体。债的主体,是指参与债的关系的当事人。其中,享有债权的主体叫做债权人,负有债务的主体称为债务人。

(2) 债的内容。债的内容,是指债权和债务。债权,是指债权人的请求债务人为给付的权利。债务,是指债务人依约定或法定应为给付的义务。

(3) 债的客体。债的客体又称债的标的,是指债权债务所指向的事物,即给付。给付必须合法、确定和适格。

4. 引起债的发生原因一般有哪些？

（1）合同关系。

（2）侵权行为。

（3）无因管理。

（4）不当得利。

（5）缔约上的过失。

5. 债的履行原则有哪些？

债的履行原则是当事人在履行债务时所应遵循的基本准则，主要有以下四个原则。

（1）适当履行原则。适当履行原则又称正确履行原则或全面履行原则，是指当事人按照债规定的标的及其质量、数量，由适当的主体在适当的履行期限、履行地点，以适当的履行方式，全面完成债务的履行原则。

（2）协作履行原则。协作履行原则，是指不仅要求当事人适当履行自己的债务，而且基于诚实信用原则要求对方的当事人协助其履行债务的履行原则。

（3）经济合理原则。经济合理原则要求履行债务时，讲求经济效益，付出最小的成本，取得最佳的效益。

（4）情势变更原则。情势变更原则，是指合同依法成立后，因不可归责于双方当事人的原因发生了不可预见的情势变更，致使合同的基础发生动摇或丧失，若继续维持合同原有效力则显失公平，则允许变更或解除合同的原则。

6. 什么是债的保全？

债的保全，是指法律为防止因债务人的财产不当减少给债权人的债权带来危害，允许债权人代债务人之位向第三人行使债务人的权利，或者请求人民法院撤销债务人与第三人的民事行为的法律制度。

7. 什么是债权人的代位权？

债权人的代位权，是指当债务人怠于行使其对第三人享有权利而危及债权人的债权时，债权人为保全自己的债权，可以以自己的名义代位行使债务人对第三人的权利。

债权人的代位权的成立要件有以下四项：

（1）债务人享有对于第三人的权利；

（2）债务人怠于行使其权利；

（3）债务人已陷于迟延；

（4）有保全债权的必要，即债权人的债权有不能依债的内容获得满足的危险。债权人的代位权的行使主体是债权人，债权人应以自己的名义行使代位权，并须尽到善良管理人的注意。债权人的代位权必须通过诉讼程序行使,以保全债权人的债权的必要为其限度。

8. 在任何情形下,债权人都可行使代位权吗?

在下列情形中债权人不可行使代位权:人寿保险;人身伤害赔偿;劳动报酬;退休金;养老金;安置费;抚恤金;基于扶养、抚养、赡养、继承关系产生的给付请求权不可行使。

9. 什么是债权人的撤销权?

债权人的撤销权,是指债权人对于债务人所为的危害债权的行为,可请求人民法院予以撤销的权利。

10. 撤销权成立的条件是什么?

(1) 须有债务人的处分行为。

(2) 债务人的行为须以财产为标的。

(3) 债务人的行为须有害于债权。

(4) 在主观条件上,债务人为无偿行为而有害于债权时,只需要具备客观要件,债权人就可行使撤销权。对于债权人的有偿行为,债务人行为时恶意为撤销权的成立要件,受让人行为时为恶意为撤销权的行使要件。

11. 什么叫保证?

保证,是指第三人和债权人约定,当债务人不履行或不能履行债务时,该第三人按照约定或者法律规定履行债务或者承担责任的担保方式。这里的第三人叫保证人。一般认为保证具有以下法律性质。

(1) 独立性。保证债务虽附从于主合同债务,但并非主合同债务的一部分,而是另一个独立的债务,在附从主合同债务的范围内有独立性。

(2) 附从性。保证以主合同的成立为前提。保证的范围和强度附从于主合同,不得大于或强于主合同债务。主合同债务变更时,保证债务一般随之变更,但不得增加其范围和强度。

(3) 补充性和连带性。

12. 我国哪些主体不可作为保证人?

(1) 企业法人的分支机构、职能部门。

(2) 学校、幼儿园、医院等以公益为目的的事业单位、社会团体。

(3) 未经国务院批准的国家机关不得作为保证人,但经国务院批准为使用外国政府或者国际经济组织贷款进行转贷的除外。

13. 什么是定金？

定金，是指合同当事人为了确保合同的履行，依据法律规定或者当事人双方的约定，由当事人一方在合同订立时，或订立后、履行前，预先给付对方当事人的现金或其他代替物。定金的成立不仅须有双方当事人的合意，而且应有定金的现实交付，当事人必须订立书面定金合同。

14. 定金数额可以由当事人任意约定吗？

不行。根据法律的规定，定金的数额由当事人约定，但不得超过主合同标的额的20%，超过部分人民法院不予支持保护。实际交付的定金数额多于或者少于约定数额，视为变更定金合同。收受定金一方提出异议并拒绝接受定金的，定金合同不生效。

15. 债的保全与债的担保的区别？

债的保全与债的担保的区别体现在以下三个方面。

（1）债的保全是为了防止债务人的财产不当减少，债的担保则是由债务人或第三人提供的担保手段或债权人享有的优先受偿权。

（2）债的保全的内容是债权人的代位权与撤销权，二者均为法定的权利；而债的担保包括保证、抵押等多种形式，一般需要当事人约定。

（3）债的保全是保护全体债权人利益的，而债的担保则仅保护特定债权人的利益。

16. 什么是债权让与，债权让与的要件是什么？

所谓债权让与，是指不改变债的关系的内容，债权人将其债权移转于第三人的法律行为。该让与应具备以下要件：

（1）须存在有效债权；

（2）让与人与受让人须就债权的转让达成协议，并且不得违反法律的有关规定；

（3）须通知债务人；

（4）被让与的债权具有可让与性。最高额抵押的主合同债权不得转让。按照当事人的约定不得转让的债权不可转让。专为特定债权人利益而存在的债权如向特定人讲授外语的合同债权不可转让。属于从权利的债权不可转让。不作为债权不可转让。基于个人信任关系而发生的债权如雇佣、委托、租赁等合同所发生的债权不可转让。

17. 债权让与的法律效力是怎样的？

债权让与有效成立以后，在让与人与受让人之间发生一定的效力，即债权让与的内部效力。

（1）受让人取代原债权人的法律地位，享有债权。

（2）从权利随之转移。

（3）让与人应将债权证明文件全部交付受让人。

（4）让与人对其让与的债权应负瑕疵担保责任。

债权让与有效成立以后，对债务人也发生一定的效力，即债权让与的外部效力，表现为：

（1）债权让与对债务人的效力以债权让与为准，该通知不得迟于债务履行期；

（2）债务人对让与人的抗辩，可以向受让人主张；

（3）债务人接到通知后，债务人对让与人享有债权的，债务人仍然可以依法向受让人主张抵销。

18. 什么是债务承担，债务承担需要哪些要件？

债务承担，是指在不改变债的内容的前提下，债务人通过与第三人订立转让债务的协议，将债务全部或者部分移转给第三人的法律事实。债务承担需要具备以下法律要件：

（1）须存在有效债权；

（2）第三人须与债权人或者债务人就债务的移转达成合意；

（3）债务承担须经债权人同意，对于并存的债务承担合同，可以不征得债权人同意，只是应当通知债权人；

（4）被移转的债务应具有可移转性。当事人约定不能转让的债务不可移转。不作为义务不可移转。以特定债务人的特殊技能或者特别的人身信任关系为基础而产生的债务也不可移转。

19. 债的消灭的原因有哪些？

债的消灭原因有清偿、抵销、提存、免除、混同等。

清偿是当事人实现债权目的的行为。清偿由债务人进行，在法律有规定或者合同有规定时，也可由第三人进行。对于清偿费用，在法律无明文规定、当事人又无约定时，由债务人负担。但因债权人变更住所或其他行为而致清偿的费用增加时，增加的费用由债权人负担。

抵销，是指二人互负债务时，各以其债权以充当债务之清偿，而使其债务与对方的债务在对等额内相互消灭。为抵销的债权称为自动债权，被抵销的债权称为受动债权。抵销依其发生的根据，可分为法定抵销和合意抵销。按照《合同法》的规定，抵销必须具备以下要件：(1) 必须是释放当事人互负债务、互享债权；(2) 双方互负的债务，必须标的物的种类、品质相同；(3) 必须是自动债权已届清偿期；(4) 必须是非依债的性质不能抵销。

提存，是指由于债权人的原因而无法向其交付合同标的物时，债务人将该标的物交给提存部门而消灭合同的制度。提存的原因如下：(1)债权人迟延受领；(2)债权人下落不明；(3)债权人死亡或者丧失行为能力，又未确定继承人或监护人；(4)法律规定的其他情形。提存的主体包括提存人、债权人(提存受领人)、提存部门。提存的标的物以适于提存者为限。

免除，是指债权人抛弃债权，从而全部或部分终止合同关系的单方行为。免除应由债权人向债务人以意思表示为之。免除发生债务绝对消灭的效力，债权的从权利也同时归于消灭。免除不得损害第三人的合法权益。

混同，是指债权和债务同归一人，致使合同关系消灭的事实。债权债务的混同，由债权或债务的承受而产生。合同关系及其他债的关系，因混同而绝对地消灭。债权系他人权利的标的时，从保护第三人的合法权益出发，债权不消灭。

20. 合同有哪些特征？

合同，是指平等主体之间设立、变更、终止民事权利义务关系的协议。合同具有以下法律特征：

(1) 合同是一种民事法律行为；

(2) 合同是两方以上当事人的意思表示一致的民事法律行为；

(3) 合同是以设立、变更、终止民事权利义务关系为目的的民事法律行为；

(4) 合同是当事人各方在平等自愿基础上实施的民事法律行为。

21. 合同有哪些种类？

(1) 双务合同与单务合同，这是按照当事人双方是否承担对待给付义务而作出的分类。

(2) 有偿合同与无偿合同，这是依当事人之间的权利义务是否存在对价关系所作的分类。

(3) 诺成合同与实践合同，这是从合同成立条件角度所作的分类。诺成合同，是指以缔约当事人意思表示一致为充分成立条件的合同。实践合同，是指除当事人意思表示一致外还需要交付标的物才能成立的合同。

(4) 要式合同与不要式合同，这是根据合同成立是否采取一定的形式如书面、登记等所作的分类。

(5) 有名合同与无名合同，这是根据法律是否赋予特定名称并设有规范而作的分类。

(6) 主合同与从合同，这是根据两个或多个合同相互间的主从关系为标准进行的分类。

(7) 束己合同与涉他合同，这是根据合同是否为他人设定了权利义务而进行的分类。

22. 合同订立一般有哪些程序？

订立合同主要有两个程序，即要约和承诺。

要约是一方当事人以缔结合同为目的，向对方当事人提出合同条件，希望对方当事人接受的意思表示。要约的要件包括：

（1）要约必须是特定的合同当事人所为的意思表示；

（2）要约必须向缔结合同的相对人发出；

（3）要约必须具有缔结合同的主观目的；

（4）要约的内容要具体确定和完整；

（5）要约必须表明要约人在得到承诺时即受其约束的意旨，即表明要约一旦经受要约人承诺，合同即成立。

要约到达受要约人时生效。要约一经生效，要约人即受到要约的拘束，不得撤回和任意撤销等。要约可以撤回，但应在要约到达受要约之前或同时到达受要约人。要约可以撤销，撤销通知应当在受要约人发出承诺通知之前到达。如果要约人确定了承诺期或者以其他形式明示要约不可撤销的，以及受要约人有理由认为要约是不可撤销的，并已经为履行合同作了准备工作的要约不可撤销。要约因要约存续期间届满，受要约人拒绝要约，要约人依法撤销要约，要约人或受要约人死亡以及要约的实质性变更而失效。

承诺，是指受要约人在要约的有效期内向要约人作出的，同意要约内容的意思表示。承诺的要件包括：

（1）承诺必须由受要约人作出，即承诺人应为受要约人；

（2）承诺必须是由受要约人向要约人作出的；

（3）承诺必须在要约的存续期间内作出的；

（4）承诺的内容必须与要约的实质内容一致。

承诺通知到达要约人时生效。承诺不需要通知的，根据交易习惯或者要约的要求作出承诺的行为时生效。承诺生效，在诺成性合同场合使合同成立；在实践性合同场合，若交付标的物先于承诺生效，同样使合同成立，若交付标的物后于承诺生效，则合同自交付标的物时成立。承诺人可以在承诺通知到达之前或同时到达要约人之时声明撤回。

23. 什么是格式条款？它有哪些特征？

格式条款是当事人为了重复使用而预先拟定，并在订立合同时未与对方协商的条款。它有以下特点：

（1）由一方当事人预先拟定；

（2）为了重复使用；

（3）在订立合同时未与对方协商。

24. 我国《合同法》对格式条款合同有何规范性要求？

为了保护广大消费者的利益，法律规定在使用格式条款合同时，提供该合同的一方应当履行以下义务。

（1）提供格式条款的一方应当遵循公平原则确定当事人之间的权利和义务，并采取合理的方式提请对方注意免除或者限制其责任的条款，按照对方的要求，对该条款予以说明。

（2）这样的格式条款合同无效：违反社会利益、公共利益和他人利益的；违反法律、行政法规的；当事人意思表示不自由而且损害社会、国家和他人利益的；以合法形式掩盖非法目的的行为；恶意串通损害社会、国家或者第三人利益的；提供格式条款一方免除其责任、加重对方责任、排除对方主要权利的，该条款无效。

（3）对格式条款的理解发生争议的，应当按照通常理解规则、对提供者不利规则、非格式条款优先的规则进行解释。

25. 合同的效力类型有哪些？

依据我国《合同法》的有关规定，合同有有效、无效、效力未定、可变更或可撤销四种效力类型。

（1）有效合同。合同生效必须满足一些条件：缔约人具有相应的民事行为能力，即具有意思能力，能辨别和控制自己的行为，并预见到相应的法律后果；缔约人意思表示真实，其内心意志和外在表示相一致；合同不违反法律、法规的强制性规定或社会公共秩序。

（2）无效合同。依据《合同法》第52条的规定，有以下情形之一的，合同无效：一方以欺诈、胁迫的手段，订立的损害国家利益的合同；恶意串通，损害国家、集体或第三人利益的合同；以合法形式掩盖非法目的的合同；损害社会公共利益的合同；违反法律、行政法规的强制性规定的合同。

所谓乘人之危，是指行为人利用对方当事人的急迫需要或危难处境，迫使其违背本意接受于其非常不利的条件的现象。欺诈，是指为使他人陷于错误而为意思表示，故意陈述虚假事实或隐瞒真实情况的行为。胁迫，是指以不法加害威胁他人，使之产生恐惧心理，并基于该恐惧心理而为意思表示的行为。

（3）效力未定的合同。所谓效力未定的合同，是指成立时有效或无效处于不确定状态，尚待享有形成权的第三人同意或拒绝的意思表示来确定其效力的合同。依据《合同法》的有关规定，效力未定的合同主要有：限制民事行为能力人订立的合同；无处分权人处分他人之物或权利的行为；无权代理形成的合同。

（4）可变更或可撤销的合同。一方以欺诈、胁迫的手段订立的损害集体利益或第三人合法利益的合同，以及乘人之危使对方在违背真实意思的情况下订立的合同，受损害方有权请求人民法院或仲裁机构变更或撤销。当事人请求变更的,人民法院或仲裁机构不得撤销。此外,对于因重大误解而订立的合同、在订立时显失公平的合同也属于可撤销合同,可以基于当事人的撤销权而使效力消灭,也可由于撤销权的放弃或除斥期间的经过而转为有效的合同。

26. 合同变更的条件有哪些?

合同变更的条件包括:
(1) 原已存在着有效的合同关系;
(2) 合同内容发生局部变化;
(3) 合同的变更须经当事人协商一致;
(4) 法律、行政法规规定合同变更应当办理批准登记手续的,应当遵守规定。

27. 合同解除的条件有哪些?

根据《合同法》第94条的规定,有下列情形之一的,当事人可以解除合同:
(1) 因不可抗力致使不能实现合同目的;
(2) 在履行期限届满之前,当事人一方明确表示或者以自己的行为表明不履行主要债务;
(3) 当事人一方迟延履行主要债务,经催告后在合理期限内仍未履行;
(4) 当事人一方迟延履行债务或者有其他违约行为致使不能实现合同目的;
(5) 法律规定的其他情形。

《合同法》第93条规定:"当事人协商一致,可以解除合同。当事人可以约定一方解除合同的条件。解除合同的条件成就时,解除权人可以解除合同。"

28. 合同变更和解除的程序是怎样的?

合同变更的程序,就是双方当事人对合同变更协商一致。法律、行政法规规定变更合同应当办理批准、登记等手续的,依照其规定。

合同解除的程序有两种,即协议解除的程序和行使解除权的程序。协议解除的程序采用合同的方式,必须有要约和承诺。行使解除权的程序以当事人享有解除权为前提,解除权应在约定期限、法定期限或合理期限内作出,以通知对方的方式为之,通知到达对方时发生合同解除的效力。

29. 合同变更和解除的法律后果是怎样的?

合同变更的法律后果:合同变更后,已经履行的债务不因合同的变更失去法律依据。合同变更不影响当事人要求赔偿损失的权利。

合同解除的法律后果:合同解除后,尚未履行的,终止履行;已经履行的,根据履行情况和合同性质,当事人可以要求恢复原状、采取其他补救措施。合同解除不影响合同中结算和清理条款的效力,不影响当事人请求损害赔偿的权利。

30. 承担违约责任的条件是什么?

根据法律的规定,承担违约责任的条件是:
(1) 有违约行为;
(2) 无免责事由。

31. 承担违约责任有哪些形式?

根据法律的规定,承担违约责任的形式有:
(1) 继续履行;
(2) 采取补救措施;
(3) 赔偿损失;
(4) 违约金;
(5) 定金。

32. 不当得利的成立要件有哪些?

(1) 一方受有利益。
(2) 他方受有损失。
(3) 一方受利益与他方受损失间有因果关系。
(4) 没有合法根据。

33. 不当得利之债包含哪些内容?

不当得利之债的内容,是指受益人返还不当得利的义务与受损人请求返还不当得利的权利。受益人返还的不当利益,可以是原物、原物所生的孳息、原物的价金、使用原物所取得的利益,也可以是其他利益。受益人为善意时只返还现存利益,如为恶意时应返还全部利益。

34. 无因管理的成立要件有哪些?

(1) 管理他人事务。
(2) 为避免他人利益受损失而为管理。
(3) 无法律上的义务。

35. 无因管理之债的内容有哪些?

(1) 管理人的义务:适当管理义务;通知义务;报告与计算义务。

（2）管理人的权利：求偿请求权；负债清偿请求权。

案例评析

案例一：陈某外出期间家中失火，邻居家10岁的女儿刘某呼叫邻居救火，并取自家的衣物参与扑火。在救火的过程中，刘某的手部被烧伤，花去医疗费200元，衣物损失100元。

试问：

下面的说法哪些正确？

1. 陈某应当偿付刘某100元。
2. 陈某应当偿付刘某200元。
3. 陈某应当偿付刘某300元。
4. 陈某无须补偿刘某。

案例一评析：根据《民法通则》第93条的规定，没有法定的或者约定的义务，为避免他人利益受损失进行管理或者服务的，有权要求受益人偿付由此而支付的必要费用。此处的"必要费用"一般包括在管理或者服务活动直接支出的费用，以及在该活动中受到的实际损失。根据法律可以得知，陈某应当偿付邻居的女儿刘某的衣物损失100元以及在该活动中受到的实际损失即医疗费200元，故陈某总共应当支付300元。

案例二：某市国土局一名前局长、两名副局长和一名干部因贪污终审被判有罪。李某在当地晚报上发表一篇报道，题为"市国土局成了贪污局"，内容为上述四人已被人民法院查明的主要犯罪事实。该国土局一名未涉案的副局长、被判缓刑的前局长均以自己的名誉权被侵害为由起诉李某，要求赔偿精神损害。

试问：

以上二人的主张是否成立？为什么？

案例二评析：根据《民法通则》第101条的规定，公民、法人享有名誉权，公民的人格尊严受法律保护，禁止用侮辱、诽谤等方式损害公民、法人的名誉。本案中，李某在报上所写的都是事实，因此不存在侵害名誉权的问题，故他们的主张都不能成立。

案例三：王某在一酒店就餐，邻座甲、乙二人因喝酒发生争吵，继而发生打斗，酒店保安见状未出面制止。甲拿出酒瓶向乙砸去，乙躲闪，结果王某的头部被砸伤。

试问：

王某的医疗费应当由谁承担？

案例三评析：本案中，甲是直接侵权人，因此甲应当承担赔偿责任。此处关键是该酒店是否需要承担相应的赔偿责任。根据我国相关法律、法规的规定，从事住宿、餐饮、娱乐等经营活动或者其他社会活动的自然人、法人、其他社会组织，未尽合理限度内的安全保障义务致使他人遭受人身损害,赔偿权利人请求其承担相应赔偿责任的,人民法院应当支持。该处的责任是补充责任,即先由直接侵权人甲承担赔偿责任,在甲不能赔偿时才让该酒店承担赔偿责任。

案例四:甲欠乙20万元到期无力偿还,甲的父亲病故后留有价值15万元的住房一套,甲为唯一继承人。乙得知后与甲联系,期望以房抵债。甲便对好友丙说:"反正这房子我继承了也要拿去抵债,不如送给你算了。"二人遂订赠与协议。

试分析本案例中的违法之处。

案例四评析:根据《合同法》第74条的规定,因债务人放弃其到期债权或者无偿转让财产,对债权人造成损害的,债权人可以请求人民法院撤销债务人的行为。债务人以明显不合理的低价转让财产,对债权人造成损害,并且受让人知道该情形的,债权人也可以请求人民法院撤销债务人的行为。撤销权的行使范围以债权人的债权为限。债权人行使撤销权的必要费用,由债务人负担。

案例五:村民甲与村民乙签订了一买卖合同。合同约定,甲卖给乙4头牛(以下分别编号为牛1、牛2、牛3、牛4),款项为8000元,先支付3000元货款,其余款项在半年内付清。在付清剩余款项之前,甲保留对牛的所有权。签订合同的第二天,乙将牛牵走。

根据《合同法》及相关法律讨论下列问题:

1. 假如在贷款付清之前,牛1被水淹死,损失由谁负责,为什么?
2. 假如在贷款付清之前,牛2生下一头小牛,该小牛的所有权归谁,为什么?
3. 假如在贷款付清之前,牛3踢伤一人,该损害赔偿责任由谁承担,为什么?
4. 假如在贷款付清之前,村民乙将牛4卖给了丙,该合同是否有效,为什么?
5. 当事人在合同中约定,合同成立后,贷款在未付清之前,牛的所有权并不转移,是否具有法律效力,为什么?

案例五评析:1. 该损失由乙承担。根据《合同法》第142条的规定,标的物毁损、灭失的风险,在标的物交付之前由出卖人承担,交付之后由买受人承担,但法律另有规定或者当事人另有约定的除外。甲、乙双方当事人并没有特别约定风险问题,法律对此也无另外的规定,因此,乙将牛牵走,该风险已经转移给了乙,所以,牛1被水淹死,损失由乙承担。

2. 小牛的所有权归乙。根据《合同法》第163条的规定,标的物在交付之前产生的孳息,归出卖人所有,交付之后产生的孳息,归买受人所有。牛2已经交付,其所生产的小牛归乙所有。

3. 由乙承担。根据《民法通则》第127条的规定,饲养的动物造成他人损害的,动物饲养人或者管理人应当承担民事责任。牛3已经归乙管理,因此,乙应当负责。

4. 合同无效。牛的所有权没有转移,乙对没有所有权的标的物无权进行处分。根据《合同法》第51条的规定,无处分权的人处分他人财产,经权利人追认或者无处分权的人订立合同后取得处分权的,该合同有效。乙一方面没有取得处分权,另一方面也没有得到甲的追认,因此,该转让行为不具有法律效力。

5. 具有法律效力。根据《合同法》第134条的规定,当事人可以在买卖合同中约定买受人未履行支付价款或者其他义务的,标的物的所有权属于出卖人。

第四节 知识产权

基本知识点

1. 知识产权的概念与特征,知识产权的范围。
2. 知识产权法的概念。
3. 知识产权民事责任,知识产权权利冲突,知识产权诉讼时效,知识产权诉讼的特殊程序问题,知识产权的国际保护。
4. 著作权的客体。
5. 作品的概念,作品的种类,著作权法不保护的对象。
6. 一般意义上的著作权主体,演绎作品的著作权人,合作作品的著作权人,汇编作品的著作权人,影视作品的著作权人,职务作品的著作权人,委托作品的著作权人,原件的所有权转移的著作权归属,作者身份不明的作品的著作权归属。
7. 著作人身权,著作财产权。
8. 著作权合理使用的概念及情形,法定许可使用的概念及情形,著作权的保护期限。
9. 邻接权的概念,出版者的权利,表演者的权利,录制者的权利,播放者的权利。
10. 著作权侵权行为的概念,承担民事责任的著作权侵权行为,承担综合责任的著作权侵权行为。
11. 计算机软件著作权的客体和主体,软件著作权的内容,软件著作权的期限和限制,软件登记,侵犯软件著作权行为及法律责任。
12. 专利权的主体,发明人或设计人,发明人或者设计人单位,受让人,外国人。
13. 专利权的客体,发明,实用新型,外观设计,专利法不保护的对象。
14. 发明或者实用新型专利的授权条件,外观设计专利的授权条件。
15. 专利的申请,专利申请的审批,专利的复审和无效宣告。
16. 专利权人的权利,专利权人的义务,专利权的期限,专利权的限制。

17. 专利权的保护范围,专利侵权行为。
18. 商标权的概念,取得商标权的途径,商标注册的原则,商标注册的条件,商标注册的程序。
19. 商标权的内容。
20. 注册商标的注销,注册商标的撤销。
21. 商标侵权行为的概念,商标侵权行为的表现形式,商标的合理作用。
22. 驰名商标的概念,驰名商标的认定,驰名商标的特殊保护措施。

重点问题

1. 知识产权有哪些特征?

(1) 知识产权的客体是不具有物质形态的智力成果。
(2) 专有性,即权利主体依法享有独占使用智力成果的权利,他人不得侵犯。
(3) 地域性,即它只有在特定国家或地区的地域范围内有效。
(4) 时间性,即依法产生的知识产权一般只在法律规定的期限内有效。

2. 法律对知识产权的诉讼时效是如何规定的?

侵犯知识产权的诉讼时效为2年,自权利人知道或应当知道之日起计算。专利权、商标权或者著作权的权利人超过2年起诉的,如果该知识产权仍在保护期限内,人民法院应当判决责令被告停止侵权行为;侵权损害赔偿数额应当自权利人向人民法院起诉之日起向前推算2年计算。

3. 《著作权法》不保护的对象有哪些?

《中华人民共和国著作权法》(以下简称《著作权法》)不保护的对象包括:
(1) 法律、法规,国家机关的决议、决定、命令和其他具有立法、行政、司法性质的文件,及其官方正式译文;
(2) 时事新闻报道;
(3) 历法、通用数表、通用表格和公式。

4. 著作权可以继承吗?

根据《著作权法》的规定,继受著作权人只能成为著作财产权的继受主体,而不能成为著作权人身权的继受主体,因为著作权的人身权具有不可转让性。

5. 合作作品的著作权归谁？

根据《著作权法》的规定，合作作品的著作权归合作者共同所有。该著作权由各方协商一致行使；不能协商一致，又无正当理由的，任何一方不得阻止对方行使除转让以外的其他权利，但是所得收益应当合理分配给所有合作者。

6. 影视作品的著作权归谁？

根据《著作权法》的规定，影视作品的著作权由制片者享有。

7. 委托作品的著作权归谁？

双方没有订立合同或者合同约定不明的，属于受托人，但委托人可以在约定的使用范围内享有使用作品的权利。

8.《专利法》不保护的对象有哪些？

《中华人民共和国专利法》不保护的对象包括：
（1）智力活动的规则和方法；
（2）科学发现；
（3）疾病的诊断和治疗方法；
（4）动物和植物品种；
（5）用原子核变换方法获得的物质；
（6）对平面印刷品的图案、色彩或者二者的结合作出的主要起标识作用的设计。

9. 发明或者实用新型专利的授权条件有哪些？

（1）新颖性，是指在申请日以前没有同样的发明或者实用新型在国内外出版物上公开发表过、在国内公开使用或者以其他方式为公众所知，也没有同样的发明或者实用新型由他人向专利局提出过申请并记载在申请日以后公布的专利申请文件中。

（2）创造性，是指同申请日以前已有的技术相比，该发明有突出的实质性特点和显著进步，该实用新型有实质性特点和进步。

（3）实用性，是指该发明或者实用新型能够制造或者使用，并且能够产生积极效果。

10. 外观设计专利的授权条件有哪些？

（1）应当同申请日以前在国内外出版物上公开发表过或者国内公开使用过的外观设计不相同或者不相近似。

（2）实用性。

（3）富有美感。

(4)不得与他人在先取得的合法权利相冲突。

11. 商标注册的原则是什么？

（1）申请在先原则。

（2）自愿注册原则，目前我国必须使用注册商标的商品仅有烟草制品，其余全为自愿注册。

案例评析

案例一：某杂志社的期刊名称设计新颖，具有独特的含义，并且产生了广泛而良好的社会声誉，特咨询某律师其名称可以获得哪些法律保护。

试问：

该期刊的名称可以获得哪些法律的保护？

案例一评析：该期刊的名称设计从目前我国的法律来看至少可以获得《著作权法》《商标法》《反不正当竞争法》的保护。

案例二：原告威德福（中国）能源服务有限公司［以下简称威德福（中国）］成立于2008年5月，是威德福国际有限公司（以下简称威德福国际）在中国投资的大型石油商品服务公司。威德福国际是全球四大石油服务公司之一，在全世界石油工业领域内享有盛誉。2000年5月，威德福国际即以"威德福"为字号，设立威德福亚太有限公司在中国国内从事商业活动。经过多年的经营、宣传和商业使用，原告公司字号"威德福"在中国石油行业领域内已具有较高的知名度和影响力。被告盐城威德福石油设备有限公司（以下简称盐城威德福）成立于2010年6月，注册资本100万元人民币，经营范围包括石油钻采设备，石化阀门，抽油泵，液压件制造、销售等。盐城华展石油机械有限公司（以下简称华展公司）于2010年1月7日在第7类商品上获得第6164628号"威德福 weidefu"商标的核准注册。2012年9月20日，华展公司证明其许可被告盐城威德福使用该商标。原告认为，被告将"威德福"用作企业字号，从事与原告业务基本相同的市场经营，对原告构成侵权，请求人民法院判令被告立即停止侵权行为，并赔偿损失25万元。①

试问：

本案中相关主体的行为是否合法？他们的主张是否应当得到法律的支持？

案例二评析：江苏省盐城市中级人民法院经审理认为，原告威德福（中国）成立在先，其拥有的"威德福"字号经过多年的市场宣传和经营，在中国石油行业领域已获得了极高的知名度和影响力。被告盐城威德福作为经营类似业务的企业，应当知道原告享有的在先权利以及"威德福"字号的商业价值，故被告将"威德福"文字登记注册为企业字号用

---

① http://www.legalinfo.gov.cn/index/content/2014-06/27/content_5632399.htm?node=66702。

于市场经营,在主观上充分表明其目的就是借助和利用他人已有的良好商誉,谋取额外的商业利益,在客观上很容易使相关公众产生误认和混淆,损害了原告和广大消费者的合法利益。故人民法院判决:被告立即停止使用含有"威德福"字号的企业名称,并赔偿原告经济损失人民币5万元。

被告盐城威德福不服,提起上诉。江苏省高级人民法院经审理认为,"威德福"文字系"Weatherford"的音译,在中国首先是由威德福国际间接设立的子公司所使用,显著性较强。经过多年的经营、宣传和使用,原告"威德福"字号在中国石油行业领域内具有较高的知名度和影响力。华展公司虽然于2010年获准注册"威德福"商标,但晚于"威德福"字号在中国的使用,且商标与字号属于知识产权中不同的领域,被许可使用商标的企业并不当然可以使用与商标相同的在先使用且具有较高知名度的字号。本案中,被告与原告所从事的行业均系与石油开发相关联的经营和服务。被告应当知道原告"威德福"字号的商誉及知名度。由于"威德福"字号的影响力,被告将"威德福"登记为企业字号,很容易造成相同领域内的市场混淆,客观上侵害了原告在盐城地区的市场份额及经济利益,构成不正当竞争,应当承担相应的责任。故判决驳回盐城威德福的上诉,维持一审判决。

第五节　婚姻家庭法律制度与继承权

基本知识点

1. 结婚的条件,结婚登记机关和登记程序,无效婚姻,可撤销婚姻。
2. 协议离婚,诉讼离婚,离婚的法律后果,探望权,离婚救济。
3. 夫妻财产关系,夫妻人身关系。
4. 自然血亲的父母子女关系,继父母子女关系,养父母子女关系。
5. 继承权的特征,继承权的取得、放弃和丧失。
6. 法定继承的概念和特征,法定继承的适用范围。
7. 法定继承人的范围和继承顺序,法定继承中的遗产分配。
8. 代位继承的概念与条件。
9. 遗嘱继承的概念和特征,遗嘱继承的适用条件,遗嘱的概念和特征,遗嘱的有效要件,遗嘱的变更、撤销。遗赠的概念和特征,遗赠扶养协议的概念、特征和效力。
10. 继承开始的时间确定,遗产的范围,遗产的分割。

重点问题

1. 结婚的条件有哪些?

根据《中华人民共和国婚姻法》(以下简称《婚姻法》)的规定,结婚的条件有:

(1) 必须男女双方完全自愿;

(2) 必须达到法定的结婚年龄,男性不得小于22周岁,女性不得小于20周岁;

(3) 必须符合一夫一妻制原则;

(4) 禁止直系亲属和三代以内旁系血亲结婚;

(5) 患有法律规定禁止结婚疾病的不得结婚。

2. 什么是无效婚姻?

无效婚姻,是指不符合结婚的实质条件的男女两性结合,在法律上不具有合法效力的婚姻,我国《婚姻法》规定有以下类型:

(1) 重婚;

(2) 有禁止结婚的亲属关系的婚姻;

(3) 患有禁止结婚疾病的婚姻;

(4) 未达到法定婚龄的婚姻。

在我国,无效婚姻可以通过司法程序和行政程序得以确定。

3. 什么是可撤销婚姻?

可撤销婚姻,是指已成立的婚姻关系,因缺乏结婚的真实意思,受胁迫的一方当事人可依法向婚姻登记机关或者人民法院请求撤销该婚姻。根据《婚姻法》的规定,受胁迫一方撤销婚姻的请求,应当自婚姻登记之日起1年内提出。如果在法定期间内不提出撤销的权利,则该权利消灭。如果受胁迫一方在结婚后人身自由受到非法限制的,请求撤销婚姻应当自其恢复人身自由之日起1年内提出。

4. 协议离婚的条件有哪些?

婚姻登记机关经过形式审查和实质审查,确认双方自愿并对子女和财产问题已经有适当处理的,应当办理离婚登记并发给离婚证。但法律规定以下情形不得进行协议离婚:

(1) 一方当事人请求登记离婚的;

(2) 双方当事人未办理结婚登记的;

(3) 双方当事人一方或者双方为限制民事行为能力人或者无民事行为能力人的;

(4) 双方当事人请求离婚,但对子女抚养、夫妻一方生活困难的经济帮助、财产分割、债务清偿未达成协议的。

5. 人民法院判决离婚的原则是什么？

人民法院审理离婚案件时，应当进行调解，如果感情已破裂，调解无效的，应当准予离婚。有下列情形之一，调解无效的，应准予离婚：
（1）重婚或有配偶者与他人同居的；
（2）实施家庭暴力或虐待、遗弃家庭成员的；
（3）有赌博、吸毒等恶习屡教不改的；
（4）因感情不和分居满2年的；
（5）其他导致夫妻感情破裂的情形。
一方被宣告失踪，另一方提出离婚诉讼的，应准予离婚。

6. 我国诉讼离婚中有两项特殊保护是什么？

（1）在诉讼离婚中对现役军人的特殊保护。根据《婚姻法》的规定，现役军人的配偶要求离婚，须得军人同意，但军人一方有重大过错的除外。
（2）在诉讼离婚中对女方的特殊保护。《婚姻法》与《中华人民共和国妇女权益保障法》的规定，女方在怀孕期间、分娩后1年内或中止妊娠后6个月内，男方不得提出离婚。女方提出离婚的，或人民法院认为确有必要受理男方离婚请求的，不在此限。

7. 哪些财产可以作为夫妻一方所有财产？

（1）一方因身体受到伤害获得的医疗费、残疾人生活补助费等费用。
（2）一方的婚前财产。
（3）一方专用的生活用品。
（4）遗嘱或赠与合同中确定只归夫妻一方的财产。
（5）其他应当归一方所有的财产。

8. 约定夫妻财产制的法律要求是什么？

约定夫妻财产制，是指夫妻双方通过协商对婚前、婚后取得的财产的归属、处分以及在婚姻关系解除后的财产分割达成协议，并优先于法定夫妻财产制适用的夫妻财产制度。我国法律规定必须采用书面形式。约定的内容在第三人知道时，具有对外的对抗效力，否则不具有对外的对抗效力。

9. 离婚时债务清偿的原则是什么？

根据《婚姻法》的规定，离婚时，原为夫妻共同生活所负的债务，应当共同偿还。

10. 夫妻的共同债务有哪些?

（1）为夫妻、家庭共同日常生活需要所负的债务。
（2）为抚养子女所负的债务。
（3）夫妻一方或双方为履行共同义务所负的债务。
（4）家庭在生产经营中所负的债务。
（5）为一方或者双方治疗疾病所负的债务。

11. 夫妻的个人债务有哪些?

（1）夫妻双方约定由个人承担的债务,但以逃避债务为目的的除外。
（2）擅自资助与其无抚养义务关系的亲友所负的债务。
（3）一方未经对方同意,独自筹资进行经营,其收入未用于共同生活所负债务。
（4）其他个人债务。

12. 离婚诉讼无过错方的损害赔偿请求的范围有哪些?

有下列情形之一,导致离婚的,无过错方有权请求损害赔偿:
（1）有配偶者与他人同居的。
（2）实施家庭暴力的。
（3）遗弃、虐待家庭成员的。
（4）重婚的。

13. 继承权的丧失的法定事由有哪些?

（1）故意杀害被继承人。
（2）为争夺遗产而杀害其他继承人。
（3）遗弃被继承人或者虐待被继承人情节严重的。
（4）伪造、篡改或者销毁遗嘱,情节严重的。

14. 法定继承的顺序是怎样的?

法定继承人参加继承要按照继承的顺序,先由前一顺序的继承人继承,在没有前一顺序的继承人或前一顺序的继承人放弃继承权或丧失继承权的情况下,由后一顺序的继承人继承。《中华人民共和国继承法》（以下简称《继承法》）规定的继承顺序是:第一顺序为配偶、子女、父母;第二顺序为兄弟姐妹、祖父母、外祖父母。丧偶儿媳对公、婆,丧偶女婿对岳父、岳母,尽了主要赡养义务的,作为第一顺序继承人。

15. 法定继承与遗嘱继承有什么区别?

法定继承直接体现法律的意志或者说是国家的意志,强行规定了继承人的范围、继承的顺序、遗产的分配原则等;遗嘱继承则充分尊重和直接体现被继承人的意志,被继承人可以改变法定继承人的范围、顺序和遗产份额的大小。

16. 非婚生子女是否享有继承权?

非婚生子女,是指没有合法的婚姻关系的男女生育的子女。我国现行的《继承法》明确规定,子女包括非婚生子女,非婚生子女与婚生子女享有平等的继承权。非婚生子女不仅有权继承母亲的遗产,也有权继承生父的遗产,不论其生父是否认领该非婚生子女。

17. 遗嘱的法定形式有哪些?

遗嘱的法定形式主要是公证遗嘱、自书遗嘱、代书遗嘱、录音遗嘱、口头遗嘱五种,前四种是一般形式,第五种只能在特殊情况下采用。

公证遗嘱具有最强的证据效力和证明效力,其效力在各种形式的遗嘱中最高,遗嘱人以不同形式立有内容相抵触的数份遗嘱,其中有公证遗嘱的,以最后所立的公证遗嘱为准。自书遗嘱在实践中的适用极其广泛,必须由遗嘱人亲笔书写全文、签名,并注明制作的年、月、日,自书遗嘱不能由人代写,也不能用打印代替。对于代书遗嘱、录音遗嘱和口头遗嘱的设立、变更、撤销都必须由两个以上的见证人在场见证。口头遗嘱只能在遗嘱人危急的情况下使用。如果危急情况解除,遗嘱人能够用书面或录音形式立遗嘱的,所立的口头遗嘱无效。

18. 遗嘱继承和遗赠的区别是什么?

(1) 主体范围:遗嘱继承人只能是在法定继承人中选定;受遗赠人则必须是法定继承人以外的,可以是自然人,也可以是国家或集体。

(2) 客体范围:遗嘱继承的客体是遗产,既包括财产权利又包括财产义务;受遗赠权的客体只能是遗产中的财产权利。

(3) 权利行使的方式:遗嘱继承人自继承开始后未明确表示放弃继承的,即视为接受继承,而放弃继承必须在此期间作出明确的意思表示;受遗赠人接受遗赠的,必须在法定期间内作出接受的意思表示。

(4) 取得遗产的方式:遗产继承人可以直接参与遗产的分配以实现其继承权;受遗赠人只能从遗嘱继承人或者遗嘱执行人处取得遗赠人的财产。

19. 遗产的范围有哪些?

遗产是自然人死亡时遗留下的个人合法财产。我国《继承法》规定的遗产范围是:

(1) 公民的收入;

(2) 公民的房屋、储蓄和生活用品;

(3) 公民的林木、牲畜和家禽;

（4）公民的文物、图书资料；

（5）法律允许公民所有的生产资料；

（6）公民的著作权、专利权中的财产权利；

（7）公民的其他合法财产。

20. 胎儿是否享有继承权？

根据《继承法》的规定，在遗产分割时应当保留胎儿的继承份额，如果没有保留的，应当从继承人所继承的遗产中扣回。胎儿出生时是死体的，如果已经为胎儿保留遗产份额的，由被继承人的继承人继续分割该份额。对于胎儿出生后又死亡的，发生对胎儿财产的继承，即应当由胎儿的法定继承人继承该份额。

案例评析

案例一：张某1岁时被王某收养并一直共同生活。成年后，张某将年老多病的生父母接到自己家中悉心照顾。2000年，王某和张某的生父母相继去世。

试问：

下列说法正确吗？

1. 张某有权作为第一顺序继承人继承生父母的财产。
2. 张某有权作为第二顺序继承人继承生父母的财产。
3. 张某无权继承养父母的财产。
4. 张某可以适当分得生父母的财产。

案例一评析：1. 该说法错误。我国《收养法》第22条规定："自收养关系成立之日起，养父母与养子女间的权利义务关系，适用法律关于父母子女关系的规定；养子女与养父母的近亲属间的权利义务关系，适用法律关于子女与父母的近亲属关系的规定。养子女与生父母及其他近亲属间的权利义务关系，因收养关系的成立而消除。"《继承法》第10条规定："遗产按照下列顺序继承：第一顺序：配偶、子女、父母。第二顺序：兄弟姐妹、祖父母、外祖父母。继承开始后，由第一顺序继承人继承，第二顺序继承人不继承。没有第一顺序继承人继承的，由第二顺序继承人继承。本法所说的子女，包括婚生子女、非婚生子女、养子女和有扶养关系的继子女。本法所说的父母，包括生父母、养父母和有扶养关系的继父母。本法所说的兄弟姐妹，包括同父母的兄弟姐妹、同父异母或者同母异父的兄弟姐妹、养兄弟姐妹、有扶养关系的继兄弟姐妹。"因此，张某不可以作为第一顺序继承人。

2. 根据上述《继承法》的规定，该说法也是错误的。

3. 根据说法1中的知识可知，张某应当作为第一顺序继承人继承其养父母的财产。

4. 该说法正确。根据《最高人民法院关于贯彻执行〈中华人民共和国继承法〉若干问题的意见》第19条的规定,被收养人对养父母尽了赡养义务,同时又对生父母扶养较多的,除可依《继承法》第10条的规定继承养父母的遗产外,还可依《继承法》第14条的规定分得生父母的适当的遗产。

案例二：王某与其妻张某育有二子,长子王甲,次子王乙。王甲娶妻李某,并于1995年生有一子王小甲。王甲于1999年5月遇车祸身亡。王某于2000年10月病故,留有与张某婚后修建的面积相同的房屋6间。王某过世后张某随儿媳李某生活,该6间房屋暂时由次子王乙使用。2000年11月,王乙与曹某签订售房协议,以12万元的价格将该6间房屋卖给曹某。张某和李某知悉后表示异议,后因王乙答应取得售房款后在所有的继承人间合理分配,张某和李某方表示同意。王乙遂与曹某办理了过户登记手续,曹某当即支付购房款5万元,并答应6个月后付清余款。曹某取得房屋后,又与朱某签订房屋转让协议,约定以15万元的价格将房屋卖给朱某。在双方正式办理过户登记及付款前,曹某又与钱某签订了房屋转让协议,以18万元的价格将房屋卖给钱某,并办理了过户手续。2001年5月,曹某应向王乙支付7万元的购房余款时,因生意亏损,他已无支付能力。但曹某有一笔可向赵某主张的到期货款5万元,因曹某与赵某系亲戚,曹某书面表示不再要求赵某支付该货款。另查明,曹某曾于2001年4月外出时遭遇车祸受伤,肇事司机孙某系曹某的好友,曹某一直未向孙某提出车祸损害的赔偿请求。

试问：

1. 王某过世后留下的6间房屋应由哪些人分配？他们各自应分得多少？为什么？
2. 王乙与曹某签订的售房协议是否有效？为什么？
3. 曹某与朱某、钱某签订的房屋转让协议的效力如何？
4. 若朱某要求履行与曹某签订的合同,取得该房屋,其要求能否得到支持？为什么？
5. 若王乙请求人民法院撤销曹某放弃要求赵某支付货款的行为,其主张能否得到支持？为什么？
6. 若王乙要求以自己的名义代位请求孙某支付车祸致人损害的赔偿金,其主张能否得到支持？为什么？

案例二评析：1. 王某过世后留下的6间房屋应由张某、王乙、王小甲三人分配。其中,张某分得4间,王乙、王小甲各分得1间。因该6间房系王某与张某的共同财产,王某死后,张某应获得其中的3间,余下3间房在第一顺序继承人间平均分配。第一顺序的继承人有张某、王乙,因王甲先于王某死亡,其子王小甲享有代位继承权。故余下3间房中张某、王乙、王小甲应各分得1间。

2. 有效。该6间房虽属共有财产,但转让协议已经其他共有人张某及王小甲的监护人李某同意。

3. 曹某与朱某签订的协议有效。曹某与钱某签订的协议亦有效。因为这两个合同都符合我国《合同法》的规定。

4. 不能。根据《物权法》的规定,因曹某已与钱某办理了房屋过户登记手续,钱某已取得了该房屋的所有权。曹某履行不能,朱某只能要求曹某承担违约责任。

5. 能。根据《合同法》第74条的规定,债务人放弃其到期债权对债权人造成损害的,债权人可以请求人民法院撤销债务人放弃债权的行为。

6. 不能。根据《合同法》第74条的规定,因该赔偿金是专属于曹某自身的债权,王乙不能行使代位权。

第六节 人 身 权

基本知识点

1. 人身权的概念,人身权的特征,人身权的分类。
2. 人格权的概念,一般人格权,具体人格权。
3. 身份权的概念,亲权,配偶权,亲属权。

重点问题

1. 人身权的法律特征有哪些?

(1) 人身权是民事主体所固有的权利,具体表现在人身权的固有性、民事主体的无意识性、人身权的专属性。

(2) 人身权是没有直接财产内容的民事权利。人身权的客体是在人格关系和身份关系上所体现的与民事主体不可分离的利益,这与财产权完全不同,因为任何的财产权的客体都是直接的财产利益。

(3) 人身权是与民事主体须臾不可分离的权利。

2. 人身权可以分为哪些类?

根据人身权所依存的社会关系,人身权可分为人格权和身份权。大多数学者认为,人身权由人格权和身份权两个系列的民事权利所构成。

在人格权中,根据权利客体的不同,可分为物质性人格权和精神性人格权。物质性人格权包括身体权、健康权、生命权,精神性人格权包括姓名权(又称名称权)、肖像权、自由权、名誉权、隐私权、贞操权、信用权和婚姻自主权以及其他人格权。

在身份权中,根据身份不同可分为亲属法上的身份权和亲属法外的身份权,前者包括配偶权、亲权、亲属权,后者包括荣誉权、知识产权中的人身权等。

3. 什么是肖像权?

"肖像"一词的本义是指人物形象之载体,而法学中的肖像是指自然人形象的再现,或者说与本人人体分离的形象,即物质载体中的人物形象。肖像权就是肖像人享有或支配肖像这一人身要素的权利,是肖像人的精神性人格权。肖像不能单独存在,必须存在于肖像载体中。作为与本人人体分离的形象,肖像是有形的,它是肖像人格的直观标志,必须受肖像人的支配,否则肖像人无法实现自己的人格,和他人平等地参与社会生活。肖像是肖像人身中不可缺少的组成部分,是精神性人身要素,因此又是无形的,肖像是有形和无形的统一。

对公民肖像权的侵犯应具备以下两个条件:

(1) 使用公民肖像未经其同意;

(2) 以营利为目的进行使用。

4. 姓名权和名称权有什么区别?

姓名权,是指自然人决定、使用和依照规定改变自己姓名的权利,包括姓名决定权、姓名使用权、姓名改变权三个方面的内容。

名称权,是指自然人以外的其他民事主体依法享有的决定、使用、改变、转让自己的名称并排除他人非法干涉的一种人格权。

名称权属于具有直接财产利益的人格权,特别是商业名称权具有可转让性,这是区别于其他人格权的一个显著特征,也是与自然人的姓名权的重要不同之处。名称权的内容包括名称决定权、名称使用权、名称变更权和名称转让权。

5. 名誉权和荣誉权有什么区别?

名誉权,是指民事主体就自身属性和价值所获得的社会评价和自我评价享有的保有和维护的人格权。名誉权的主体既包括自然人,也包括法人和其他民事主体。名誉权的内容包括名誉保有权、名誉维护权、名誉利益支配权。

荣誉权,是指自然人、法人或其他团体获得、保持、利用荣誉并享有其所生利益的权利。荣誉权是一种身份权,它可因荣誉被取消而消灭。荣誉权的内容包括荣誉获得权、荣誉保持权和荣誉利用权。荣誉常常附有物质奖励,包括一次性奖励之奖金、奖品、奖杯、奖章等财物,一定时期内具有财产属性的荣誉待遇,如工资提级,退休金按全工资给付等。

案例评析

案例一：某影楼与甲约定：影楼为甲免费拍写真集，甲允许影楼使用其中一张照片作为影楼的橱窗广告。后甲发现自己的照片被用在一种性药品广告上。经查，制药公司是从该影楼花500元买到该照片的。

试问：

下列说法哪些是正确的？

1. 该影楼侵害了甲的肖像权。
2. 该影楼享有甲写真照片的版权。
3. 该影楼的行为构成违约。
4. 制药公司的行为侵害了甲的隐私权。

案例一评析：1. 该观点正确。根据《民法通则》第100条的规定，公民享有肖像权，未经本人同意，不得以营利为目的使用公民的肖像。本案中，影楼将甲的照片出售并未经甲本人的同意。

2. 该观点正确。《著作权法》第11条规定："著作权属于作者，本法另有规定的除外。创作作品的公民是作者。由法人或者其他组织主持，代表法人或者其他组织意志创作，并由法人或者其他组织承担责任的作品，法人或者其他组织视为作者。如无相反证明，在作品上署名的公民、法人或者其他组织为作者。"本案中，影楼是作者，享有甲写真照片的版权。

3. 该观点正确。因为事先影楼与甲有约定，允许影楼使用其中一张照片作为影楼的橱窗广告，而影楼却出售给了制药公司，当然构成违约。

4. 该观点错误。制药公司侵犯的是甲的肖像权。根据《民法通则》第100条的规定，制药公司使用甲的照片，未经甲的同意并且以营利为目的，构成侵犯肖像权。

案例二：19岁的宫小姐因子宫出血，一个星期前走进了一家心理门诊就诊，在心理医生作了"绝对保密"承诺后，宫小姐袒露了自己的心病：自己因未婚先孕擅服流产药物造成子宫出血不止。就在心理治疗的过程中，宫小姐开始出现昏迷状态。为抢救宫小姐的生命，这位医生违背承诺，向有关的妇产科医生道出了实情，并请求妇产科医生进行紧急救助。

试问：

该医生是否侵犯了宫小姐的隐私权？

案例二评析：该心理医生并未侵犯宫小姐的隐私权，因为此时她的生命受到了威胁，生命权是大于隐私权的。

第七节 侵 权

基本知识点

1. 侵权行为的概念,侵权行为的特征,侵权行为的分类。
2. 侵权行为归责原则的概念,过错责任原则,无过错责任原则。
3. 一般侵权行为的构成要件。
4. 共同加害行为,共同危险行为,无意思联络的数人侵权行为与责任。
5. 侵权责任的概念、方式与适用,侵权责任的免责和减轻责任的事由。
6. 无民事行为能力人、限制民事行为能力人致人损害的侵权行为与责任,完全民事行为能力人对自己的行为暂时没有意识或者失去控制致人损害的侵权行为与责任,用人单位的工作人员致人损害的侵权行为与责任,个人之间形成劳务关系的提供劳务一方致人损害以及自己受到损害的侵权行为与责任,网络用户、网络服务提供者致人损害的侵权行为与责任,公共场所的管理人、群众性活动的组织者致人损害的侵权行为与责任,幼儿园、学校或者其他教育机构的侵权行为与责任,帮工活动中的侵权行为与责任,承揽关系中的侵权行为与责任,见义勇为中的侵权行为与责任。
7. 产品责任的构成要件,产品责任的承担主体,产品责任的承担方式,产品责任的诉讼时效。
8. 机动车交通事故责任的构成要件,机动车交通事故责任的承担。
9. 医疗损害责任的构成要件,医疗损害责任的免责事由。
10. 环境污染责任的构成要件,环境污染责任的免责事由。
11. 高度危险责任的构成要件,高度危险责任的免责事由。
12. 饲养动物损害责任的构成要件,饲养动物损害责任的免责事由。
13. 物件损害责任的构成要件,物件损害责任的免责事由。

重点问题

1. 什么叫侵权行为?

侵权行为,是指民事主体违反法定义务,侵害他人民事权益,依法应当承担民事责任的行为。

2. 什么叫侵权行为的归责原则？

侵权行为的归责原则，是指据以确定行为人承担侵权责任的根据和标准。我国的侵权行为归责原则主要包括过错责任原则和无过错责任原则。

3. 什么叫过错责任原则？

过错责任原则，是指行为人的过错是侵权责任的必备条件的归责原则。

4. 什么叫无过错责任原则？

无过错责任原则，是指行为人损害他人民事权益，不论其主观上是否有过错，根据法律规定应当承担责任的归责原则。

5. 一般侵权行为的构成要件有哪些？

（1）行为的违法性。
（2）损害事实存在。
（3）因果关系。
（4）行为人主观上有过错。

6. 什么叫侵权责任？我国侵权责任的方式有哪些？

侵权责任，是指侵害民事权益后应当承担的民事责任。
根据《中华人民共和国侵权责任法》（以下简称《侵权责任法》）第15条的规定，承担侵权责任的方式主要有：
（1）停止侵害；
（2）排除妨碍；
（3）消除危险；
（4）返还财产；
（5）恢复原状；
（6）赔偿损失；
（7）赔礼道歉；
（8）消除影响、恢复名誉。
以上承担侵权责任的方式，可以单独适用，也可以合并适用。

7. 侵权责任的免除和减轻责任的事由有哪些?

根据《侵权责任法》的规定,侵权责任的免除和减轻责任的事由主要有:
(1) 受害人对损害的发生也有过错;
(2) 受害人故意;
(3) 第三人过错;
(4) 不可抗力;
(5) 正当防卫;
(6) 紧急避险。

8. 无民事行为能力人、限制民事行为能力人致人损害的责任怎么承担?

无民事行为能力人、限制民事行为能力人致人损害的,由监护人承担侵权责任。如果监护人能够证明其尽到了监护责任的,可以减轻其侵权责任。

9. 用人单位的工作人员致人损害的侵权责任怎么承担?

用人单位的工作人员因执行工作任务造成他人损害的,由用人单位承担侵权责任。

10. 公共场所的管理人、群众性活动的组织者致人损害的侵权责任怎么承担?

根据《侵权责任法》第37条的规定,宾馆、商场、银行、车站、娱乐场所等公共场所的管理人或者群众性活动的组织者,未尽到安全保障义务,造成他人损害的,应当承担侵权责任。

因第三人的行为造成他人损害的,由第三人承担侵权责任;管理人或者组织者未尽到安全保障义务的,承担相应的补充责任。

11. 幼儿园、学校或者其他教育机构的侵权责任怎么承担?

根据《侵权责任法》的规定,无民事行为能力人在幼儿园、学校或者其他教育机构学习、生活期间受到人身损害的,幼儿园、学校或者其他教育机构应当承担责任,但能够证明尽到教育、管理职责的,不承担责任。

限制民事行为能力人在学校或者其他教育机构学习、生活期间受到人身损害,学校或者其他教育机构未尽到教育、管理职责的,应当承担责任。

无民事行为能力人或者限制民事行为能力人在幼儿园、学校或者其他教育机构学习、生活期间,受到幼儿园、学校或者其他教育机构以外的人员人身损害的,由侵权人承担侵权责任;幼儿园、学校或者其他教育机构未尽到管理职责的,承担相应的补充责任。

12. 帮工活动中的侵权责任怎么承担?

为他人无偿提供劳务的帮工人,在从事帮工活动中致人损害的,被帮工人应当承担赔偿责任。被帮工人明确拒绝帮工的,不承担赔偿责任。帮工人存在故意或者重大过失的,赔偿权利人请求帮工人与被帮工人承担连带责任的,人民法院应当支持。

13. 见义勇为中的侵权责任怎么承担?

因防止、制止他人民事权益被侵害而使自己受到损害的,由侵权人承担责任。侵权人逃逸或者无力承担责任,被侵权人请求补偿的,受益人应当给予适当补偿。

14. 产品致人损害的侵权责任怎么承担?

因产品存在缺陷造成他人损害的,生产者应当承担侵权责任。

因销售者的过错使产品存在缺陷,造成他人损害的,销售者应当承担侵权责任。销售者不能指明缺陷产品的生产者也不能指明缺陷产品的供货者的,销售者应当承担侵权责任。

因产品存在缺陷造成损害的,被侵权人可以向产品的生产者请求赔偿,也可以向产品的销售者请求赔偿。产品缺陷由生产者造成的,销售者赔偿后,有权向生产者追偿。因销售者的过错使产品存在缺陷的,生产者赔偿后,有权向销售者追偿。

15. 医疗损害的侵权责任怎么承担?

患者在诊疗活动中受到损害,医疗机构及其医务人员有过错的,由医疗机构承担赔偿责任。

医务人员在诊疗活动中应当向患者说明病情和医疗措施。需要实施手术、特殊检查、特殊治疗的,医务人员应当及时向患者说明医疗风险、替代医疗方案等情况,并取得其书面同意;不宜向患者说明的,应当向患者的近亲属说明,并取得其书面同意。医务人员未尽到此义务,造成患者损害的,医疗机构应当承担赔偿责任。

因抢救生命垂危的患者等紧急情况,不能取得患者或者其近亲属意见的,经医疗机构负责人或者授权的负责人批准,可以立即实施相应的医疗措施。

医务人员在诊疗活动中未尽到与当时的医疗水平相应的诊疗义务,造成患者损害的,医疗机构应当承担赔偿责任。

患者有损害,因下列情形之一的,推定医疗机构有过错:

(1)违反法律、行政法规、规章以及其他有关诊疗规范的规定;

(2)隐匿或者拒绝提供与纠纷有关的病历资料;

(3)伪造、篡改或者销毁病历资料。

因药品、消毒药剂、医疗器械的缺陷,或者输入不合格的血液造成患者损害的,患者可以向生产者或者血液提供机构请求赔偿,也可以向医疗机构请求赔偿。患者向医疗机构请求赔偿的,医疗机构赔偿后,有权向负有责任的生产者或者血液提供机构追偿。

患者有损害,因下列情形之一的,医疗机构不承担赔偿责任:

(1)患者或者其近亲属不配合医疗机构进行符合诊疗规范的诊疗(医疗机构及其医

务人员也有过错的,应当承担相应的赔偿责任);

(2) 医务人员在抢救生命垂危的患者等紧急情况下已经尽到合理诊疗义务;

(3) 限于当时的医疗水平难以诊疗。

医疗机构及其医务人员应当按照规定填写并妥善保管住院志、医嘱单、检验报告、手术及麻醉记录、病理资料、护理记录、医疗费用等病历资料。患者要求查阅、复制上述规定的病历资料的,医疗机构应当提供。

医疗机构及其医务人员应当对患者的隐私保密。泄露患者隐私或者未经患者同意公开其病历资料,造成患者损害的,应当承担侵权责任。

医疗机构及其医务人员不得违反诊疗规范实施不必要的检查。

医疗机构及其医务人员的合法权益受法律保护。干扰医疗秩序,妨害医务人员工作、生活的,应当依法承担法律责任。

16. 饲养动物致人损害的侵权责任怎么承担?

饲养的动物造成他人损害的,动物饲养人或者管理人应当承担侵权责任,但能够证明损害是因被侵权人故意或者重大过失造成的,可以不承担或者减轻责任。因第三人的过错致使动物造成他人损害的,被侵权人可以向动物饲养人或者管理人请求赔偿,也可以向第三人请求赔偿。动物饲养人或者管理人赔偿后,有权向第三人追偿。

17. 机动车交通事故致人损害的侵权责任怎么承担?

根据《中华人民共和国道路交通安全法》第76条的规定,机动车发生交通事故造成人身伤亡、财产损失的,由保险公司在机动车第三者责任强制保险责任限额范围内予以赔偿;不足的部分,按照下列规定承担赔偿责任。

(1) 机动车之间发生交通事故的,由有过错的一方承担赔偿责任;双方都有过错的,按照各自过错的比例分担责任。

(2) 机动车与非机动车驾驶人、行人之间发生交通事故,非机动车驾驶人、行人没有过错的,由机动车一方承担赔偿责任;有证据证明非机动车驾驶人、行人有过错的,根据过错程度适当减轻机动车一方的赔偿责任;机动车一方没有过错的,承担不超过10%的赔偿责任。

交通事故的损失是由非机动车驾驶人、行人故意碰撞机动车造成的,机动车一方不承担赔偿责任。

案例评析

案例一:2000年7月31日,原告杨某的父亲杨某某在被告处以原告杨某的名义存入定期存款人民币60万元,年利率为2.25%,期限为一年,2001年7月31日到期。杨某某在存款凭证备注栏处留存了密码,约定凭密码支取。被告即向杨某某出具了存单。2001

年1月11日,杨某某的妻子即原告的母亲蔡某持原告的户口簿、存单和其个人身份证,在没有提供密码,也没有办理密码挂失的情况下,通过支取、转存、再支取方式从被告处将上述款项全部支走。存款到期后,杨某某因找不到存单便到被告处询问,才得知存款早已被其妻蔡某提走。杨某某便向蔡某索要,因蔡某将所取款项全部借与他人未能收回。杨某某遂于2003年7月21日与蔡某离婚(原告由杨某某抚养)。离婚后,蔡某便下落不明。后杨某某与被告交涉,未果,遂以原告的名义将被告诉至人民法院。诉讼中,杨某某称蔡某不知道该存单的密码。

试分析本案中相关主体的行为在法律上的认定。

案例一评析:对于被告在蔡某未提供密码的情况下为其办理了支取款手续,其行为已构成违约这一点意见一致。但对被告对60万元存款本金及利息是否承担赔偿责任,出现了两种意见:一种意见认为,违约责任是一种补偿性质的责任,旨在弥补因一方违约给对方造成的损失。本案的原告能否获得赔偿,要看被告的违约行为是否给原告造成了损失。蔡某在支取该笔存款时,还未与杨某某离婚,作为原告的法定监护人,蔡某依法享有对该笔存款的支配权和处理权。因此,尽管被告在为蔡某办理支取款手续时存在违规行为,但并未给原告造成实际损失。至于蔡某将存款取出后借与他人至今未能收回,那是蔡某对其处置不当,与被告的过错没有直接的关系。所以,被告不应承担赔偿责任。一种意见认为,杨某某为了原告的利益将钱存入被告处,并约定凭密码支取。被告违反约定,在未要求蔡某提供密码的情况下,为其办理了支取款手续,致使该款被提前支取,其行为已构成违约。蔡某当时尽管仍是原告的法定监护人,但其取出的存款并没有用于被告而是全部借与他人至今未能收回,实际上已给原告造成损失,因此,被告应对该笔存款及其利息承担赔偿责任。被告赔偿原告的损失后可以依法向蔡某追偿。至于区分该笔存款是个人所有还是夫妻共同所有在本案中没有实际意义。

案例二:2004年8月27日18时45分,24岁的赵达文(驾龄4年)开着桑塔纳2000型轿车在圆明园西路主路(城市快速路)行驶时,突然发现一个伏在路面上的井盖,赵达文急踩刹车,并向右猛打方向盘。桑塔纳辗上了井盖,车飞了起来,飞过隔离带落在辅道上,先与一辆富康车相撞,随后弹向路边,撞向了4名骑车人,致3人死亡、2人受伤。事故发生后,根据车速鉴定结论,赵达文在限速60公里的圆明园西路上以至少77公里的时速行驶,以至于无法及时闪避井盖,从而导致事故的发生。北京市海淀交通支队作出的事故责任鉴定书,认定赵达文在这次事故中负全部责任。

试问:

赵达文的行为应当受到什么样的法律处罚?

案例二评析:据北京市海淀交通支队作出的事故责任鉴定书,北京市海淀区人民检察院以交通肇事罪对赵达文提起公诉,2005年9月29日,北京市海淀人民法院做出一审判决:赵达文承担事故全责,被判有期徒刑3年,缓期3年,并赔偿受害者91万余元。

第八节 商法概述

基本知识点

本节主要以公司法、合伙企业法、个人独资企业法、证券法、保险法等为例。

1. 公司法的概念,公司的权利能力与行为能力,公司的分类。
2. 公司设立的方式,公司章程,公司资本。
3. 公司股东的权利,公司股东的义务。
4. 公司的董事、监事、高级管理人员。
5. 公司的财务制度与会计制度。
6. 公司债券的概念、发行、转让,公司的变更、合并与分立。
7. 公司的解散与清算。
8. 有限责任公司的概念,有限责任公司的设立条件,有限责任公司的组织机构,有限责任公司的股权转让,一人有限公司,国有独资公司。
9. 股份有限公司的概念、设立、组织机构、股份发行与转让,上市公司。
10. 合伙的概念。
11. 普通合伙的设立条件,合伙企业的设立程序,合伙企业财产的管理与使用。
12. 合伙事务的执行方式,合伙企业事务执行后果的承担,合伙事务决议,禁业禁止,利润的分配。
13. 合伙与善意第三人的关系,合伙与债务人的关系。
14. 入伙,退伙。
15. 有限合伙企业的概念,有限合伙企业的设立,有限合伙企业的事务执行,有限合伙人的特殊权利。
16. 合伙的解散,合伙企业的清算。
17. 个人独资企业的概念、设立程序、变更,个人独资企业的投资人,个人独资企业的事务管理,个人独资企业的解散、清算。
18. 证券的概念、种类与特征,证券法的概念、适用范围与基本原则。
19. 证券发行的基本条件,发行公告,发行中介机构,发行方式,证券承销。
20. 证券交易的条件、方式、暂停、终止,限制和禁止的证券交易行为。
21. 股票上市,债券上市,信息公开制度。

22. 上市公司收购的概念与方式,上市公司收购的程序与规则,上市公司收购的法律后果。

23. 证券交易所,证券公司,证券登记结算机构,证券业协会,证券监督管理机构。

24. 证券投资基金的概念、特征与种类,基金管理人,基金托管人,基金份额持有人。

25. 基金的募集,基金份额的交易,基金份额的申购与赎回,基金的信息披露,基金的监督管理。

26. 保险的概念、特征,保险法的概念、内容与基本原则。

27. 保险合同的概念,保险合同的分类,保险合同的当事人和关系人,保险合同的条款,保险合同的订立与效力,保险合同的变更、解除、终止、中止与复效,保险合同的履行,保险法的中代位权。

28. 人身保险合同,财产保险合同。

29. 保险公司,保险经营规则。

30. 保险代理人与保险经纪人。

31. 保险业的监督管理。

重点问题

1. 什么叫公司?

公司是一种企业组织形态,是依照法定的条件与程序设立的、以营利为目的的商事组织。

2. 公司股东的权利主要有哪些?

根据《中华人民共和国公司法》(以下简称《公司法》)第4条的规定,公司股东依法享有资产收益、参与重大决策和选择管理者的权利。

3. 公司股东的主要义务有哪些?

(1) 出资义务。

(2) 参与股东会议的义务。

(3) 不干涉公司正常经营的义务。

(4) 特定情形与表决权禁止的义务。

(5) 不得滥用股东权利的义务。

4. 不得担任公司董事、监事、高级管理人员的情形有哪些?

（1）无民事行为能力或者限制民事行为能力。

（2）因贪污、贿赂、侵占财产、挪用财产或者破坏社会主义市场经济秩序,被判处刑罚,执行期满未逾5年,或者因犯罪被剥夺政治权利,执行期满未逾5年。

（3）担任破产清算的公司、企业的董事或者厂长、经理,对该公司、企业的破产负有个人责任的,自该公司、企业破产清算完结之日起未逾3年。

（4）担任因违法被吊销营业执照、责令关闭的公司、企业的法定代表人,并负有个人责任的,自该公司、企业被吊销营业执照之日起未逾3年。

（5）个人所负数额较大的债务到期未清偿。

公司违反上述规定选举、委派董事、监事或者聘任高级管理人员的,该选举、委派或者聘任无效。

董事、监事、高级管理人员在任职期间出现上述所列情形的,公司应当解除其职务。

5. 董事、监事、高级管理人员不得有哪些行为?

董事、监事、高级管理人员应当遵守法律、行政法规和公司章程,对公司负有忠实义务和勤勉义务。

董事、监事、高级管理人员不得利用职权收受贿赂或者其他非法收入,不得侵占公司的财产。

6. 董事、高级管理人员不得有哪些行为?

（1）挪用公司资金。

（2）将公司资金以其个人名义或者以其他个人名义开立账户存储。

（3）违反公司章程的规定,未经股东会、股东大会或者董事会同意,将公司资金借贷给他人或者以公司财产为他人提供担保。

（4）违反公司章程的规定或者未经股东会、股东大会同意,与本公司订立合同或者进行交易。

（5）未经股东会或者股东大会同意,利用职务便利为自己或者他人谋取属于公司的商业机会,自营或者为他人经营与所任职公司同类的业务。

（6）接受他人与公司交易的佣金归为己有。

（7）擅自披露公司秘密。

（8）违反对公司忠实义务的其他行为。

董事、高级管理人员违反上述规定所得的收入应当归公司所有。

7. 公司当年税后利润分配的顺序是什么？

公司当年税后利润分配的法定顺序是：
（1）弥补亏损；
（2）提取法定公积金，即应当提取税后利润的 10% 作为法定公积金，公司法定公积金累计额为公司注册资本的 50% 以上时，可不再提取；
（3）提取任意公积金，提取比例由公司的股东会或者股东大会决定；
（4）向股东支付股息。

8. 设立有限责任公司应当具备什么条件？

根据《公司法》的规定，设立有限责任公司，应当具备以下条件：（1）股东符合法定人数；（2）有符合公司章程规定的全体股东认缴的出资额；（3）股东共同制定公司章程；（4）有公司名称，建立符合有限责任公司要求的组织机构；（5）有公司住所。

9. 什么是合伙企业？

合伙企业，是指由自然人、法人和其他组织设立的组织体，包括普通合伙企业和有限合伙企业两种。普通合伙企业的所有合伙人对合伙企业的债务都承担无限连带责任，有限合伙企业则包括普通合伙人和有限合伙人，前者对合伙企业债务承担无限连带责任，后者则只以其出资额为限对合伙企业债务承担责任。

10. 什么是个人独资企业？

个人独资企业，是指由一个自然人投资，全部资产为投资人所有的营利性经济组织。

11. 什么是保险合同？

保险合同，是指投保人与保险人约定保险权利义务关系的协议。

12. 什么是保险合同的保险人、投保人、被保险人和受益人？

保险人又叫承保人，是指与投保人订立保险合同，并承担赔偿或者给付保险责任的保险公司。
投保人，是指与保险人订立保险合同，并按照保险合同负有支付保险费义务的人。
被保险人，是指约定的保险事故可能在其财产或人身上发生的人。
受益人，是指由投保人或者被保险人在保险合同中指定的，于保险事故发生时，享有赔偿请求权的人。

13. 什么是订立保险合同的说明义务和告知义务？

即在订立保险合同时，保险人应当向投保人说明保险合同的条款内容。如果保险人在订立保险合同时未向投保人明确说明的,该条款不产生效力。

在订立保险合同时,投保人应当将与保险标的有关的重要事实如实地告知保险人。

14. 投保人只能为哪些人订立人身保险合同?

根据《中华人民共和国保险法》(以下简称《保险法》)的规定,在人身保险合同中,投保人只对下列人员有保险利益,可为其订立人身保险合同:

(1) 本人;

(2) 配偶、子女、父母;

(3) 前项以外与投保人有抚养、赡养或者扶养关系的家庭其他成员、近亲属;

(4) 与投保人有劳动关系的劳动者。

案例评析

案例一:2011年3月11日,王某提出向许某借款10万元,许某不愿借。王某提出由A公司为自己所借的10万元提供担保,许某同意。王某遂给许某打了欠条,上面有"A公司同意为王某所借许某10万元提供担保"的字样,并加盖了A公司的印章。为了稳妥起见,许某还同王某到A公司核实。其后,许某将10万元借给了王某。借款到期后,王某没有按期还款。许某向王某索要,王某称无力偿还。许某找到为王某提供担保的A公司,没想到A公司提出,按照公司章程该公司不能对外担保,因此拒绝承担还款责任。向借款人和担保人索要欠款都没着落,许某将王某和A公司告上法庭。①

试就本案中相关主体的行为进行法律分析。

案例一评析:法庭审理中,王某对借款没有异议,但坚称没有能力归还。A公司则辩解,该担保行为是公司董事长越权所为。公司章程明明白白写着:公司不能对外提供担保。但人民法院最后判决:王某归还许某借款10万元,A公司按照担保合同承担连带还款责任。

为什么人民法院判决A公司承担连带责任? 根据《担保法》第30条的规定,保证人不承担民事责任的情形为:(1) 主合同当事人双方串通,骗取保证人提供保证的;(2) 主合同债权人采取欺诈、胁迫等手段,使保证人在违背真实意思的情况下提供保证的。本案中,A公司的董事长虽然越权提供担保,但债权人许某并没有恶意串通、欺诈、胁迫等导致担保合同无效的行为。根据《最高人民法院关于适用〈中华人民共和国担保法〉若干问题的解释》第16条规定:"从事经营活动的事业单位、社会团体为保证人的,如无其他导致保证合同无效的情况,其所签订的保证合同应当认定为有效。"据此,本案中的担保合同应当认定为有效。

但是,人民法院判决A公司承担还款责任,并非意味着A公司章程中"不能提供对外

---

① http://www.legalinfo.gov.cn/index/content/201407/02/content_5642521.htm?node=66702。

担保"的内容无效。我国《公司法》第 11 条规定："……公司章程对公司、股东、董事、监事、高级管理人员具有约束力。"因此，A 公司的章程虽然不能对抗债权人，但在 A 公司内部是具有约束力的。此外，A 公司可以根据《公司法》第 149 条的规定，董事、监事、高级管理人员执行公司职务时违反法律、行政法规或者公司章程的规定，给公司造成损失的，应当承担赔偿责任。A 公司在承担连带责任后，可以追究董事长违"章"担保的责任。

案例二：2008 年 2 月 3 日，原告颜宏以自己为被保险人为其所有的苏 J2C847 货车在被告安邦财产保险股份有限公司江苏分公司（以下简称安邦保险江苏分公司）投保了交强险、三者险等，保险期限自 2008 年 2 月 16 日零时起至 2009 年 2 月 15 日二十四时止。交强险条款规定，受害人是指因被保险机动车发生交通事故遭受人身伤亡或者财产损失的人，但不包括被保险机动车本车车上人员、被保险人。三者险条款规定，第三者是指因被保险机动车发生意外事故遭受人身伤亡或者财产损失的人，但不包括投保人、被保险人、保险人和保险事故发生时被保险机动车本车上的人员。2008 年 8 月 7 日，颜宏的雇员胡建明驾驶被保险车辆，撞到作为行人的颜宏，致使颜宏受伤。经交警部门认定，胡建明负事故全部责任。事故发生后，颜宏至医院进行诊疗，共支出医疗费 38914.05 元。此后，颜宏就自己人身损失向保险公司索赔无果，遂诉至人民法院。

试就本案中相关主体的行为进行法律分析。

案例二评析：江苏省南京市鼓楼区人民法院经审理认为，根据《保险法》对责任保险及《机动车交通事故责任强制保险条例》对交强险概念的规定，交强险、三者险均是以被保险人对第三者的赔偿责任为保险标的，以填补被保险人对第三者承担赔偿责任所受损失的保险。按照通常的理解，交强险、三者险中的第三者应是指保险人、被保险人以外的人。交强险条款、三者险条款亦分别规定，受害人是指因被保险机动车发生交通事故遭受人身伤亡或者财产损失的人，但不包括被保险人；第三者系因被保险机动车发生意外事故遭受人身伤亡或者财产损失的人，但不包括被保险人。可见，以上交强险、三者险条款的内容符合法律规定，并未免除己方责任、加重被保险人的责任、排除被保险人的主要权利，应属有效。因此，被保险人自身无论何种情形均不构成责任险中的第三者。故原告颜宏要求被告安邦财产保险股份有限公司江苏分公司赔付保险金的诉讼请求，没有法律依据，人民法院不予支持。

第四章 行 政 法

第一节 概 述

基本知识点

1. 行政的概念及特征。
2. 行政法的概念、特征及与其他法律部门的关系。
3. 行政法的基本原则。
4. 行政主体的概念、特征,行政机关、行政相对人的概念。
5. 行政组织法的概念及基本原则,中央国家行政机关,地方行政机关。
6. 实施政府职能的非政府组织,法律法规授权的组织,行政机关委托的组织。
7. 国家公务员制度的基本原则和国家公务员的基本权利的义务,对国家公务员的基本管理制度。
8. 行政行为的概念及种类,抽象行政行为与具体行政行为。
9. 国家赔偿责任的概念、范围,行政赔偿的范围,刑事赔偿的范围,国家不予赔偿的情形,国家赔偿的主体,国家赔偿的程序,国家赔偿的方式与计算标准。

重点问题

1. 我国行政法的基本原则有哪些?

一般行政法学理论认为,行政法应坚持以下一些基本原则:

(1) 合法行政原则,即行政机关必须遵循现行有效的法律和行政机关必须在法律授权的范围内活动;

(2) 行政合理原则,指行政决定应当具有合理性,属于实质行政法治的范畴,尤其适用于裁量性行政活动;

(3) 程序正当原则,包括行政应当公开、应保证公众参与、应当遵守回避等要求;

(4) 高效便民原则,即行政过程与行政程序应当提高效率,方便行政相对人;

（5）诚实守信原则,包括行政信息应当全面、准确、真实和公民信赖利益保护原则;

（6）权责统一原则,即行政机关享有权力则必须承担相应的履行行政职责的责任。

2. 什么叫行政主体?

所谓行政主体,是指享有行政职权,能以自己的名义行使国家行政职权,作出影响行政相对人权利义务的行政行为,并能由其本身对外承担行政法律责任的组织。行政主体包括行政机关和法律、法规授权的组织两种。判断一个组织是否是行政主体主要看:

（1）该组织是否享有行政职权;

（2）该组织在法律上能否以自己的名义行使行政职权;

（3）该组织能否以自己的名义承担法律责任。

3. 行政组织法的基本原则有哪些?

（1）民主集中制原则。

（2）中央与地方行政机关的职权划分,遵循在中央的统一领导下,充分发挥地方的主动性、积极性原则。

（3）行政机关的组织建设实行精简原则。

4. 我国地方国家行政机关的派出机关和派出机构有什么区别,在什么情形下设立这两种机构?

派出机关是由有权地方人民政府在一定行政区域内设立,代表设立机关管理该行政区域内各项行政事务的行政机构。而派出机构是由有权地方人民政府的职能部门在一定行政区域内设立,代表该设立机构管理该行政区域内某一方面行政事务的行政机构。

根据《中华人民共和国地方各级人民代表大会和地方各级人民政府组织法》的规定,设立派出机关的条件是:

（1）省、自治区人民政府设立的派出机关的条件是"在必要的时候"和"经国务院批准"两个条件;

（2）县、自治县的人民政府设立区公所的条件是"在必要的时候"和"经省、自治区和直辖市人民政府批准";

（3）市辖区、不设区的市的人民政府设立的街道办事处的条件是"经上一级人民政府批准"。

派出机构,主要是根据部门行政法的规定设立并赋予职权。

5. 我国国家公务员制度的基本原则是什么?

国家公务员制度的基本原则是公开、平等、竞争和择优。

6. 我国法律规定对公务员的考核有什么规定？

《中华人民共和国公务员法》（以下简称《公务员法》）对公务员的考核内容有德、能、勤、绩四个方面，其中，重点是考核工作业绩；考核的原则应当坚持客观公正原则，领导与群众相结合原则，平时与定期相结合原则；考核的结果分为优秀、称职、基本称职和不称职几个等次，定期考核的结果应当以书面形式通知公务员本人。

7. 公务员执行职务时有回避的规定吗？

根据《公务员法》第70条的规定，公务员执行公务时，有下列情形之一的，应当回避：
（1）涉及本人利害关系的；
（2）涉及与本人有该法第68条所列亲属关系人员的利害关系的；
（3）其他可能影响公正执行公务的。

8. 公务员可以随时随地辞职吗？

公务员不能随时随地辞职。根据《公务员法》第81条的规定，公务员有下列情形之一的，不得辞去公职：
（1）未满国家规定的最低服务年限的；
（2）在涉及国家秘密等特殊职位任职或者离开上述职位不满国家规定的脱密期限的；
（3）重要公务尚未处理完毕，且须由本人继续处理的；
（4）正在接受审计、纪律审查，或者涉嫌犯罪，司法程序尚未终结的；
（5）法律、行政法规规定的其他不得辞去公职的情形。

9. 单位可以随时随地辞掉公务员吗？

单位不能随时随地辞掉公务员。根据《公务员法》第84条的规定，对有下列情形之一的公务员，不得辞退：
（1）因公致残，被确认丧失或者部分丧失工作能力的；
（2）患病或者负伤，在规定的医疗期内的；
（3）女性公务员在孕期、产假、哺乳期内的；
（4）法律、行政法规规定的其他不得辞退的情形。
辞退公务员，应当按照管理权限决定。辞退决定应当以书面形式通知被辞退的公务员。被辞退的公务员，可以领取辞退费或者根据国家有关规定享受失业保险。

10. 公务员可以提前退休吗？

国家公务员不可以提前退休。根据《公务员法》第88条的规定，公务员符合下列条件之一的，本人自愿提出申请，经任免机关批准，可以提前退休：

（1）工作年限满30年的；

（2）距国家规定的退休年龄不足5年，且工作年限满20年的；

（3）符合国家规定的可以提前退休的其他情形的。

公务员退休后，享受国家规定的退休金和其他待遇，国家为其生活和健康提供必要的服务和帮助，鼓励发挥个人专长，参与社会发展。

11. 什么叫抽象行政行为？

抽象行政行为，是指国家行政机关针对不特定对象发布的能反复适用的行政规范性文件，包括行政法规、部门规章、地方政府规章和行政机关制定、发布的其他具有普遍约束力的决定、命令等。

12. 具体行政行为的种类如何？

具体行政行为，是指国家行政机关依法就特定事项对特定的公民、法人和其他组织权利义务作出的单方行政职权行为，一般包括行政处罚、行政强制措施、行政许可、行政征收等内容。

13. 什么叫国家赔偿责任？

国家赔偿责任，是指国家对国家机关及其工作人员违法行使职权造成的损害向受害人赔偿的活动，主要包括行政赔偿与司法赔偿两个方面。

14. 我国法律规定国家不承担行政赔偿责任的情形有哪些？

根据《中华人民共和国国家赔偿法》（以下简称《国家赔偿法》）的规定，下列情形国家不承担赔偿责任：

（1）行政机关工作人员与行使职权无关的个人行为；

（2）因公民、法人和其他组织自己的行为致使损害发生的；

（3）法律规定的其他情形。

15. 国家不承担司法赔偿责任的情形有哪些？

根据《国家赔偿法》第19条的规定，下列情形国家不承担赔偿责任：

（1）因公民自己故意作虚伪供述，或者伪造其他有罪证据被羁押或者被判处刑罚的；

（2）依照《中华人民共和国刑法》（以下简称《刑法》）第17条、第18条规定不负刑事责任的人被羁押的；

（3）依照《中华人民共和国刑事诉讼法》（以下简称《刑事诉讼法》）第15条、第173条第2款、第273条第2款、第279条规定不追究刑事责任的人被羁押的；

（4）行使侦查、检察、审判职权的机关以及看守所、监狱管理机关的工作人员与行使职权无关的个人行为；

（5）因公民自伤、自残等故意行为致使损害发生的；

（6）法律规定的其他情形。

案例评析

案例一：下列关于具体行政行为的理解哪些是正确的？

1. 具体行政行为具有不再争议性，行政相对人不得改变具体行政行为。
2. 行政主体非经法定程序不得任意改变或者撤销具体行政行为。
3. 行政相对人必须遵守和实际履行具体行政行为规定的义务。
4. 具体行政行为在行政复议或者行政诉讼期间不停止执行。

案例一评析：具体行政行为具有拘束力、执行力和确定力。具体行政行为的拘束力，是指具体行政行为一经生效，行政机关和对方当事人都必须遵守，其他国家机关和社会成员必须予以尊重的效力。具体行政行为的确定力，是指具体行政行为不再争议、不得更改的效力，具体行政行为因此取得不可撤销性。具体行政行为的执行力，是指使用国家强制力迫使当事人履行义务或者以其他方式实现具体行政行为权利义务安排的效力，因此，具体行政行为在行政复议或者行政诉讼期间不停止执行。因此，上面四种表述都是正确的。

案例二：下面的做法都符合《公务员法》的规定吗？

1. 某卫生局副处长李某在定期考核中被确定为基本称职，被降低一个职务层次任职。
2. 某市税务局干部王某到该市某国有企业中挂职锻炼1年。
3. 某市公安局与技术员田某签订的公务员聘任合同，应当报该市组织部门批准。
4. 某地环保局办事员张某对在定期考核中被定为基本称职不服，向有关部门提出申诉。

案例二评析：做法1不符合法律规定。因为根据《公务员法》的规定，公务员在定期考核中被确定为不称职的，按照规定降低一个职务层次任职，而该处为基本称职，不应当降低。

做法2符合法律规定。根据《公务员法》的规定，国家实行公务员交流制度。公务员可以在公务员队伍内部交流，也可以与国有企事业单位、人民团体和群众团体中从事公务的人员交流。交流的方式包括调任、转任和挂职锻炼三种。

做法3不符合法律规定。根据《公务员法》的规定，应当报该市组织部门备案而不是批准。

做法4不符合法律规定，因为《公务员法》第90条规定的可以申诉的情形为：

（1）处分；

（2）辞退或者取消录用；

(3) 降职；

(4) 定期考核定为不称职；

(5) 免职；

(6) 申请辞职、提前退休未被批准；

(7) 未按规定确定或者扣减工资、福利、保险待遇；

(8) 法律、法规规定可以申诉的其他情形。

案例三：佘祥林，又名杨玉欧，湖北省京山县雁门口镇人。1994年1月2日，佘妻张在玉因患精神病走失失踪，其家人怀疑张在玉被丈夫杀害。同年4月28日，佘祥林因涉嫌杀人被批捕，后被原荆州地区中级人民法院一审被判处死刑，剥夺政治权利终身。湖北省高级人民法院二审认为事实不清、证据不足发回重审。后因行政区划变更，佘祥林一案移送京山县公安局，经京山县人民法院和荆门市中级人民法院审理。1998年9月22日，佘祥林被判处15年有期徒刑。在佘祥林服刑11年后，即2005年3月28日，佘妻张在玉突然从山东回到京山。4月13日，京山县人民法院经重新开庭审理，宣判佘祥林无罪。

试问：

佘祥林可以获得国家赔偿吗？

案例三评析：佘祥林可以获得国家赔偿。根据《国家赔偿法》第17条的规定，依照审判监督程序再审改判无罪，原判刑罚已经执行的可以获得国家赔偿。2005年5月10日，佘祥林向荆门市中级人民法院提出国家赔偿申请，要求赔偿各项费用合计437.13万余元。10月27日，佘祥林及其家人与湖北省京山县公安局签订了国家赔偿协议书，共获国家赔偿45万元。

第二节 行政许可法

基本知识点

1. 行政许可的概念，行政许可法的概念。
2. 行政许可的设定范围及设定权。
3. 不需要设定行政许可的情形。
4. 行政许可的实施机关，行政许可的实施程序。
5. 行政许可的听证程序。
6. 行政许可的撤回、变更、撤销与注销。
7. 行政许可的费用。
8. 行政许可的监督检查。

重点问题

1. 什么叫行政许可？

行政许可，是指行政机关根据行政相对人的申请，经依法审查，准予其从事某种特定活动的行为。

2. 哪些事项可以设定行政许可？

《中华人民共和国行政许可法》(以下简称《行政许可法》)明确规定，下列事项可以设定行政许可：

(1) 直接涉及国家安全、公共安全、经济宏观调控、生态环境保护以及直接关系人身健康、生命财产安全等特定活动，需要按照法定条件予以批准的事项；

(2) 有限自然资源开发利用、公共资源配置以及直接关系公共利益的特定行业的市场准入等，需要赋予特定权利的事项；

(3) 提供公众服务并且直接关系公共利益的职业、行业，需要确定具备特殊的信誉、特殊条件或者特殊技能等资格、资质的事项；

(4) 直接关系公共安全、人身健康、生命财产安全等重要设备、设施、产品、物品，需要按照技术标准、技术规范，通过检验、检测、检疫等方式进行审查的事项；

(5) 企业或其他组织的设立等，需要确定主体资格的事项；

(6) 法律、行政法规规定可以设定行政许可的其他事项。

3. 哪些事项不需要设定行政许可？

根据《行政许可法》的规定，上面重点问题2中所涉及事项如具备以下情形则可以不设定行政许可：

(1) 公民、法人或者其他组织能够自主决定的，可以不设定行政许可；

(2) 市场竞争机制能够有效调节的，可以不设定行政许可；

(3) 行业组织或者中介机构能够自律管理的，可以不设定行政许可；

(4) 行政机关采用事后监督等其他行政管理方式能够解决的，可以不设定行政许可。

4. 行政许可的实施机关是什么？

原则上只能由行政机关实施，其他任何组织没有许可权。同时，行政机关也可以授权其他行政机关或依法委托行政机关以外的社会组织实施行政许可。

5. 行政许可的实施程序如何？

根据《行政许可法》的规定，实施行政许可需要遵循以下的步骤和要求。

（1）由行政相对人提出许可申请。申请一般应当是书面形式，申请书需要使用格式文本的，行政机关应当向申请人提供申请书的格式文本。为了方便申请，行政机关应当将法律、法规、规章规定的有关行政许可的事项、依据、条件、数量、程序、期限以及需要提交的全部材料的目录和申请书的示范文本在办公场所公示。

（2）申请的受理。对于申请人的申请，行政机关应当进行审查，申请材料齐全、符合法定的形式，应当受理申请。通常情况下，收到申请材料之日起即为受理。但申请事项依法不需要取得行政许可的，应当即时告知申请人不受理；申请事项依法不属于被申请机关职权范围的，应当即时作出不受理的决定，并告知申请人向有关行政机关申请；申请材料不齐全或不符合法定形式的，应当当场或在5日内一次告知申请人需要补正的全部材料。

（3）审查申请。受理申请后，行政机关应当对申请人提交的申请材料进行审查。审查分形式审查和实质审查。申请人提交的申请材料齐全、符合法定形式的，行政机关应当当场作出决定。需要对申请材料的实质内容进行核实的，行政机关应当指派两名以上的工作人员进行核查。如果申请许可事项关系他人重大利益的，行政机关应当告知并听取申请人、利害关系人的意见。

（4）决定申请。行政机关进行审查后，申请人的申请符合法定条件、标准的，应当依法作出准予行政许可的书面决定；反之，行政机关应当说明理由，并告知申请人不予行政许可的书面决定，以及申请行政复议或提起行政诉讼的权利。

6. 行政机关实施行政许可可以向申请人收费吗？

行政机关实施行政许可和对许可实施监督检查时，禁止收取任何费用。对于行政机关提供的行政许可申请书格式文本，也不得收费。

如果行政机关实施行政许可收取费用的，必须以法律和行政法规的规定为依据，并且遵守以下重要规则：（1）按照公布的法定项目和标准收费；（2）所收取的费用必须全部上缴国库；（3）财政部门不得向行政机关返还或者变相返还所收取的费用。

案例评析

案例一：某公司准备在某市郊区建一座化工厂，向某市规划局、土地管理局、环境保护局等职能部门申请有关证照。下列观点都正确吗？

1. 某公司应当对其申请材料实质内容的真实性负责。
2. 某市人民政府应当组织上述四个职能部门联合为某公司办理手续。

3. 拟建化工厂附近居民对核发该项目许可证享有听证权利。

4. 如果某公司的申请符合条件,某市人民政府相关职能部门应当在45个工作日内为其办结全部证照。

案例一评析:观点1正确。根据《行政许可法》第31条的规定,申请人申请行政许可,应当如实向行政机关提交有关材料和反映真实情况,并对其申请材料实质内容的真实性负责。行政机关不得要求申请人提交与其申请的行政许可事项无关的技术资料和其他材料。

观点2不正确。根据《行政许可法》的规定,行政许可依法由地方两个以上部门分别实施的,本级人民政府可以确定一个部门受理行政许可申请并转告有关部门分别提出意见后统一办理,或者组织有关部门联合办理、集中办理。此观点认为是"应当",因此不符合法律"可以"的规定。

观点3正确。根据《行政许可法》第47条的规定,行政许可直接涉及申请人与他人之间重大利益关系的,行政机关在作出行政许可决定前,应当告知申请人、利害关系人享有要求听证的权利;申请人、利害关系人在被告知听证权利之日起5日内提出听证申请的,行政机关应当在20日内组织听证。拟建化工厂属于可能造成周边环境严重污染的项目,对它许可与否直接影响拟建化工厂附近居民的切身利益,因此周边居民作为与该项行政许可决定有重大利益关系的利害关系人,依法对核发该项目许可证享有听证权利。

观点4不正确。根据《行政许可法》的规定,行政许可采取统一办理或者联合办理、集中办理的,办理的时间不得超过45日;45日内不能办结的,经本级人民政府负责人批准,可以延长15日,并应当将延长的理由告知申请人。因此,最多是60日而不是45日。

案例二:浙江省某市为了实施旧城改造,决定对老城区进行拆迁。该市城市拆迁主管部门颁发的拆迁许可证上的时间为2000年9月至2001年3月。但是由于领到拆迁许可证的拆迁人和拆迁户(被拆迁人)之间,就拆迁补偿的方案无法达成一致,拆迁工程就一直没能进行。一直拖到2003年,在早已过了拆迁期限的情况下,原拆迁人对拆迁户发出拆迁通知书,要对该地区进行拆迁。不少拆迁户对此表示不服,提起了诉讼。

试问:

本案中的拆迁行为是否符合法律的规定?

案例二评析:按照《行政许可法》的规定,实施特定的行政许可也是有特定权限、范围、条件等要求的,但同时这部法律在"监督检查"一章中也提到了对于有效期届满而延续的要进行注销。而像这个案子,有效期是届满了,但却没有注销,拆迁人应当重新申请拆迁许可证才能算是合法的。

《行政许可法》第70条规定,有下列情形之一的,行政机关应当依法办理有关行政许可的注销手续:

（1）行政许可有效期届满未延续的；
（2）赋予公民特定资格的行政许可，该公民死亡或者丧失行为能力的；
（3）法人或者其他组织依法终止的；
（4）行政许可依法被撤销、撤回，或者行政许可证件依法被吊销的；
（5）因不可抗力导致行政许可事项无法实施的；
（6）法律、法规规定的应当注销行政许可的其他情形。

第三节 行政处罚法

基本知识点

1. 行政处罚的概念及特征。
2. 行政处罚的原则，行政处罚的种类，行政处罚的设定。
3. 行政处罚的实施机关。
4. 行政处罚的管理，行政处罚的适用。
5. 行政处罚的管辖。
6. 行政处罚的程序。
7. 治安管理处罚法的原则。
8. 治安管理处罚法关于调解的规定。
9. 治安管理处罚的种类与适用。
10. 违反治安管理的行为和应受的具体处罚。
11. 治安管理处罚的调查、决定和执行程序。

重点问题

1. 什么叫行政处罚？

行政处罚，是指享有行政处罚权的行政机关或法律、法规授权的组织，对于违反行政法律的公民、法人或者其他组织实施的行政法上的制裁。行政处罚具有三个主要特征：

（1）实施行政处罚的主体是依法享有行政处罚权的行政主体；
（2）行政处罚的对象是实施了违法行为、应当给予处罚的行政相对人；
（3）行政处罚的直接目的是惩罚违法。

2. 我国行政处罚有哪些种类？

《中华人民共和国行政处罚法》（以下简称《行政处罚法》）规定了七种行政处罚措施。

（1）警告。警告是国家对行政违法行为人的谴责和告诫，是国家对行政行为人违法行为所作的正式否定评价。警告处罚的目的是使被处罚人认识其行为的违法性和对社会的危害性，纠正违法行为以不再继续违法。作出警告必须要有书面处罚决定书，指明行政相对人的违法行为，并交违法者本人。

（2）罚款。罚款是行政机关对行政违法行为人强制收取一定数量金钱，剥夺一定财产权利的制裁方法。

（3）没收违法所得、没收非法财物。没收违法所得，是指行政机关将行政违法行为人占有的，通过违法途径和方法取得的财产收归国有的制裁方法。没收非法财物，是指行政机关将行政违法行为人非法占有的财产和物品收归国有的制裁方法。

（4）责令停产停业。责令停产停业，是指限制违法行为人从事生产经营活动的处罚。

（5）暂扣或者吊销许可证，暂扣或者吊销执照。

（6）行政拘留。行政拘留是治安行政管理机关（公安机关）对违反治安管理的人短期剥夺其人身自由的处罚。

（7）法律、行政法规规定的其他行政处罚。

3. 我国法律对行政处罚的设定权限有什么具体规定？

（1）法律。法律可以设定各种行政处罚，并对限制人身自由的行政处罚拥有专属设定权。

（2）行政法规。行政法规可以创设除限制人身自由以外的各种行政处罚。

（3）地方性法规。地方性法规可设定除限制人身自由、吊销企业营业执照以外的行政处罚。

（4）部门规章。部门规章只能设定警告和罚款两种行政处罚措施。

（5）地方规章。地方规章只能设定警告和罚款两种行政处罚措施。

4. 哪些人的行政违法行为不会受到行政处罚？

《行政处罚法》规定以下情形不予行政处罚：

（1）不满14周岁的人有违法行为的；

（2）精神病人在不能辨认或者不能控制自己行为时的违法行为；

（3）违法行为轻微并及时纠正，没有造成危害后果的。

5. 行政处罚也有追究时效的规定吗?

在行政违法行为发生后的 2 年内未被发现的,原则上不再给予行政处罚,但法律另有规定的除外。

6. 行政处罚与民事责任、刑事责任的关系如何?

(1) 行政处罚与民事责任。根据我国法律可知,行政处罚与民事责任可以并存。

(2) 行政处罚与刑事责任。不得以行政处罚代替刑事责任。但根据《刑法》《中华人民共和国治安管理处罚法》(以下简称《治安管理处罚法》)、《行政处罚法》等法律的规定,行政拘留应当折抵相应的刑期;行政罚款应当折抵相应的刑罚罚金。

7. 行政处罚的程序有哪些?

行政处罚的程序包括处罚的决定和执行两个程序。

8. 法律对行政处罚的决定程序有什么规定?

行政处罚的决定程序有一般程序和简易程序两种,一般程序中又有听证程序这一特殊规定。

9. 行政机关适用行政处罚的一般程序处罚行政相对人应遵守哪些规定?

(1) 必须查明违法事实,才能给予行政处罚。

(2) 在作出处罚决定前,必须告知当事人作出处罚决定的事实、理由和依据,以及当事人依法享有的权利。

(3) 当事人有权陈述和申辩,行政机关必须充分听取,不得因当事人的申辩而加重处罚。

10. 适用简易程序的条件是什么?

适用简易程序必须同时具备以下条件:
(1) 违法事实确凿;
(2) 有法定依据;
(3) 对公民处 50 元以下罚款或者对组织处 1000 元以下罚款、警告两种才可适用简易程序。

11. 什么情形下必须适用听证程序?

《行政处罚法》规定下列情形应适用听证程序:
(1) 责令停产停业;

（2）吊销许可证或执照；

（3）较大数额的罚款；

（4）经当事人依法提出听证要求的。

12. 《治安管理处罚法》有调解的规定吗？

根据《治安管理处罚法》的规定，对于因民间纠纷引起的打架斗殴或者损害他人财物等违反治安管理行为，情节较轻的，公安机关可以调解处理。经公安机关调解，当事人达成协议的，不予处罚。

13. 公安机关可以作出哪些处罚措施？

（1）警告。

（2）罚款。

（3）行政拘留。

（4）吊销公安机关发放的许可证。

（5）对于外国人违反该法还可限期出境或者驱逐出境。

14. 醉酒的人违反《治安管理处罚法》可以不受处罚吗？

根据《治安管理处罚法》的规定，醉酒的人违反治安管理的，应当给予处罚。醉酒人在醉酒状态中，对本人有危险或者对他人的人身、财产或者公共安全有威胁的，应当对其采取保护性措施约束至酒醒。

15. 对违反《治安管理处罚法》的行为，哪些情形下可以减轻或者不予处罚？

（1）情节特别轻微的。

（2）主动消除或者减轻违法后果，并取得被害人谅解的。

（3）出于他人胁迫或者诱骗的。

（4）主动投案，向公安机关如实陈述自己的违法行为的。

（5）有立功表现的。

16. 对违反《治安管理处罚法》的行为，哪些情形下从重处罚？

（1）有较严重后果的。

（2）教唆、胁迫、诱骗他人违反治安管理的。

（3）对报案人、控告人、举报人、证人打击报复的。

（4）6个月内曾受过治安管理处罚的。

17. 哪些人虽然违反《治安管理处罚法》并受行政拘留处罚，但不执行行政拘留处罚？

（1）已满14周岁不满16周岁的。

（2）已满 16 周岁不满 18 周岁,初次违反治安管理的。

（3）70 周岁以上的。

（4）怀孕或者哺乳自己不满 1 周岁婴儿的。

18. 公安机关传唤违法行为人有时间限制吗?

对于违反治安管理行为人,公安机关传唤时间不得超过 8 小时;情况复杂,依照《治安管理处罚法》规定可能适用行政拘留处罚的,不得超过 24 小时。公安机关应当及时将传唤的原因和地点通知被传唤人家属。

19. 公安机关可以随便进行检查吗?

不行。根据《治安管理处罚法》的规定,公安机关对与违反治安管理行为有关场所、物品、人身可以进行检查。检查时,人民警察不得少于二人,并应当出示工作证件和县级以上人民政府公安机关开具的检查证明文件。对确有必要立即进行检查的,人民警察经出示工作证件,可以当场检查,但检查公民住所应当出示县级以上人民政府公安机关开具的检查证明文件。检查妇女的身体,应当由女性工作人员进行。

20. 公安派出所的处罚权力如何?

《治安管理处罚法》明确规定,公安派出所只能进行警告、500 元以下的罚款两种处罚措施。

21. 对违反《治安管理处罚法》行为人进行拘留处罚时可以不通知被处罚人家属吗?

不可以。根据《治安管理处罚法》的规定,决定给予行政拘留处罚的,应当及时通知被处罚人的家属。

22. 公安机关在什么情形下应当举行听证?

根据《治安管理处罚法》的规定,公安机关在作出吊销许可证、处 2000 元以上的罚款、违法行为人要求进行听证的,公安机关应当进行听证。

23. 公安机关在什么情形下可以当场作出处罚决定?

根据《治安管理处罚法》的规定,违反治安管理行为事实清楚,证据确凿,处警告或者 200 元以下罚款的,可以当场作出处罚决定。

24. 被处以罚款时,如何缴纳罚款?

根据《治安管理处罚法》的规定,受处罚人应当自收到处罚决定书起 15 日内,到指定银行缴纳罚款。但有下列情形之一的,人民警察可以当场收缴罚款。

（1）被处50元以下罚款,被处罚人无异议的;

（2）被处罚人在当地无固定住所,不当场收缴事后难以执行的;

（3）在边远、水上、交通不便地区,公安机关及其工作人员依照该法规定作出处罚后,被处罚人向指定银行缴纳罚款确有困难,经被处罚人提出的。

人民警察当场收缴罚款的,应当向被处罚人出具省、自治区、直辖市人民政府财政部门统一制发的罚款收据;不出具统一制发的罚款收据的,被处罚人有权拒绝缴纳罚款。

25. 公安机关及其工作人员违法行使职权,侵犯公民、法人和其他组织的合法权益怎么办?

根据《治安管理处罚法》的规定,公安机关及其工作人员违法行使职权,侵犯公民、法人和其他组织的合法权益的,应当赔礼道歉;造成损害的,应当依法承担赔偿责任。

案例评析

案例一:2013年5月2日,吴某到某县郊区旅社住宿,拒不出示身份证,与旅社工作人员争吵并强行入住该旅社。该郊区派出所以扰乱公共秩序为由,决定对吴某处以300元罚款。

试问:

1. 该派出所可以以自己的名义作出该处罚决定吗?
2. 派出所可以当场作出该处罚决定吗?
3. 公安机关应当将此决定书副本抄送郊区旅社吗?
4. 吴某对该处罚决定不服,应当先申请复议后才能提起行政诉讼吗?

案例一评析:说法1的观点是正确的。根据《治安管理处罚法》第91条的规定,治安管理处罚由县级以上人民政府公安机关决定;其中,警告、500元以下的罚款可以由公安派出所决定。本案中决定处以300元罚款,根据法律规定是可以以派出所自己的名义作出的。

说法2的观点错误。根据《治安管理处罚法》第100条的规定,违反治安管理行为事实清楚,证据确凿,处警告或者200元以下罚款的,可以当场作出决定。本案中是处300元罚款,所以不能当场作出决定。

说法3的观点正确。根据《治安管理处罚法》第101条的规定,有被侵害人的,治安管理处罚决定书应当抄送被侵害人,本案中郊区旅社是被侵害人,所以应当将决定书副本抄送给它。

说法4的观点错误。根据《治安管理处罚法》第102条的规定,被处罚人对治安管理处罚决定不服的,可以依法申请行政复议或者提起行政诉讼。也就是说当事人吴某如果对治安管理处罚行为不服,既可提起行政复议也可提起行政诉讼,不必先经过行政复议才能提起行政诉讼。

案例二：某派出所民警在日常巡逻管理中发现，辖区内的某一交通枢纽周边治安秩序混乱，于是进行了集中整治。整治中发现，该地区存在一个乞讨团伙，有一成年男子带领，统一接送，统一安排住宿吃饭。经调查取证，王某在家乡好逸恶劳，去年曾带自己的妻儿来沪行乞两个月，共乞得人民币 3000 余元。王某认为行乞是一条致富的捷径，为获得更多的钱财，他以每月 200 元的价格向同村的两户人家租借两名未成年人，与其妻儿一起来沪乞讨。在调查取证中还发现，王妻、王子（18 周岁）在向行人甲、乙行乞遭到拒绝后，还采用阻拦、拉拽等方法继续乞讨钱财。

试问：

《治安管理处罚法》对诸如上述这些乞讨人的行为有规范吗？

案例二评析：《治安管理处罚法》第 41 条规定，"胁迫、诱骗或者利用他人乞讨的，处 10 日以上 15 日以下拘留，可以并处 1000 元以下罚款。反复纠缠、强行讨要或者以其他滋扰他人的方式乞讨的，处 5 日以下拘留或者警告。"本案中，王某以每月 200 元的价格向同村的两户人家租借两名未成年人，与其妻儿一起来沪乞讨，构成了"利用他人乞讨"这一违反治安管理行为，应当依法处 10 日以上 15 日以下拘留；王妻、王子采用阻拦、拉拽等方法乞讨钱财，构成"冒犯性乞讨"行为，应当依法处 5 日以下拘留或者警告；王某租借的两名未成年人则是一般流浪乞讨行为，公安机关应当在查清案件事实后，引导、护送其到救助站。

案例三：2014 年 3 月，赵某将自己的一间空房出租给了钱某，因钱某对赵某开的价一口答应，而且一下子预付了一年的房租，赵某觉得钱某很爽快，而且很有钱，没办任何手续，甚至连钱某的身份证也没看，就将房子的钥匙给了钱某。时间一长，赵某发现钱某经常将自己关在房间里，窗帘也拉得严严实实的，还经常有些陌生人在钱某的房间进出。终于有一次赵某发现，原来钱某是个毒贩子，那些到钱某房间的人不是送"货"的"马仔"就是买毒品的瘾君子。赵某原想报警，可再一想钱某也没少给房钱，所以就睁一只眼闭一只眼。

试问：

赵某的行为违反相关法律规定吗？

案例三评析：近年来，随着城市的发展，出租房屋的市场需求越来越大。为了规范对出租房屋的管理，政府、公安机关和其他有关部门都出台了一些出租房屋的管理规定。但对出租房屋的管理仍存在不少问题，房屋出租人只行使权利、不履行法定的义务。有些房屋出租人经常违反房屋租赁规定，如将房屋出租给无身份证件的人员；不登记承租人身份证件；发现承租人利用出租房屋进行犯罪活动，不向公安机关报告等。由此引发了许多社会治安问题。根据《治安管理处罚法》第 57 条的规定，将房屋出租给无身份证件的人居住或者不按规定登记承租人信息的，最高可处 500 元罚款；房屋出租人明知承租人利用出租房屋进行犯罪活动不报告的，最高处 5 日拘留并处 500 元罚款。可见，本案中出租人赵某的行为已经违反了《治安管理处罚法》的规定了。

第四节 行政强制法

基本知识点

1. 行政强制措施的概念与特征，行政强制执行的概念与特征，行政强制的性质、意义与立法，行政强制的基本原则。
2. 行政强制措施的种类和设定，行政强制执行的方式和设定，设定的论证和评价。
3. 实施行政强制措施的主体，一般程序要求、特别程序要求。
4. 行政机关自行强制执行权限，特别程序及要求，中止执行、终结执行和执行和解。
5. 申请法院强制执行适用条件，行政机关提出申请，法院的受理审理和裁定。

重点问题

1. 什么叫行政强制措施？

行政强制措施，是指行政机关在行政管理过程中，为制止违法行为、防止证据损毁、避免危害发生、控制危险扩大等情形，依法对公民的人身自由实施暂时性限制，或者对公民、法人或者其他组织的财物实施暂时性控制的行为。

2. 什么是行政强制执行？

行政强制执行是行政机关或由行政机关申请人民法院对不履行行政机关依法作出的行政处理决定中规定的义务，采取强制手段，强迫其履行义务，或达到与履行义务相同状态的行为。

3. 行政强制必须遵守哪些基本原则？

（1）行政强制法定原则。根据《中华人民共和国行政强制法》（以下简称《行政强制法》）第4条的规定，行政强制的设定和实施，应当依照法定的权限、范围、条件和程序。

（2）行政强制适当原则。根据《行政强制法》第5条的规定，行政强制的设定和实施，应当适当。采用非强制手段可以达到行政管理目的的，不得设定和实施行政强制。

（3）教育与强制相结合原则。根据《行政强制法》第6条的规定，实施行政强制，应当坚持教育与强制相结合。

（4）不得谋利原则。根据《行政强制法》第 7 条的规定，行政机关及其工作人员不得利用行政强制权为单位或者个人谋取利益。

（5）权利保障原则。根据《行政强制法》第 8 条的规定，公民、法人或者其他组织对行政机关实施行政强制，享有陈述权、申辩权；有权依法申请行政复议或者提起行政诉讼；因行政机关违法实施行政强制受到损害的，有权依法要求赔偿。公民、法人或者其他组织因人民法院在强制执行中有违法行为或者扩大强制执行范围受到损害的，有权依法要求赔偿。

4. 行政强制的种类有哪些？

一般情况下，行政强制措施的种类：
（1）限制公民人身自由；
（2）查封场所、设施或者财物；
（3）扣押财物；
（4）冻结存款、汇款；
（5）其他行政强制措施。

5. 法律对行政强制的设定有哪些规定？

行政强制措施由法律设定。尚未制定法律，且属于国务院行政管理职权事项的，行政法规可以设定除《行政强制法》第 9 条第 1 项（限制公民人身自由）、第 4 项（冻结存款、汇款）和应当由法律规定的行政强制措施以外的其他行政强制措施。尚未制定法律、行政法规，且属于地方性事务的，地方性法规可以设定《行政强制法》第 9 条第 2 项（查封场所、设施或者财物）、第 3 项（扣押财物）的行政强制措施。法律、法规以外的其他规范性文件不得设定行政强制措施。

6. 行政强制执行的方式有哪些？

（1）加处罚款或者滞纳金。
（2）划拨存款、汇款。
（3）拍卖或者依法处理查封、扣押的场所、设施或者财物。
（4）排除妨碍、恢复原状。
（5）代履行。
（6）其他强制执行方式。

行政强制执行由法律设定。法律没有规定行政机关强制执行的，作出行政决定的行政机关应当申请人民法院强制执行。

7. 行政机关实施行政强制措施应当遵守哪些规定？

（1）实施前须向行政机关负责人报告并经批准。

（2）由2名以上行政执法人员实施。

（3）出示执法身份证件。

（4）通知当事人到场。

（5）当场告知当事人采取行政强制措施的理由、依据以及当事人依法享有的权利、救济途径。

（6）听取当事人的陈述和申辩。

（7）制作现场笔录。

（8）现场笔录由当事人和行政执法人员签名或者盖章，当事人拒绝的，在笔录中予以注明。

（9）当事人不到场的，邀请见证人到场，由见证人和行政执法人员在现场笔录上签名或者盖章。

（10）法律、法规规定的其他程序。

情况紧急，需要当场实施行政强制措施的，行政执法人员应当在24小时内向行政机关负责人报告，并补办批准手续。行政机关负责人认为不应当采取行政强制措施的，应当立即解除。

依照法律规定实施限制公民人身自由的行政强制措施，除应当履行上述规定的程序外，还应当遵守下列规定：

（1）当场告知或者实施行政强制措施后立即通知当事人家属实施行政强制措施的行政机关、地点和期限；

（2）在紧急情况下当场实施行政强制措施的，在返回行政机关后，立即向行政机关负责人报告并补办批准手续；

（3）法律规定的其他程序。

实施限制人身自由的行政强制措施不得超过法定期限。实施行政强制措施的目的已经达到或者条件已经消失，应当立即解除。

8. 行政强制执行必须中止的情形有哪些？

（1）当事人履行行政决定确有困难或者暂无履行能力的。

（2）第三人对执行标的主张权利，确有理由的。

（3）执行可能造成难以弥补的损失，且中止执行不损害公共利益的。

（4）行政机关认为需要中止执行的其他情形。

中止执行的情形消失后，行政机关应当恢复执行。对没有明显社会危害，当事人确无能力履行，中止执行满3年未恢复执行的，行政机关不再执行。

9. 行政强制执行可以在任何时间执行吗？

行政强制执行不能在任何时间执行。

行政机关不得在夜间或者法定节假日实施行政强制执行。但是,情况紧急的除外。

行政机关不得对居民生活采取停止供水、供电、供热、供燃气等方式迫使当事人履行相关行政决定。

对违法的建筑物、构筑物、设施等需要强制拆除的,应当由行政机关予以公告,限期当事人自行拆除。当事人在法定期限内不申请行政复议或者提起行政诉讼,又不拆除的,行政机关可以依法强制拆除。

案例评析

2013年3月17日,原告林某在居委会参加业主会议时与他人发生争执,因情绪激动,实施了拍、砸会议室中乒乓球桌的行为,致球桌受损,居委会向被告上海市公安局浦东分局报了警。3月19日,被告派出一名民警拍摄了乒乓球桌受损的照片。3月27日,被告认定原告林某有故意损毁公私财物的违法行为,对原告作出行政拘留5日的行政处罚。原告不服向人民法院起诉要求撤销该处罚决定。

试就本案中相关主体的行为进行法律分析。

案例评析:本案中被告用于证明原告林某的行为导致乒乓球桌受损情况的主要证据为照片。然而,本案中照片仅由1名警察制作照片,违反了《治安管理处罚法》第87条和《行政处罚法》第37条规定的"调查取证人民警察不少于二人"的要求,不能被人民法院所采信。人民法院应当以"主要证据不足"为由,撤销被诉行政处罚行为。

第五节 行政复议法

基本知识点

1. 行政复议的概念和基本原则。
2. 行政复议的范围包括可申请行政复议的事项和行政复议的排除事项。
3. 行政复议机关的确定。
4. 行政复议申请期限,提交行政复议申请的对象。
5. 行政复议机关对申请的处理,对行政复议机关不受理的救济。
6. 行政复议的审查方式,行政复议的期限。
7. 行政复议的维持决定、履行决定、撤销决定、变更决定、确认违法决定、责令被申请人重新作出具体行政行为的决定。
8. 行政复议决定的生效,被申请人不履行义务及其执行措施,申请人不履行义务及其执行措施。

重点问题

1. 什么叫行政复议?

行政复议,是指行政机关根据上级行政机关对下级行政机关的监督权,在当事人的申请和参加下,按照行政复议程序对具体行政行为进行合法性和适当性审查,并作出裁决解决行政侵权争议的活动。行政复议是为公民、法人和其他组织提供法律救济的行政监督制度。

2. 如何正确确定行政复议机关?

行政复议机关的确定较为复杂和困难,但它却是行政复议法律中的关键性问题。经过综合分析,将行政复议机关的确定方法总结以下。

(1)省级以下地方各级政府作为被申请人时的行政复议机关为上一级地方人民政府。

(2)县级以上地方政府部门作为被申请人的行政复议机关为本级人民政府和上一级人民政府主管部门两类,申请人可以作出选择。例外的情形是对金融、国税、海关、外汇管理、国家安全机关的具体行政行为不服申请行政复议的,只能向上一级主管部门提出。

(3)国务院部门或者省、自治区、直辖市政府作为被申请人时的行政复议机关为作出该具体行政行为的国务院部门或者省、自治区、直辖市政府。

(4)县级以上的地方人民政府依法设立的派出机关作为被申请人时,由设立该派出机关的人民政府作为行政复议机关。

(5)对政府工作部门依法设立的派出机构以自己名义作出具体行政行为不服提出行政复议时,由设立该派出机关的部门或者该部门的本级地方人民政府作为行政复议机关。

(6)法律、法规授权的组织作为被申请人时,由直接管理该组织的地方人民政府、地方人民政府的工作部门或者国务院部门作为行政复议机关。

(7)两个或两个以上的行政机关作为共同被申请人时,由它们的共同上一级行政机关作为行政复议机关。

3. 提起行政复议时应注意一些什么问题?

当我们对某一行政机关的具体行政行为不服需要提出行政复议时,应当注意:

(1)申请的形式既可以是书面的,也可以是口头的,口头申请应当由被申请人作出记录;

(2)当事人必须在知道该具体行政行为时60日以内提出复议申请。

4. 行政复议与行政诉讼的关系是什么？

一般情况下，当事人对一具体行政行为不服的，既可以提出行政复议也可以提起行政诉讼。行政复议被依法受理的，当事人不得在法定期限内又提出行政诉讼；行政诉讼被依法受理的，当事人不得又提出行政复议。

对行政复议决定不服的，一般而言当事人仍可以对原具体行政行为或者行政复议决定提出行政诉讼。《行政复议法》规定以下两种情况下，若当事人选择了行政复议则该行政复议决定是终局性的决定，不可以再提出行政诉讼：

（1）国务院的裁决；

（2）省、自治区、直辖市人民政府对确认自然资源所有权或者使用权的行政复议决定。

5. 行政复议机关作出维持原具体行政行为决定的条件是什么？

（1）证据确凿。

（2）事实清楚。

（3）程序合法。

（4）内容适当。

（5）适用依据正确。

6. 行政复议机关作出履行具体行政行为决定的条件是什么？

（1）职责依法应当由被申请人履行。

（2）申请人曾提出要求被申请人履行该职责或者被申请人应当主动履行该职责。

（3）确定继续履行该法定职责仍然有实际意义和法律意义。

7. 被申请人不履行生效行政复议决定怎么办？

在这种情况下，申请人可以要求行政复议机关或者有关上级机关责令被申请人限期履行。

案例评析

案例一：某县公安局民警李某在一次治安检查中被王某打伤，公安局认定王某的行为构成妨碍公务，据此对王某处以200元罚款，李某认为处罚过轻。

试问：

李某应当如何处理此事？

案例一评析：由于李某是公安局内部工作人员，所以他不享有提起行政复议或者行政诉讼的权利。他认为处罚过轻,可以向公安局相关部门反映此事。

案例二:甲村与乙村相邻,甲村认为乙村侵犯了他们村已取得的林地所有权,遂向省林业局申请裁决。省林业局裁决该林地所有权归乙村所有,甲村不服。

试问:

按照《行政复议法》和《行政诉讼法》的规定,甲村可以寻求哪些救济途径?

案例二评析:甲村既可申请行政复议,也可提起行政诉讼。

案例三:李某购买中巴车从事个体客运,但未办理税务登记,且一直未缴纳税款。该县国税局要求李某限期缴纳税款1500元并决定罚款1000元。后因李某逾期未缴纳税款和罚款,该县国税局将李某的中巴车扣押,李某不服。

试问:

李某享有哪些权利救济措施?

案例三评析:李某对该县国税局的三个行为不服,可以向该县国税局的上一级主管部门提出行政复议申请。

案例四:某市公安局经济民警大队有线台分队以周某违反广播电视规定盗接有线电视信号为由,于2004年2月25日作出对周某的财产(海尔21寸电视)进行扣压的行政强制措施。周某不服,于2004年3月1日向具有管辖权的上级行政机关提请行政复议。2004年3月8日,该公安局经济民警大队有线台分队退回该扣押物,周某同时要求撤回行政复议申请。

试问:

某市公安局经济民警大队的行为合法吗?

案例四评析:本案主要涉及行政执法主体资格及处罚程序的合法性问题。首先,某市公安局经济民警大队有线台分队是公安局的内设机构,无权以自己的名义实施行政强制措施。其次,在实施行政强制措施时程序不合法,既未出示行政强制决定书,又未听取周某的陈述和申辩。

第五章 经 济 法

第一节 消费者权益保护法、产品质量法、食品安全法

基本知识点

1. 消费者权益保护法的概念、特点,消费者权益保护法的适用对象。
2. 消费者的权利。
3. 经营者的义务。
4. 消费者和经营者发生权益争议的解决途径、解决该争议的几项特殊规则。
5. 侵犯消费者合法权益的民事责任、行政责任和刑事责任。
6. 产品质量法的概念、立法宗旨。
7. 产品的概念,产品标准的概念,产品质量的概念。
8. 产品质量责任的内容。
9. 产品质量的监督管理。
10. 生产者的产品质量义务,销售者的产品质量义务。
11. 产品责任的归责原则,损害赔偿的范围。
12. 生产者、销售者的行政责任。
13. 食品安全法的概念、立法目的、适用范围,食品安全风险监测和评估,食品安全标准,食品安全控制,食品检验制度,食品安全事故处理机制,政府监督管理机制及职责。

重点问题

1. 《消费者权益保护法》的适用对象是什么?

《中华人民共和国消费者权益保护法》(以下简称《消费者权益保护法》)的适用对象如下。

(1) 消费者为生活消费需要购买、使用商品或者接受服务的,适用《消费者权益保护

法》。此处的消费者,是指为个人生活消费需要购买、使用商品和接受服务的自然人。

（2）经营者为消费者提供其生产、销售的商品或者提供服务,适用《消费者权益保护法》。

2. 消费者享有哪些权利?

《消费者权益保护法》为消费者设立了以下九项权利。

（1）安全保障权。安全保障权,是指消费者在购买、使用商品和接受服务时享有人身、财产安全不受损害的权利。

（2）知悉真情权。知悉真情权,是指消费者有知悉其购买、使用的商品或者接受的服务的真实情况的权利。

（3）自主选择权。自主选择权,是指消费者有权自主选择经营者、商品品种或者服务方式,有权自主决定是否购买一种商品或者接受一项服务以及有权对商品或服务进行比较鉴别和选择。

（4）公平交易权。公平交易权,是指经营者与消费者之间的交易应在平等的基础上达到公平的结果。

（5）获取赔偿权。获取赔偿权,是指消费者因购买、使用商品或接受服务受到人身、财产损害的,享有依法获得赔偿的权利。

（6）结社权。结社权,是指消费者享有依法成立维护自身合法权益的社会团体的权利。

（7）获得相关知识权。获得相关知识权,是指消费者享有获得有关消费和消费权益保护方面的知识的权利。

（8）受尊重权。受尊重权,是指消费者享有民族尊严、民族风俗习惯得到尊重的权利。

（9）监督批评权。监督批评权,是指消费者享有对商品和服务以及保护消费者权益工作进行监督的权利。

3. 消费者和经营者发生消费权益争议时,有哪些解决争议的方式?

（1）与经营者协商和解。
（2）请求消费者协会调解。
（3）向有关行政部门申诉,如物价部门、工商行政管理部门、技术质量监督部门等。
（4）提请仲裁。仲裁的前提是双方订有书面仲裁协议或条款。
（5）向人民法院提起诉讼。

4. 消费者在购买、使用商品时合法权益受到损害的,可以直接向销售者要求赔偿吗?

根据《消费者权益保护法》的规定,消费者在购买、使用商品时,其合法权益受到损害的,可以向销售者要求赔偿。销售者赔偿后,属于生产者或者属于向销售者提供商品的其他销售者的责任的,销售者有权向他们追偿。

消费者既可以向销售者,也可以向生产者要求赔偿。

5. 消费者在租借他人营业执照的经营者处购买商品或者接受服务受到损害怎么办?

根据《消费者权益保护法》的规定,此时消费者可向营业执照的借用人要求赔偿,也可以向营业执照的持有人要求赔偿。

6. 消费者在展销会、租赁柜台购买商品或者接受服务,其合法权益受到损害时怎么办?

根据《消费者权益保护法》的规定,消费者可以向销售者或服务者要求赔偿。展销会结束或者柜台租赁期满后,也可以向展销会的举办者、柜台的出租者要求赔偿。展销会的举办者、柜台的出租者赔偿后,有权向销售者或者服务者追偿。

7. 消费者通过网络购买商品或者接受服务,其合法权益受到损害怎么办?

根据《消费者权益保护法》的规定,消费者通过网络交易平台购买商品或者接受服务,其合法权益受到损害的,可以向销售者或者服务者要求赔偿。网络交易平台提供者不能提供销售者或者服务者的真实名称、地址和有效联系方式的,消费者也可以向网络交易平台提供者要求赔偿;网络交易平台提供者作出更有利于消费者的承诺的,应当履行承诺。网络交易平台提供者赔偿后,有权向销售者或者服务者追偿。网络交易平台提供者明知或者应知销售者或者服务者利用其平台侵害消费者合法权益,未采取必要措施的,依法与该销售者或者服务者承担连带责任。

8. 当消费者因虚假广告而购买、使用商品或者接受服务时,若合法权益受到损害怎么办?

根据《消费者权益保护法》的规定,此时可以向经营者要求赔偿。广告经营者不能提供经营者的真实名称、地址的,应当承担赔偿责任。

9. 何为"三包"责任?

根据《消费者权益保护法》第24条的规定,经营者提供的商品或者服务不符合质量要求的,消费者可以依照国家规定、当事人约定退货,或者要求经营者履行更换、修理等义务。没有国家规定和当事人约定的,消费者可以自收到商品之日起7日内退货;7日后符合法定解除合同条件的,消费者可以及时退货,不符合法定解除合同条件的,可以要求经营者履行更换、修理等义务。依照上述规定进行退货、更换、修理的,经营者应当承担运输等必要费用。

10. 消费者邮购商品发生纠纷如何办？

根据《消费者权益保护法》第 25 条的规定，经营者采用网络、电视、电话、邮购等方式销售商品，消费者有权自收到商品之日起 7 日内退货，且无须说明理由。但下列情形不能够适用 7 天无理由退货：第一，消费者定做的；第二，鲜活易腐的；第三，在线下载或者消费者拆封的音像制品、计算机软件等数字化商品；第四，交付的报纸、期刊。

11. 以预收款方式提供商品或者服务的责任如果确定？

根据《消费者权益保护法》的规定，经营者应当按照约定提供。未按照约定提供的，应依照消费者的要求履行约定或者退回预付款；并应当承担预付款的利息、消费者必须支付的合理费用。

12. 对于不合格商品，法律有无保护消费者的特殊措施？

有。根据《消费者权益保护法》的规定，依法经有关行政部门认定为不合格商品的，消费者可以要求退货，经营者应当退货。而一般商品，发现问题后应当经过修理、更换仍无法使用的再予以退货。

13. 对于经营者欺诈消费者如何处理？

经营者提供商品或者服务有欺诈行为的，应当按照消费者的要求增加赔偿其受到的损失，增加赔偿的金额为消费者购买商品的价款或者接受服务的费用的 3 倍；增加赔偿的金额不足 500 元的，为 500 元。法律另有规定的，依照其规定。经营者明知商品或者服务存在缺陷，仍然向消费者提供，造成消费者或者其他受害人死亡或者健康严重损害的，受害人有权要求经营者依照《消费者权益保护法》第 49 条、第 51 条等法律规定赔偿损失，并有权要求所受损失 2 倍以下的惩罚性赔偿。

14. 产品质量应当符合哪些要求？

根据《中华人民共和国产品质量法》(以下简称《产品质量法》)的规定，产品质量应当符合下列要求：

(1) 不存在危及人身、财产安全的不合理危险，有保障人体健康和人身、财产安全的国家标准、行业标准的，应当符合该标准；

(2) 具备产品应当具备的使用性能，但是对产品存在使用性能的缺陷作出说明的除外；

(3) 符合在产品或者其包装上注明采用的产品标准，符合以产品说明、实物样品等方式表明的质量状况。

15. 法律对产品的包装及产品标识有无特殊要求？

根据《产品质量法》的规定，包装及产品标识应当符合下列要求：

（1）普通产品，应有产品质量检验合格证明，有中文标明的产品名称、生产厂厂名和厂址；根据需要标明产品规格、等级、主要成分；限期使用的产品，应当在显著位置清晰地标明生产日期和安全使用日期或者失效日期；产品本身易坏或者可能危及人身、财产安全的产品，应当有警示标志或者中文警示说明。

（2）特殊产品（如易碎、易燃、易爆的物品，有毒、有腐蚀性、有放射性的物品，其他危险物品，储运过程中不能倒置和有其他特殊要求的产品）的标识、包装质量必须符合相应的要求，依照规定作出警示标志或者中文警示说明。

16. 国家对生产厂家有什么禁止性的规定？

（1）生产厂家不得生产国家明令淘汰的产品。

（2）生产厂家不得伪造产地，不得伪造或者冒用他人的厂名、厂址。

（3）生产厂家不得伪造或者冒用认证标志、名优标志等质量标志。

（4）生产厂家不得掺杂、掺假，不得以假充真、以次充好，不得以不合格产品冒充合格产品。

17. 生产者在什么情形下不承担赔偿责任？

因产品缺陷造成人身、财产损害的，生产者应当承担赔偿责任，但生产者能够证明下列情形之一的，不承担赔偿责任：

（1）未将产品投入流通的；

（2）产品投入流通时，引起损害的缺陷尚不存在的；

（3）将产品投入流通时的科学技术水平尚不能发现缺陷存在的。

18. 销售者有哪些产品质量义务？

（1）进货验收义务。销售者应当建立并执行进货检查验收制度。

（2）保持产品质量的义务。销售者进货后应对保持产品质量负责，以防止产品变质、腐烂，丧失或者降低使用性能，产生危害人身、财产的缺陷等。

（3）产品标标识的义务。销售者在销售产品时，应保持产品标识符合《产品质量法》对产品标识的要求，符合进货时验收的状态，不得更改、覆盖、涂抹产品标识，以保证产品标识的真实性。

（4）不得违反禁止性规定。《产品质量法》规定的禁止性规定有：不得销售国家明令淘汰并停止销售的产品和失效、变质的产品；不得伪造产地或者冒用他人厂名、厂址；不得伪造或者冒用认证标志、名优标志等质量标志；不得掺杂、掺假，不得以假充真、以次充好,不得以不合格产品冒充合格产品。

19. 国家产品质量行政监督管理部门对产品进行质量抽查时,企业享有哪些权利?

根据《产品质量法》的规定,抽查的样品应当在待销产品中随机抽取;为防止增加企业负担,不得向被检查人收取检验费用,抽取的数量也不得超过检验的合理需要。生产者、销售者对抽查结果有异议的,可以在规定的时间内向监督抽查部门或者上级产品质量监督部门申请复检。为避免重复抽查,国家抽查的产品,地方不得另行抽查;上级抽查的产品,下级不得另行抽查。

《产品质量法》规定,国务院和省、自治区、直辖市人民政府的产品质量监督部门应当定期发布其监督抽查的产品的质量状况公告。

20. 销售者承担什么责任?

根据《产品质量法》的规定,由于销售者过错使产品存在缺陷,造成人身、他人财产损害的,销售者应当承担赔偿责任。但销售者能证明自己没有过错,则不承担责任。

21. 因产品缺陷造成损害要求赔偿的诉讼时效为多长?

根据《产品质量法》的规定,此类诉讼的时效为 2 年,自当事人知道或者应当知道其权益受到损害时起计算。

22. 食品安全标准应当遵循什么原则?

根据《中华人民共和国食品安全法》(以下简称《食品安全法》)的规定,制定食品安全标准,应当以保障公众身体健康为宗旨,做到科学合理、安全可靠。

23. 食品安全标准必须包括哪些内容?

根据《食品安全法》的规定,食品安全标准应当包括下列内容:
(1)食品、食品相关产品中的致病性微生物、农药残留、兽药残留、重金属、污染物质以及其他危害人体健康物质的限量规定;
(2)食品添加剂的品种、使用范围、用量;
(3)专供婴幼儿和其他特定人群的主辅食品的营养成分要求;
(4)对与食品安全、营养有关的标签、标识、说明书的要求;
(5)食品生产经营过程的卫生要求;
(6)与食品安全有关的质量要求;
(7)食品检验方法与规程;
(8)其他需要制定为食品安全标准的内容。

24. 食品生产经营者必须遵循什么法律规定？

根据《食品安全法》的规定，食品生产经营应当符合食品安全标准，并符合下列要求：

（1）具有与生产经营的食品品种、数量相适应的食品原料处理和食品加工、包装、贮存等场所，保持该场所环境整洁，并与有毒、有害场所以及其他污染源保持规定的距离；

（2）具有与生产经营的食品品种、数量相适应的生产经营设备或者设施，有相应的消毒、更衣、盥洗、采光、照明、通风、防腐、防尘、防蝇、防鼠、防虫、洗涤以及处理废水、存放垃圾和废弃物的设备或者设施；

（3）有食品安全专业技术人员、管理人员和保证食品安全的规章制度；

（4）具有合理的设备布局和工艺流程，防止待加工食品与直接入口食品、原料与成品交叉污染，避免食品接触有毒物、不洁物；

（5）餐具、饮具和盛放直接入口食品的容器，使用前应当洗净、消毒，炊具、用具用后应当洗净，保持清洁；

（6）贮存、运输和装卸食品的容器、工具和设备应当安全、无害，保持清洁，防止食品污染，并符合保证食品安全所需的温度等特殊要求，不得将食品与有毒、有害物品一同运输；

（7）直接入口的食品应当有小包装或者使用无毒、清洁的包装材料、餐具；

（8）食品生产经营人员应当保持个人卫生，生产经营食品时，应当将手洗净，穿戴清洁的工作衣、帽；销售无包装的直接入口食品时，应当使用无毒、清洁的售货工具；

（9）用水应当符合国家规定的生活饮用水卫生标准；

（10）使用的洗涤剂、消毒剂应当对人体安全、无害；

（11）法律、法规规定的其他要求。

25. 我国法律明确禁止生产经营的食品有哪些？

根据《食品安全法》的规定，禁止生产经营下列食品：

（1）用非食品原料生产的食品或者添加食品添加剂以外的化学物质和其他可能危害人体健康物质的食品，或者用回收食品作为原料生产的食品；

（2）致病性微生物、农药残留、兽药残留、重金属、污染物质以及其他危害人体健康的物质含量超过食品安全标准限量的食品；

（3）营养成分不符合食品安全标准的专供婴幼儿和其他特定人群的主辅食品；

（4）腐败变质、油脂酸败、霉变生虫、污秽不洁、混有异物、掺假掺杂或者感官性状异常的食品；

（5）病死、毒死或者死因不明的禽、畜、兽、水产动物肉类及其制品；

（6）未经动物卫生监督机构检疫或者检疫不合格的肉类，或者未经检验或者检验不合格的肉类制品；

（7）被包装材料、容器、运输工具等污染的食品；

（8）超过保质期的食品；

（9）无标签的预包装食品；

（10）国家为防病等特殊需要明令禁止生产经营的食品；

（11）其他不符合食品安全标准或者要求的食品。

26. 从事食品生产经营应当具备什么条件？

根据《食品安全法》的规定，国家对食品生产经营实行许可制度。从事食品生产、食品流通、餐饮服务，应当依法取得食品生产许可、食品流通许可、餐饮服务许可。

取得食品生产许可的食品生产者在其生产场所销售其生产的食品，不需要取得食品流通的许可；取得餐饮服务许可的餐饮服务提供者在其餐饮服务场所出售其制作加工的食品，不需要取得食品生产和流通的许可；农民个人销售其自产的食用农产品，不需要取得食品流通的许可。

食品生产加工小作坊和食品摊贩从事食品生产经营活动，应当符合《食品安全法》规定的与其生产经营规模、条件适应的食品安全要求，保证所生产经营的食品卫生、无毒、无害，有关部门应当对其加强监督管理，具体管理办法由省、自治区、直辖市人民代表大会常务委员会依照《食品安全法》制定。

27. 从事食品生产经营的执业人员有什么特殊要求？

根据《食品安全法》的规定，食品生产经营者应当建立并执行从业人员健康管理制度。患有痢疾、伤寒、病毒性肝炎等消化道传染病的人员，以及患有活动性肺结核、化脓性或者渗出性皮肤病等有碍食品安全的疾病的人员，不得从事接触直接入口食品的工作。

食品生产经营人员每年应当进行健康检查，取得健康证明后方可参加工作。

28.《食品安全法》对生产经营散装食品有什么特殊要求？

食品经营者贮存散装食品，应当在贮存位置标明食品的名称、生产日期、保质期、生产者名称及联系方式等内容。

食品经营者销售散装食品，应当在散装食品的容器、外包装上标明食品的名称、生产日期、保质期、生产经营者名称及联系方式等内容。

29.《食品安全法》对预包装食品的标签有什么特殊要求？

预包装食品的包装上应当有标签。标签应当标明下列事项：

（1）名称、规格、净含量、生产日期；

（2）成分或者配料表；

(3）生产者的名称、地址、联系方式；

(4）保质期；

(5）产品标准代号；

(6）贮存条件；

(7）所使用的食品添加剂在国家标准中的通用名称；

(8）生产许可证编号；

(9）法律、法规或者食品安全标准规定必须标明的其他事项。

专供婴幼儿和其他特定人群的主辅食品，其标签还应当标明主要营养成分及其含量。

案例评析

案例一：何某于2013年8月23日在某家具公司订购某著名产地生产的缅甸红木家具一套，价值5万元，何某遂支付定金5000元整。合同规定于9月30日和10月30日前交货。但在合同履行前，何某发现所谓"某地"实为"另一地"，属于欺骗消费者产地的行为。为此，何某向有关部门投诉并要求依法赔偿。当地工商行政管理局据此对厂方作出罚款5000元的行政处罚。此后，何某又向人民法院提出赔偿请求，要求退还定金，同时根据《消费者权益保护法》赔偿欺诈损失5万元。

试分析何某的要求有没有法律依据？

案例一评析：《消费者权益保护法》第55条规定："经营者提供商品或者服务有欺诈行为的，应当按照消费者的要求增加赔偿其受到的损失，增加赔偿的金额为消费者购买商品的价款或者接受服务的费用的3倍；增加赔偿的金额不足500元的，为500元。法律另有规定的，依照其规定。经营者明知商品或者服务存在缺陷，仍然向消费者提供，造成消费者或者其他受害人死亡或者健康严重损害的，受害人有权要求经营者依照本法第49条、第51条等法律规定赔偿损失，并有权要求所受损失2倍以下的惩罚性赔偿。"这条设定的赔偿标准是"消费者购买商品的价款"。因此，本案中应当进行这种惩罚性赔偿。

案例二：原告华某为筹建一大型购物超市，在进行店面装潢的过程中需要使用一批地面砖。2003年7月26日，华某与仇某经协商达成买卖地面砖的口头协议，由华某向仇某购买规格为50 cm×50 cm的地面砖469块，每块2.80元。后仇某派人将上述地面砖送至华某处，华某给付了部分货款，但是该批地面砖没有具体的生产厂名、厂址和产品合格证。同年8月初，华某将地面砖铺设完毕。8月5日，华某向仇某支付了其余货款。当日，仇某向华某出具收条一份，载明：收到华某瓷砖款1312元。同年8月中旬，华某购买的地面砖开始出现表面剥落和磨损等严重现象，遂与仇某进行交涉，仇某也到现场进行了查看，但双方对如何处理纠纷未能达成一致意见。同年9月28日，华某向当地消费者协会投诉。此后，消协也多次组织双方进行协商，但未能达成一致协议。为此，华某一纸诉状将仇某送上了被告席。

试就本案中相关主体的行为进行法律分析。

案例二评析：《产品质量法》第33条规定："销售者应当建立并执行进货检查验收制度，验明产品合格证明和其他标识。"第36条规定："销售者销售的产品的标识应当符合本法第27条的规定"，即必须要有产品质量检验合格证明，有中文标明的产品名称、生产厂厂名和厂址等内容。因此，只要销售者一旦违反了法律所规定的产品质量保障义务，出售了不合格的产品，就要依法承担相应的法律责任。但是，销售者在承担产品质量责任也有一个例外，我国《消费者权益保障法》在第23条作出了明确规定，即"经营者应当保证在正常使用商品或者接受服务的情况下其提供的商品或者服务应当具有的质量、性能、用途和有效期限；但消费者在购买该商品或者服务前已经知道其存在瑕疵的除外"。这也是我国现行法律规定销售者产品质量责任免责的唯一情形。本案中，被告仇某所出售的地面砖不仅不符合产品出售时所必须具备的基本条件，而且客观上在产品使用过程中也有了不合格的表现，因此应当为不合格产品，在其没有证据证明原告华某在购买时已经知道地面砖不合格的情况下，当然要对出售不合格产品承担相应的法律责任。

第二节 反垄断法、反不正当竞争法

基本知识点

1. 反垄断法的立法目的，反垄断法的基本原则。
2. 垄断协议的概念，构成垄断协议的要件，对垄断协议的规制，垄断协议的法律责任。
3. 滥用市场支配地位的概念、认定方法与法律责任。
4. 经营者集中的含义、表现形式、申请与审查、法律责任。
5. 滥用行政权力排除、限制竞争。
6. 反垄断调查机构及其职责，调查程序，调查者与被调查者的义务，调查的中止、终止和恢复。
7. 违反反垄断法的法律责任。
8. 反不正当竞争法的含义。
9. 限制竞争行为的种类。
10. 不正当竞争行为的种类。
11. 监督检查。
12. 违反反不正当竞争法的法律责任。

重点问题

1. 法律规定的垄断行为是什么？

根据《中华人民共和国反垄断法》（以下简称《反垄断法》）的规定，垄断行为包括：
（1）经营者达成垄断协议；
（2）经营者滥用市场支配地位；
（3）具有或者可能具有排除、限制竞争效果的经营者集中。

2. 经营者不能达成什么样的协议？

根据《反垄断法》的规定，禁止具有竞争关系的经营者达成下列垄断协议：
（1）固定或者变更商品价格；
（2）限制商品的生产数量或者销售数量；
（3）分割销售市场或者原材料采购市场；
（4）限制购买新技术、新设备或者限制开发新技术、新产品；
（5）联合抵制交易；
（6）国务院反垄断执法机构认定的其他垄断协议。

《反垄断法》所称垄断协议，是指排除、限制竞争的协议、决定或者其他协同行为。

3. 经营者与交易相对人不能达成什么样的协议？

根据《反垄断法》的规定，禁止经营者与交易相对人达成下列垄断协议：
（1）固定向第三人转售商品的价格；
（2）限定向第三人转售商品的最低价格；
（3）国务院反垄断执法机构认定的其他垄断协议。

4. 滥用市场支配地位的行为有哪些？

根据《反垄断法》的规定，禁止具有市场支配地位的经营者从事下列滥用市场支配地位的行为：
（1）以不公平的高价销售商品或者以不公平的低价购买商品；
（2）没有正当理由，以低于成本的价格销售商品；
（3）没有正当理由，拒绝与交易相对人进行交易；
（4）没有正当理由，限定交易相对人只能与其进行交易或者只能与其指定的经营者进行交易；
（5）没有正当理由搭售商品，或者在交易时附加其他不合理的交易条件；
（6）没有正当理由，对条件相同的交易相对人在交易价格等交易条件上实行差别待遇；

（7）国务院反垄断执法机构认定的其他滥用市场支配地位的行为。

《反垄断法》所称市场支配地位，是指经营者在相关市场内具有能够控制商品价格、数量或者其他交易条件，或者能够阻碍、影响其他经营者进入相关市场能力的市场地位。

5. 滥用行政权力排除、限制竞争的行为有哪些？

根据《反垄断法》的规定，行政机关和法律、法规授权的具有管理公共事务职能的组织不得滥用行政权力，实施下列行为，妨碍商品在地区之间的自由流通：

（1）对外地商品设定歧视性收费项目、实行歧视性收费标准，或者规定歧视性价格；

（2）对外地商品规定与本地同类商品不同的技术要求、检验标准，或者对外地商品采取重复检验、重复认证等歧视性技术措施，限制外地商品进入本地市场；

（3）采取专门针对外地商品的行政许可，限制外地商品进入本地市场；

（4）设置关卡或者采取其他手段，阻碍外地商品进入或者本地商品运出；

（5）妨碍商品在地区之间自由流通的其他行为。

6. 法律对经营者给予折扣、回扣等是怎么规定的？

根据《中华人民共和国反不正当竞争法》（以下简称《反不正当竞争法》）的规定，经营者不得采用财物或者其他手段进行贿赂以销售或者购买商品。在账外暗中给予对方单位或者个人回扣的，以行贿论处；对方单位或者个人在账外暗中收受回扣的，以受贿论处。

经营者销售或者购买商品，可以以明示方式给对方折扣，可以给中间人佣金。经营者给对方折扣、给中间人佣金的，必须如实入账。接受折扣、佣金的经营者必须如实入账。

7. 经营者在利用广告时应当注意什么？

根据《反不正当竞争法》的规定，经营者不得利用广告或者其他方法，对商品的质量、制作成分、性能、用途、生产者、有效期限、产地等作引人误解的虚假宣传。

广告的经营者不得在明知或者应知的情况下，代理、设计、制作、发布虚假广告。

8. 对于商业秘密，经营者应当注意什么？

根据《反不正当竞争法》的规定，经营者不得采用下列手段侵犯商业秘密：

（1）以盗窃、利诱、胁迫或者其他不正当手段获取权利人的商业秘密；

（2）披露、使用或者允许他人使用以前项手段获取的权利人的商业秘密；

（3）违反约定或者违反权利人有关保守商业秘密的要求，披露、使用或者允许他人使用其所掌握的商业秘密。

第三人明知或者应知上述所列违法行为,获取、使用或者披露他人的商业秘密,视为侵犯商业秘密。

商业秘密,是指不为公众所知悉、能为权利人带来经济利益、具有实用性并经权利人采取保密措施的技术信息和经营信息。

9. 经营者可以无条件地低于成本销售商品吗?

不行。根据《反不正当竞争法》的规定,经营者不得以排挤竞争对手为目的,以低于成本的价格销售商品。有下列情形之一的,不属于不正当竞争行为:

(1) 销售鲜活商品;
(2) 处理有效期限即将到期的商品或者其他积压的商品;
(3) 季节性降价;
(4) 因清偿债务、转产、歇业降价销售商品。

10. 经营者可以搭售商品吗?

根据《反不正当竞争法》的规定,经营者销售商品,不得违背购买者的意愿搭售商品或者附加其他不合理的条件。

11. 经营者有奖销售应当注意什么规定?

根据《反不正当竞争法》的规定,经营者不得从事下列有奖销售:

(1) 采用谎称有奖或者故意让内定人员中奖的欺骗方式进行有奖销售;
(2) 利用有奖销售的手段推销质次价高的商品;
(3) 抽奖式的有奖销售,最高奖的金额超过5000元。

案例评析

案例一:被告人吴海江、周理志、涂宏名于2010年2月合谋以营利为目的,各出资1万元,在未经权利人许可的情况下,共同投资生产、销售上海世博会吉祥物暨特许产品"海宝"美术形象的挂件等商品。同年3月起共生产未贴附商标的5cm"海宝"毛绒玩具挂件729 400只,并向上海发送货物;吴海江、涂宏名分别租赁上海市盆汤弄90号底楼、天津路236弄7号1楼房屋,用于存放上述"海宝"挂件等商品并对外销售。同年6月24日,吴海江、周理志、涂宏名在上海市天津路石潭弄口被公安人员抓获,并以涉嫌犯假冒注册商标罪被逮捕。

试就本案中相关主体的行为进行法律分析。

案例一评析:上海市黄浦区人民检察院指控被告人吴海江、周理志、涂宏名的行为构成侵犯著作权罪提请人民法院依法审判。上海市黄浦区人民法院经审理认为,被告人吴海江、周理志、涂宏名以营利为目的,未经著作权人许可,生产"海宝"形象美术作品的玩具挂件并对外销售,系复制发行相关美术作品的行为,3名被告人均已构成侵犯著作权罪,且属"有其他特别严重情节",依法应予刑事处罚,故分别判处3名被告人有期徒刑4年,并处罚金7.5万元。一审宣判后,被告人提出上诉,上海市第二中级人民法院经审理后裁定驳回上诉,维持原判。

案例二:2000年,国家对购买农用机械的农户实施购机价格补贴政策后,不少的农机生产厂家与某县农机推广站(从事"新产品、新技术"推广,事业编制)联系,由其向农户宣传、推广相关农机品牌,同时按照销售台数给付一定数额"推广费"。2008年,上级部门严禁收取任何名义的费用。为规避审计和查处,该站职工陈某等五人以陈某的名义办理个体农机经营执照,同时每人"投资"1.5万元用于垫支农户购买农机国家补贴款,继续收取"推广费"。后由于国家对补贴农机产品经销商的资质要求更加严格,2009年和2010年该个体户又分别挂靠具有农机经销资质的某县农机石油储供总站、某市海川农机有限公司,仍收取"推广费"。2008—2010年,陈某五人共计收取推广费用102万余元。

试就本案中相关主体的行为进行法律分析。

案例二评析:最高人民法院、最高人民检察院《关于办理受贿刑事案件适用法律若干问题的意见》中以其他交易形式非法收受请托人财物的,以受贿论处。其规定"以其他交易形式非法收受财物"属于新型贿赂犯罪认定规则中的"兜底"条款,适用弹性较大。因此,在具体交易形式中确定受贿性质时,需要结合行为方式的实际情况进行深层次辨别。具体到本案,可厘清其如下两大特征。

第一,推广农机过程中存在的中间经营环节系虚设。从表象上看,陈某等人共同投资及挂靠有资质企业从事营利行为获取的系商业利润,如此,其作为市场主体的商业行为受市场经济一般规律调控影响,既可能获得利润,也可能承担风险。然而,陈某等人共同投资的实际用途在于替农机生产企业垫资,为农民提前支付农机生产企业农机产品国家补贴款。依照相关国家农机补贴政策,农机产品出售后,相关农机生产企业履行完规定的审批手续,国家的补贴会直接汇入相关农机生产企业的账户。农机生产企业然后将该补贴回退至陈某等人手中,同时按照销售台数给付一定数额"推广费"。因此,陈某等人的共同投资并无任何市场风险。依据上述分析甚至可以看到,陈某等人的投资并不能产生相应的商业利润,其与"推广费"的获取没有直接关联,"推广费"不属于正常的商业利润范畴。因此,陈某等人共同投资及挂靠有资质企业从事营利行为属于虚假经营行为,其本质就是规避审计和检查,为违规收取企业回扣起到掩饰和搭桥作用。

第二,陈某等人利用了职务便利为他人谋取不正当利益。陈某等人主要从事"新产品、新技术"推广等工作,在农机技术推广领域享有特定公共权力。在国家农机补贴政策实施以后,陈某等人有权对哪些农机产品可享受国家补贴进行审核、上报,因此才出现了众多农机生产厂家与农机推广站联系,由该推广站向农户宣传、推广农机品牌,同时按照销售台数给付一定数额"推广费"的现象。农机生产厂家给付"推广费"的目的在于依靠被告人的职权影响,排挤同类产品对手,最大化占有市场份额,赢得市场竞争力。五被告人接受不具有正当性的"推广费"时已成就了农机生产厂家的不正当竞争目的,为它们谋取了不正当利益。

上述两大特征,可便利考察个别公务员参与营利性活动与本案受贿之间的区别。如个别公务员非利用职权从事"第二职业",遵循市场经济交易规律,所获收益系投入资本的利润,那么其行为仅属违反《公务员法》的行为。司法实践应将一般商业利润与受贿获取暴利严格区分,才能准确地得出应否给予刑罚处罚的结论。

第三节 土地法和房地产法

基本知识点

1. 土地所有权概述,国家土地所有权,集体土地所有权。
2. 国有土地使用权的概念,出让土地使用权,划拨土地使用权。
3. 集体土地使用权的概念,土地承包经营权,宅基地使用权,非农经营用地使用权。
4. 建设用地使用权的概念,国家建设用地,乡村建设用地,临时建设用地。
5. 土地法律责任与纠纷处理。
6. 房地产开发制度概述,房地产开发项目管理,房地产开发企业管理。
7. 房地产交易的分类及一般规则,房地产转让,房地产抵押,房屋租赁,商品房预售与按揭。
8. 物业服务法律关系的主体,物业服务合同,商品房销售与前期物业服务。

重点问题

1. 我国土地所有者有哪些类型?

根据《中华人民共和国土地管理法》(以下简称《土地管理法》)的规定,我国土地的所有者只可能是国家或者农民集体组织。

2. 集体所有的土地有哪些?

根据《土地管理法》的规定,农村和城市郊区的土地,除由法律规定属于国家所有的以外,属于农民集体所有;宅基地和自留地、自留山,属于农民集体所有。

3. 农民土地承包经营期内,村委会可以任意调整承包地吗?

不行。根据《土地管理法》的规定,在土地承包经营期限内,对个别承包经营者之间承包的土地进行适当调整的,必须经村民会议 2/3 以上成员或者 2/3 以上村民代表的同意,并报乡(镇)人民政府和县级人民政府农业行政主管部门批准。

4. 农民集体所有的土地可以承包给集体外的人用吗?

根据《土地管理法》的规定,农民集体所有的土地由本集体经济组织以外的单位或者个人承包经营的,必须经村民会议 2/3 以上成员或者 2/3 以上村民代表的同意,并报乡(镇)人民政府批准。

5. 可以闲置、荒芜耕地吗?

根据《土地管理法》的规定,禁止任何单位和个人闲置、荒芜耕地。已经办理审批手续的非农业建设占用耕地,1 年内不用而又可以耕种并收获的,应当由原耕种该幅耕地的集体或者个人恢复耕种,也可以由用地单位组织耕种;1 年以上未动工建设的,应当按照省、自治区、直辖市的规定缴纳闲置费;连续 2 年未使用的,经原批准机关批准,由县级以上人民政府无偿收回用地单位的土地使用权;该幅土地原为农民集体所有的,应当交由原农村集体经济组织恢复耕种。

在城市规划区范围内,以出让方式取得土地使用权进行房地产开发的闲置土地,依照《中华人民共和国城市房地产管理法》(以下简称《城市房地产管理法》)的有关规定办理。

承包经营耕地的单位或者个人连续 2 年弃耕抛荒的,原发包单位应当终止承包合同,收回发包的耕地。

6. 建设单位用地应当如何取得?

根据《土地管理法》的规定,建设单位使用国有土地,应当以出让等有偿使用方式取得。

7. 什么情形下可以划拨取得用地?

根据《土地管理法》的规定,下列建设用地,经县级以上人民政府依法批准,可以以划拨方式取得:

(1) 国家机关用地和军事用地;
(2) 城市基础设施用地和公益事业用地;
(3) 国家重点扶持的能源、交通、水利等基础设施用地;

（4）法律、行政法规规定的其他用地。

8. 我国对出让土地使用权年限是如何规定的？

根据《城镇国有土地使用权出让和转让暂行条例》第12条的规定，土地使用权出让最高年限按下列用途确定：居住用地70年；工业用地50年；教育、科技、文化、卫生、体育用地50年；商业、旅游、娱乐用地40年；综合或者其他用地50年。

9. 我国房屋的所有权与该房屋占用范围内的土地使用权可以分开转让吗？

不行。房地产转让、抵押时，房屋的所有权和该房屋占用范围内的土地使用权同时转让、抵押。

10. 商品房预售必须具备什么条件？

根据《城市房地产管理法》的规定，商品房预售，应当符合下列条件：
（1）已交付全部土地使用权出让金，取得土地使用权证书；
（2）持有建设工程规划许可证；
（3）按提供预售的商品房计算，投入开发建设的资金达到工程建设总投资的25%以上，并已经确定施工进度和竣工交付日期；
（4）向县级以上人民政府房产管理部门办理预售登记，取得商品房预售许可证明。
商品房预售人应当按照国家有关规定将预售合同报县级以上人民政府房产管理部门和土地管理部门登记备案。
商品房预售所得款项，必须用于有关的工程建设。

11. 哪些房屋不可以出租？

根据《商品房屋租赁管理办法》的规定，有下列情形之一的房屋不得出租：
（1）属于违法建筑的；
（2）不符合安全、防灾等工程建设强制性标准的；
（3）违反规定改变房屋使用性质的；
（4）法律、法规规定禁止出租的其他情形。

12. 可以将房屋出租给多人住吗？

根据《商品房屋租赁管理办法》的规定，出租住房的，应当以原设计的房间为最小出租单位，人均租住建筑面积不得低于当地人民政府规定的最低标准。厨房、卫生间、阳台和地下储藏室不得出租供人员居住。

13. 承租人经出租人书面或者口头同意，可以转租吗？

不行。根据《商品房屋租赁管理办法》的规定，承租人转租必须经出租人书面同意。

14. 物业管理中的业主指谁？业主有哪些权利？

根据《中华人民共和国物业管理法》（以下简称《物业管理法》）的规定，业主是指房屋的所有权人。业主在物业管理活动中，享有下列权利：

（1）按照物业服务合同的约定，接受物业服务企业提供的服务；
（2）提议召开业主大会会议，并就物业管理的有关事项提出建议；
（3）提出制定和修改业主公约、业主大会议事规则的建议；
（4）参加业主大会会议，行使投票权；
（5）选举业主委员会成员，并享有被选举权；
（6）监督业主委员会的工作；
（7）监督物业服务企业履行物业服务合同；
（8）对物业共用部位、共用设施设备和相关场地使用情况享有知情权和监督权；
（9）监督物业共用部位、共用设施设备专项维修资金（简称专项维修资金）的管理和使用；
（10）法律、法规规定的其他权利。

15. 物业管理活动中的业主有什么义务？

根据《物业管理法》的规定，业主在物业管理活动中，履行下列义务：

（1）遵守业主公约、业主大会议事规则；
（2）遵守物业管理区域内物业共用部位和共用设施设备的使用、公共秩序和环境卫生的维护等方面的规章制度；
（3）执行业主大会的决定和业主大会授权业主委员会作出的决定；
（4）按照国家有关规定交纳专项维修资金；
（5）按时交纳物业服务费用；
（6）法律、法规规定的其他义务。

案例评析

案例一：2011年3月15日下午，原告孙某与同学在居住小区楼宇间过道滞留玩耍，被楼顶滑落的冰块砸伤，至孙某的头面部受伤。事故发生后被送往医院救治，住院17天，出院后经鉴定孙某头面部的损伤构成八级伤残，原告孙某共支付医疗费2.344万元。孙某向人民法院起诉，请求判令小区物业公司赔偿其损失及伤残赔偿金合计13.5万元。

人民法院经审理认为，被告物业公司是原告孙某居住小区的物业服务公司，并向业主收取服务费用，物业公司与业主虽未签订明确的物业服务合同，且在事故发生前履行了告知警示义务，但对存在的隐患疏于管理和采取必要的消除行为，对楼顶冰块滑落导致砸伤原告孙某的后果应承担赔偿责任,遂判决:物业公司赔偿孙某医疗费、伤残赔偿金等各项损失13.5万元。

试问:

物业公司需要承担赔偿责任吗?

案例一评析:本案争议的焦点为物业公司与业主对服务项目及收费情况并未进行明确约定,楼顶冰块滑落砸伤原告孙某,物业公司是否承担赔偿责任。审理中有以下不同的意见。

第一种意见认为,物业公司有权拒赔。物业公司未与业主签订明确的物业服务合同,没有形成权利义务关系,对"楼顶积雪"不负有清除和控制义务;另外,依据《物权法》第72条及《侵权责任法》第87条的规定,楼房屋顶部分属于业主的共有部分,业主系对危险来源负有控制义务的人,对冰块坠落造成原告孙某的损害,应由建筑物使用权人业主给予补偿,物业公司不承担赔偿责任。

第二种意见认为,物业公司应承担赔偿责任。物业公司与业主之间存在委托管理关系,根据该案事实,其对小区安全负有监管义务,作为管理人应当清楚特殊地域气候情况,物业公司无证据证明在事发之前采取完善防护措施,造成他人受损的后果,应承担赔偿责任。

本书同意第二种意见,理由如下:

首先,物业公司与小区业主存在委托合同关系。小区业主与物业公司既没有签订前期物业服务合同,也没有订立书面物业服务合同,但物业公司向业主收取物业费的事实并未提出异议,其收取业主物业费的事实,系双方真实意思的表示,双方存在事实物业管理关系,依法应认定物业公司与业主之间存在委托合同关系。

其次,该案属特殊侵权案件。由于当地的气候、建筑物设计等原因导致楼顶积雪,初春季节经反复融化、结冰、再融化形成冰块、冰挂,楼顶冰挂坠落产生危险隐患,由此引发的人身财产损害赔偿类案件系东北寒冷地区典型案例。根据建筑物区分所有权,楼顶属于业主共有部分,所有权人依法享有权利,承担义务。故此,小区业主对危险来源负有控制义务。《侵权责任法》第87条规定:"从建筑物中抛掷物品或者从建筑物上坠落的物品造成他人损害,难以确定具体侵权人的,除能证明自己不是侵权人的外,由可能加害的建筑物使用人给予补偿。"以上法律规定释明,高空坠物引发的人身损害案件,属于特殊侵权纠纷,实行过错推定原则,被告如果能证明自己无过错,即可免责。本案应适用无过错责任推定。

最后,要求物业公司承担赔偿责任有相应的法律依据。《物权法》第72条规定:"业主对建筑物专有部分以外的共有部分,享有权利,承担义务;不得以放弃权利不履行义务。"本案中,接受委托的物业公司基于业主对建筑物所有权所产生的义务,应当也在物业管理的职责范围内,依据《物业管理条例》第2条"本条例所称物业管理,是指业主通过选聘物业服务企业,由业主和物业服务企业按照物业服务合同约定,对房屋及配套的设施设备和相关场地进行维修、养护、管理,维护物业管理区域内的环境卫生和相关秩序的活动"及第56条"物业存在安全隐患,危及公共利益及他人合法权益时,责任人应当及时维修养护,有关业主应当给予配合"的规定,物业公司作为管理人、责任人,在特殊季节,对存在的安全隐患未能履行职责及时采取安全防护措施,并尽到管理义务,对原告的身体损伤,物业公司应承担赔偿责任。

案例二:2011年8月,租住在某住宅楼四楼的康女士家不慎发生了火灾。消防部门耗费数个小时才把大火扑灭。在灭火的过程中大量的消防用水渗透进胡先生家,装潢、电器等被泡得一塌糊涂。胡先生认为,作为房屋所有人的黄先生和作为火灾直接责任人的康女士理应对自己的损失共同承担责任,为此告上人民法院。

试问:

胡先生的理由能够获得法律的支持吗?

案例二评析:消防部门救火是为了公共安全的需要,在这个过程中损害到胡先生的财产安全,这从民法的角度来说属于紧急避险,通俗地讲就是在紧急情况下不得不牺牲较小的利益来保全较大的利益。按照《侵权责任法》的规定,紧急避险引起的责任应该最终由引起险情的人来承担。所以,胡先生的损失应由康女士承担。

第四节 环境保护法

基本知识点

1. 环境与环境问题概述。
2. 环境保护法的概念、特点、体系、基本原则。
3. 环境规划制度,清洁生产制度,环境影响评价制度,"三同时"制度,排污收费制度,总量控制制度,环境保护许可证制度,限制治理制度,环境标准制度。
4. 环境行政责任,环境民事责任,环境刑事责任。
5. 环境纠纷的处理程序。

重点问题

1. 什么是"三同时"制度?

根据《中华人民共和国环境保护法》(以下简称《环境保护》)第41条的规定,"三同时"制度是指建设项目需要配置的环境保护设施必须与主体工程同时设计、同时施工、同时投产使用的环境保护法律制度。该制度为我国首创。

2. 环境污染单位必须履行什么义务？

产生环境污染和其他公害的单位，必须把环境保护工作纳入计划，建立环境保护责任制度；采取有效措施，防治在生产建设或者其他活动中产生的废气、废水、废渣、粉尘、恶臭气体、放射性物质以及噪声、振动、电磁波辐射等对环境的污染和危害。

3. 我国对饮用水源有什么保护措施？

国家建立饮用水水源保护区制度。饮用水水源保护区分为一级保护区和二级保护区；必要时，可以在饮用水水源保护区外围划定一定的区域作为准保护区。

饮用水水源保护区的划定，由有关市、县人民政府提出划定方案，报省、自治区、直辖市人民政府批准；跨市、县饮用水水源保护区的划定，由有关市、县人民政府协商提出划定方案，报省、自治区、直辖市人民政府批准；协商不成的，由省、自治区、直辖市人民政府环境保护主管部门会同同级水行政、国土资源、卫生、建设等部门提出划定方案，征求同级有关部门的意见后，报省、自治区、直辖市人民政府批准。

跨省、自治区、直辖市的饮用水水源保护区，由有关省、自治区、直辖市人民政府商有关流域管理机构划定；协商不成的，由国务院环境保护主管部门会同同级水行政、国土资源、卫生、建设等部门提出划定方案，征求国务院有关部门的意见后，报国务院批准。

国务院和省、自治区、直辖市人民政府可以根据保护饮用水水源的实际需要，调整饮用水水源保护区的范围，确保饮用水安全。有关地方人民政府应当在饮用水水源保护区的边界设立明确的地理界标和明显的警示标志。

4. 噪声污染主要指什么？

本书所称环境噪声，是指在工业生产、建筑施工、交通运输和社会生活中所产生的干扰周围生活环境的声音。环境噪声污染，是指所产生的环境噪声超过国家规定的环境噪声排放标准，并干扰他人正常生活、工作和学习的现象。

5. 排放偶发性噪声必须遵循什么规定？

在城市范围内从事生产活动确需排放偶发性强烈噪声的，必须事先向当地公安机关提出申请，经批准后方可进行。当地公安机关应当向社会公告。

6. 建筑施工排放噪声必须遵守哪些规定？

在城市市区范围内向周围生活环境排放建筑施工噪声的，应当符合国家规定的建筑施工场界环境噪声排放标准。在城市市区范围内,建筑施工过程中使用机械设备,可能产生环境噪声污染的,施工单位必须在工程开工15日以前向工程所在地县级以上地方人民政府环境保护行政主管部门申报该工程的项目名称、施工场所和期限、可能产生的环境噪声值以及所采取的环境噪声污染防治措施的情况。在城市市区噪声敏感建筑物集中区域内,禁止夜间进行产生环境噪声污染的建筑施工作业,但抢修、抢险作业和因生产工艺上要求或者特殊需要必须连续作业的除外。因特殊需要必须连续作业的,必须有县级以上人民政府或者其有关主管部门的证明。夜间作业,必须公告附近居民。

案例评析

赵先生称,某煤炭经营公司建于1988年,坐落在北京市房山区某村,1991年该厂扩建,对周围的住户造成噪声、粉尘污染,特别是煤炭经营公司将原来运煤的直路改为弯路横穿居民区后,居民通行的道路变窄,污染加剧。近几年他多次找到环保局及有关单位解决,均无结果。因此他无可奈何之下将该煤炭经营公司告上人民法院,要求工厂停止污染侵害、赔偿损失费3万元。煤炭经营公司辩称,公司经过几次修整,使当地的环境有了较大的改善,又改善了部分道路。在区环保局下达了限期治理的通知,他们治理后向环保局作了汇报,市环保监测中心已出具了监测报告,均认为环境符合标准。因此不同意赵先生的意见。

试问:
赵先生的理由能够获得法律的支持吗?

案例评析: 该煤炭经营公司虽进行一系列洒水、降低车速、减少筛选等整改措施,但厂界北侧邻近马路,路面扬尘较大,对北厂界的监测点有一定影响。该煤炭经营公司在经营的过程中运输、加工原煤,产生的扬尘、噪声也对周围的环境造成一定影响。但经有关部门监测,影响程度未超过国家规定的排放标准。赵先生以该煤炭公司长期污染其所居住的环境,给其人身、财产造成了重大损失为由,要求被告赔偿经济损失于法无据,人民法院不予支持。但在审理中,考虑邻里关系及周围环境的改造,人民法院判决该煤炭经营公司给付赵先生经济补偿费2500元。

第六章 社 会 法

第一节 劳动法、劳动合同法、劳动基准法、劳动争议解决法

基本知识点

1. 劳动关系的特征。
2. 劳动法的概念和适用范围。
3. 劳动合同的概念和特征,劳动合同的种类,劳动合同的形式。
4. 劳动合同的订立原则,劳动合同的效力,劳动合同的履行、变更与终止,劳动合同的解除。
5. 违反劳动合同的法律责任。
6. 集体合同的概念及特征,集体合同的订立原则,集体合同的订立、变更、解除与终止,集体合同争议的处理。
7. 工作时间的概念与种类。
8. 休息休假的概念与种类。
9. 加班加点的法律规定。
10. 工资的概念、特征,工资的形式,工资的分配原则,工资支付的保障,最低工资保障。
11. 职业安全卫生法律制度的内容。
12. 劳动争议的概念与分类,劳动争议调解机构,劳动争议仲裁机构,人民法院处理劳动争议。
13. 劳动争议的处理程序。

重点问题

1.《劳动法》的适用范围是什么?

《中华人民共和国劳动法》(以下简称《劳动法》)第 2 条明确规定了该法的适用范

围:"在中华人民共和国境内的企业、个体经济组织和与之形成劳动关系的劳动者,适用本法。国家机关、事业组织、社会团体和与之建立劳动合同关系的劳动者,依照本法执行。"

2. 哪些情况不适用《劳动法》?

(1)国家机关的公务员,事业单位和社会团体中纳入公务员编制或者参照公务员进行管理的工作人员,适用《公务员法》,不适用《劳动法》。

(2)实行聘用制的事业单位与其工作人员的关系,法律、行政法规或者国务院另有规定的,不适用《劳动法》;如果没有特别规定,适用《中华人民共和国劳动合同法》(以下简称《劳动合同法》)。

(3)从事农业劳动的农村劳动者(乡镇企业职工和进城务工、经商的农民除外)不适用《劳动法》。

(4)现役军人、军队的文职人员和适用《劳动法》。

(5)家庭雇佣劳动关系不适用《劳动法》。

(6)在中华人民共和国境外享有外交特权和豁免权的外国人等不适用《劳动法》。

义务性劳动、慈善性劳动关系、家务劳动关系不适用《劳动法》。

3. 什么是无固定期限合同,哪些情形下应当签订无固定期限合同?

无固定期限劳动合同又叫不定期劳动合同,是劳动合同双方当事人只约定合同的起始日期,不约定其终止日期的劳动合同。

根据《劳动合同法》的规定,用人单位与劳动者协商一致,可以订立无固定期限劳动合同。有下列情形之一,劳动者提出或者同意续订、订立劳动合同的,除劳动者提出订立固定期限劳动合同外,应当订立无固定期限劳动合同:

(1)劳动者在该用人单位连续工作满10年的;

(2)用人单位初次实行劳动合同制度或者国有企业改制重新订立劳动合同时,劳动者在该用人单位连续工作满10年且距法定退休年龄不足10年的;

(3)连续订立二次固定期限劳动合同,且劳动者没有《劳动合同法》第39条和第40条第1项、第2项规定的情形,续订劳动合同的。

用人单位自用工之日起满1年不与劳动者订立书面劳动合同的,视为用人单位与劳动者已订立无固定期限劳动合同。

4. 劳动合同必须具备哪些条款?

根据《劳动合同法》的规定,劳动合同应当具备以下条款:用人单位的名称、住所和法定代表人或者主要负责人;劳动者的姓名、住址和居民身份证或者其他有效身份证件号码;劳动合同期限;工作内容和工作地点;工作时间和休息休假;劳动报酬;社会保险;劳动保护、劳动条件和职业危害防护;法律、法规规定应当纳入劳动合同的其他事项。

劳动合同除上述规定的必备条款外,用人单位与劳动者可以约定试用期、培训、保守秘密、补充保险和福利待遇等其他事项。

5. 国家对劳动合同的试用期条款有何规定?

对于劳动合同的试用期,《劳动合同法》对比作了限制性的规定:劳动合同期限3个月以上不满1年的,试用期不得超过1个月;劳动合同期限1年以上不满3年的,试用期不得超过2个月;3年以上固定期限和无固定期限的劳动合同,试用期不得超过6个月。同一用人单位与同一劳动者只能约定一次试用期。以完成一定工作任务为期限的劳动合同或者劳动合同期限不满3个月的,不得约定试用期。

试用期包含在劳动合同期限内。劳动合同仅约定试用期的,试用期不成立,该期限为劳动合同期限。

劳动者在试用期的工资不得低于本单位相同岗位最低档工资或者劳动合同约定工资的80%,并不得低于用人单位所在地的最低工资标准。

6. 劳动者在终止与一个用人单位的劳动合同后,可以无条件地立即到另一家企业就业吗?

不行。此时要注意"禁止同业竞争"条款的规定,它是指承担保密义务的劳动者在劳动关系存在期间或者在解除、终止劳动关系后的一定期限内不得自营或者为他人经营与原用人单位有竞争关系的业务。

在劳动合同中,双方当事人可以约定劳动者承担竞业限制的义务,期限最长不得超过2年,并应当约定在终止或解除劳动关系后,用人单位给予劳动者一定经济补偿。否则,该约定无效。

7. 劳动合同在哪些情形下无效?

劳动合同有下列情形之一的无效:
(1) 订立劳动合同的主体不合法;
(2) 订立劳动合同的程序和形式不合法;
(3) 违反法律、行政法规的合同;
(4) 采用欺诈、威胁手段订立的劳动合同。

8. 什么机构有权确认劳动合同的无效?

我国确认劳动合同无效的机构为劳动争议仲裁委员会和人民法院。

9.《劳动合同法》规定,劳动者有什么情形,用人单位可以解除劳动合同?

根据《劳动合同法》第39条的规定,劳动者有下列情形之一的,用人单位可以解除劳动合同：

（1）在试用期间被证明不符合录用条件的；
（2）严重违反用人单位的规章制度的；
（3）严重失职，营私舞弊，给用人单位造成重大损害的；
（4）劳动者同时与其他用人单位建立劳动关系，对完成本单位的工作任务造成严重影响，或者经用人单位提出，拒不改正的；
（5）因该法第26条第1款第1项规定的情形致使劳动合同无效的；
（6）被依法追究刑事责任的。

10. 什么情形下用人单位必须提前30天以书面形式通知劳动者本人方可解除合同？

根据《劳动合同法》的规定，有下列情形之一的，用人单位提前30日以书面形式通知劳动者本人或者额外支付劳动者1个月工资后，可以解除劳动合同：

（1）劳动者患病或者非因工负伤，在规定的医疗期满后不能从事原工作，也不能从事由用人单位另行安排的工作的；
（2）劳动者不能胜任工作，经过培训或者调整工作岗位，仍不能胜任工作的；
（3）劳动合同订立时所依据的客观情况发生重大变化，致使劳动合同无法履行，经用人单位与劳动者协商，未能就变更劳动合同内容达成协议的。

11. 法律对经济性裁员有什么具体规定？

根据《劳动合同法》的规定，有下列情形之一，需要裁减人员20人以上或者裁减不足20人但占企业职工总数10%以上的，用人单位提前30日向工会或者全体职工说明情况，听取工会或者职工的意见后，裁减人员方案经向劳动行政部门报告，可以裁减人员：

（1）依照企业破产法规定进行重整的；
（2）生产经营发生严重困难的；
（3）企业转产、重大技术革新或者经营方式调整，经变更劳动合同后，仍需裁减人员的；
（4）其他因劳动合同订立时所依据的客观经济情况发生重大变化，致使劳动合同无法履行的。

裁减人员时，应当优先留用下列人员：

（1）与本单位订立较长期限的固定期限劳动合同的；
（2）与本单位订立无固定期限劳动合同的；
（3）家庭无其他就业人员，有需要扶养的老人或者未成年人的。

用人单位依照第40条第1款规定裁减人员，在6个月内重新招用人员的，应当通知被裁减的人员，并在同等条件下优先招用被裁减的人员。

12. 职工具有哪些条件时,用人单位不可以根据重点问题 10、11 的规定解除劳动合同?

(1) 从事接触职业病危害作业的劳动者未进行离岗前职业健康检查,或者疑似职业病病人在诊断或者医学观察期间的。

(2) 在本单位患职业病或者因工负伤并被确认丧失或者部分丧失劳动能力的。

(3) 患病或者非因工负伤,在规定的医疗期内的。

(4) 女职工在孕期、产期、哺乳期的。

(5) 在本单位连续工作满 15 年,且距法定退休年龄不足 5 年的。

(6) 法律、行政法规规定的其他情形。

13. 劳动者想单方解除劳动合同怎么办?

根据《劳动合同法》的规定,劳动者应当提前 30 日以书面形式通知用人单位方可解除劳动合同。劳动者无须说明任何理由。劳动者在试用期内提前 3 日通知用人单位,可以解除劳动合同。

14. 劳动者按重点问题 13 的规定单方解除合同时,需要赔偿用人单位的损失吗?

根据《劳动合同法》的规定,劳动者违反《劳动法》规定的条件或者违反劳动合同约定解除劳动合同,或者违反合同中应当遵守的保密义务,给用人单位造成经济损失的,劳动者应当依法承担赔偿责任。

15. 我国《劳动法》规定的标准工作时间是什么?

劳动者每日工作 8 小时,每周工作 40 小时,在 1 周内工作 5 天。

16. 什么情形下,劳动者每天的工作时间应当少于 8 小时?

(1) 从事矿山井下、高山、有毒有害、特别繁重或者过度紧张等作业的劳动者。

(2) 从事夜班工作的劳动者。

(3) 哺乳期内的女职工。

17. 我国的法定假日有哪些?

《劳动法》规定的法定节假日有:

(1) 元旦 1 天;

(2) 春节 3 天;

(3) 清明节 1 天;

(4) 端午节 1 天;

（5）中秋节 1 天；

（6）劳动节 1 天；

（7）国庆节 3 天；

（8）法律、法规规定的其他休息假日。

18. 加班加点的工资标准是什么？

（1）安排劳动者延长工作时间的，支付不低于工资的 150% 的工资报酬。

（2）休息日安排劳动者工作又不能安排补休的，支付不低于工资的 200% 的工资报酬。

（3）法定节假日安排劳动者工作的，支付不低于工资的 300% 的工资报酬。

19. 单位可以用实物代替工资吗？

不行。根据《劳动法》的规定，工资必须以法定货币支付，不得以实物及有价证券代替货币支付。工资一般每月应当支付一次。

20. 在什么情况下，用人单位可以代扣劳动者的工资？

（1）用人单位代扣代缴的个人所得税。

（2）用人单位代扣代缴的应由劳动者个人负担的社会保险费用。

（3）用人单位依审判机关判决、裁定扣除劳动者工资。

21. 用人单位代扣劳动者工资的金额有哪些限制性规定？

根据《劳动法》的规定，一般不得超过本人月工资的 20%，也不得低于当地月最低工资标准。

22. 用人单位招用 16 周岁到 18 周岁的未成年工应当注意什么？

（1）上岗前培训，对他们进行职业安全卫生教育。

（2）禁止安排未成年工从事有害健康的工作，即不得安排未成年工从事矿山井下、有毒有害、国家规定的第四级体力劳动强度和其他禁忌从事的劳动。

（3）提供适合未成年工身体发育的生产工具等。

（4）对未成年工定期进行健康检查。

23. 劳动者和用人单位发生纠纷后，当事人享有哪些解决纠纷的途径？

根据《劳动法》的规定，我国处理劳动争议的程序如下。

（1）协商。当事人双方可协商后达成和解协议，但和解协议无必须履行的法律效力，而是由当事人双方自觉履行。协商不是解决劳动争议的必经程序，当事人不愿意协商或者协商达不成协议的，可以向本单位的劳动争议调解委员会申请调解或者向劳动争议仲裁委员会申请仲裁。

（2）调解。劳动争议发生后，当事人愿意调解的，可以向调解委员会申请调解。调解不是劳动争议解决的必经程序，调解协议也无必须履行的法律效力。

（3）仲裁。劳动争议发生后，当事人任何一方都可以直接向劳动争议仲裁委员会申请仲裁，提出仲裁申请的一方应当在劳动争议发生后的60日内提出。仲裁机构可以依法进行调解，经调解达成协议的制作仲裁调解书，该调解书具有法律效力，自送达之日起具有法律效力。

（4）诉讼。当事人对仲裁裁决不服的，可自收到仲裁裁决书之日起15日内向人民法院提起诉讼。对经过仲裁裁决，当事人向人民法院起诉的劳动争议案件，人民法院必须受理。

24. 劳动争议案件应由哪个法院管辖？

劳动争议案件由用人单位所在地或者劳动合同履行地的基层人民法院管辖。

25. 哪些劳动争议案件实行举证责任倒置？

因用人单位作出开除、除名、辞退、解除劳动合同，减少劳动报酬，计算劳动者工作年限等决定而发生的劳动争议，用人单位负举证责任。

案例评析

案例一：孙某2010年9月被济南某商业公司聘用，双方签订了为期3年的劳动合同。2013年9月10日，劳动合同到期，但该公司由于内部原因拖到12月20日才与孙某续签了劳动合同，期限自2013年9月11日至2014年12月31日。续签劳动合同后，孙某要求公司支付2013年9月11日至12月20日未签劳动合同的双倍工资，被公司拒绝。孙某遂向当地劳动人事争议仲裁委员会提出仲裁申请，要求商业公司支付延后续签劳动合同的双倍工资。该公司辩称，续签的劳动合同已经明确了履行期间从2013年10月11日开始，与前一个劳动合同的期限有效衔接，不存在未签订书面劳动合同的问题，不应支付双倍工资。

试就本案中相关主体的行为进行法律分析。

案例一评析：仲裁委经审理认为：在需要续签劳动合同的时候，用人单位不能延后签订，应在劳动合同到期前1个月内征询劳动者的意见。如果劳动者同意续签，则双方在该到期前1个月内续签。根据《劳动合同法》第82条的规定，用人单位自用工之日起超过1个月不满1年未与劳动者订立书面劳动合同的，应当向劳动者每月支付2倍的工资。该公司在2013年9月11日至12月20日期间未与劳动者签订劳动合同，应当支付在此期间未签订劳动合同的2倍工资差额。最终，仲裁委裁决支持了孙某的主张。

案例二：2013年7月10日，李某同河间市某公司签订了一份期限为3年的劳动合同书,约定其岗位为质检,月工资 2000 元。2013 年 8 月 25 日,李某在一次交通事故中意外受伤。9 月 10 日,李某康复后到公司上班,却发现公司在未与其协商的情况下,已将他调换到装订工作岗位。李某以不能胜任装订岗位工作为由不同意换岗。两天后不再上班,并多次找公司交涉。交涉期间,李某曾产生过激言行:用电话、短信骚扰公司领导;到公司闹事,导致一次重要的会议被迫取消。李某的行为干扰了公司正常工作,影响了公司的正常生产经营。10 月 16 日,公司召开股东会议,以李某严重违反公司规章制度、给公司造成巨大损失为由,通过了对李某的辞退决定,并通知了李某。李某对辞退决定不服,向河间市劳动人事争议调解仲裁委员会申请劳动仲裁,要求公司支付违法解除劳动合同经济补偿金 2.4 万元。①

试就本案中相关主体的行为进行法律分析。

案例二评析:河间市劳动人事争议调解仲裁委员会认为,根据《劳动合同法》第 35 条的规定,用人单位与劳动者协商一致,可以变更劳动合同约定的内容。变更劳动合同应采取书面形式。由此看来,单位任意单方给劳动者调换岗位,甚至解除劳动合同是违反法律规定的。但是,在双方协商未果的情况下,李某作出了严重违反劳动纪律和用人单位规章制度的行为,如在双方协商期间,多次打电话、发短信骚扰公司领导,到公司闹事等。公司依据李某的表现,对其作出了辞退决定,符合《劳动合同法》第 39 条规定。故李某请求公司支付赔偿金的诉求没有法律依据,不予支持。

第二节 社会保险法

基本知识点

1. 社会保险法概述。
2. 基本养老保险。
3. 基本医疗保险。
4. 工伤保险。
5. 失业保险。
6. 生育保险。
7. 社会保险费征缴。
8. 社会保险基金。
9. 社会保险经办。
10. 社会保险监督。

---

① http://www.legalinfo.gov.cn/index/content/2014-07/01/content_5640407.htm?node=66702。

重点问题

1. 我国社会保险制度的主要内容是什么？

国家建立基本养老保险、基本医疗保险、工伤保险、失业保险、生育保险等社会保险制度，保障公民在年老、疾病、工伤、失业、生育等情况下依法从国家和社会获得物质帮助的权利。

2. 个人有权监督单位为其缴纳社会保险费用吗？

有权。中华人民共和国境内的用人单位和个人依法缴纳社会保险费，有权查询缴费记录、个人权益记录，要求社会保险经办机构提供社会保险咨询等相关服务。个人依法享受社会保险待遇，有权监督本单位为其缴费情况。

3. 基本养老保险费的缴纳应当遵循什么规定？

职工应当参加基本养老保险，由用人单位和职工共同缴纳基本养老保险费。

无雇工的个体工商户、未在用人单位参加基本养老保险的非全日制从业人员以及其他灵活就业人员可以参加基本养老保险，由个人缴纳基本养老保险费。

公务员和参照《公务员法》管理的工作人员养老保险的办法由国务院规定。

4. 基本养老金的领取应当具备什么条件？

参加基本养老保险的个人，达到法定退休年龄时累计缴费满15年的，按月领取基本养老金。参加基本养老保险的个人，达到法定退休年龄时累计缴费不足15年的，可以缴费至满15年，按月领取基本养老金；也可以转入新型农村社会养老保险或者城镇居民社会养老保险，按照国务院规定享受相应的养老保险待遇。

参加基本养老保险的个人，因病或者非因工死亡的，其遗属可以领取丧葬补助金和抚恤金；在未达到法定退休年龄时因病或者非因工致残完全丧失劳动能力的，可以领取病残津贴。所需资金从基本养老保险基金中支付。

5. 基本医疗保险费缴纳应当遵循什么法律规定？

职工应当参加职工基本医疗保险，由用人单位和职工按照国家规定共同缴纳基本医疗保险费。无雇工的个体工商户、未在用人单位参加职工基本医疗保险的非全日制从业人员以及其他灵活就业人员可以参加职工基本医疗保险，由个人按照国家规定缴纳基本医疗保险费。

国家建立和完善新型农村合作医疗制度。新型农村合作医疗的管理办法，由国务院规定。

6. 基本医疗保险金支付有什么具体规定？

符合基本医疗保险药品目录、诊疗项目、医疗服务设施标准以及急诊、抢救的医疗费用，按照国家规定从基本医疗保险基金中支付。

参保人员医疗费用中应当由基本医疗保险基金支付的部分，由社会保险经办机构与医疗机构、药品经营单位直接结算。社会保险行政部门和卫生行政部门应当建立异地就医医疗费用结算制度，方便参保人员享受基本医疗保险待遇。

下列医疗费用不纳入基本医疗保险基金支付范围：
（1）应当从工伤保险基金中支付的；
（2）应当由第三人负担的；
（3）应当由公共卫生负担的；
（4）在境外就医的。

医疗费用依法应当由第三人负担，第三人不支付或者无法确定第三人的，由基本医疗保险基金先行支付。基本医疗保险基金先行支付后，有权向第三人追偿。

7. 工伤保险费用缴纳应当遵循什么法律规定？

职工应当参加工伤保险，由用人单位缴纳工伤保险费，职工不缴纳工伤保险费。

国家根据不同行业的工伤风险程度确定行业的差别费率，并根据使用工伤保险基金、工伤发生率等情况在每个行业内确定费率档次。行业差别费率和行业内费率档次由国务院社会保险行政部门制定，报国务院批准后公布施行。

社会保险经办机构根据用人单位使用工伤保险基金、工伤发生率和所属行业费率档次等情况，确定用人单位缴费费率。

用人单位应当按照本单位职工工资总额，根据社会保险经办机构确定的费率缴纳工伤保险费。

8. 享受工伤保险待遇的条件是什么？

职工因工作原因受到事故伤害或者患职业病，且经工伤认定的，享受工伤保险待遇；其中，经劳动能力鉴定丧失劳动能力的，享受伤残待遇。工伤认定和劳动能力鉴定应当简捷、方便。

9. 不应认定工伤的情形有哪些？

职工因下列情形之一导致本人在工作中伤亡的，不认定为工伤：
（1）故意犯罪；
（2）醉酒或者吸毒；
（3）自残或者自杀；

（4）法律、行政法规规定的其他情形。

10. 哪些费用可以从工伤保险基金中支付？

因工伤发生的下列费用，按照国家规定从工伤保险基金中支付：
（1）治疗工伤的医疗费用和康复费用；
（2）住院伙食补助费；
（3）到统筹地区以外就医的交通食宿费；
（4）安装配置伤残辅助器具所需费用；
（5）生活不能自理的，经劳动能力鉴定委员会确认的生活护理费；
（6）一次性伤残补助金和一至四级伤残职工按月领取的伤残津贴；
（7）终止或者解除劳动合同时，应当享受的一次性医疗补助金；
（8）因工死亡的，其遗属领取的丧葬补助金、供养亲属抚恤金和因工死亡补助金；
（9）劳动能力鉴定费。

11. 工伤职工有哪些情形时停止享受工伤保险待遇？

工伤职工有下列情形之一的，停止享受工伤保险待遇：
（1）丧失享受待遇条件的；
（2）拒不接受劳动能力鉴定的；
（3）拒绝治疗的。

12. 失业保险费的缴纳应当遵循哪些法律规定？

职工应当参加失业保险，由用人单位和职工按照国家规定共同缴纳失业保险费。

13. 失业保险金的领取条件有哪些？

失业人员符合下列条件的，从失业保险基金中领取失业保险金：
（1）失业前用人单位和本人已经缴纳失业保险费满1年的；
（2）非因本人意愿中断就业的；
（3）已经进行失业登记，并有求职要求的。

失业人员失业前用人单位和本人累计缴费满1年不足5年的，领取失业保险金的期限最长为12个月；累计缴费满5年不足10年的，领取失业保险金的期限最长为18个月；累计缴费10年以上的，领取失业保险金的期限最长为24个月。重新就业后，再次失业的，缴费时间重新计算，领取失业保险金的期限与前次失业应当领取而尚未领取的失业保险金的期限合并计算，最长不超过24个月。

14. 哪些情形下应当停止领取失业保险金？

失业人员在领取失业保险金期间有下列情形之一的，停止领取失业保险金，并同时停止享受其他失业保险待遇：

（1）重新就业的；

（2）应征服兵役的；

（3）移居境外的；

（4）享受基本养老保险待遇的；

（5）无正当理由，拒不接受当地人民政府指定部门或者机构介绍的适当工作或者提供的培训的。

15. 生育保险费缴纳应当遵循哪些法律规定？

职工应当参加生育保险，由用人单位按照国家规定缴纳生育保险费，职工不缴纳生育保险费。

16. 生育保险待遇有哪些规定？

用人单位已经缴纳生育保险费的，其职工享受生育保险待遇；职工未就业配偶按照国家规定享受生育医疗费用待遇。所需资金从生育保险基金中支付。生育保险待遇包括生育医疗费用和生育津贴。

生育医疗费用包括下列各项：

（1）生育的医疗费用；

（2）计划生育的医疗费用；

（3）法律、法规规定的其他项目费用。

职工有下列情形之一的，可以按照国家规定享受生育津贴：

（1）女职工生育享受产假；

（2）享受计划生育手术休假；

（3）法律、法规规定的其他情形。

生育津贴按照职工所在用人单位上年度职工月平均工资计发。

案例评析

案例一：2010年11月，关某进入无锡某能源设备厂在机舱罩车间从事切割打磨工作。2012年，关某主动提出辞职并离开。2012年7月，关某向惠山区劳动仲裁委申请仲裁，声称设备厂一直未与其签订劳动合同，也没有为其缴纳社会保险，要求设备厂支付双倍工资3.3万元及经济补偿金3000元，并补缴社保。仲裁委经审查，对关某的仲裁请求不予支持。关某不服裁决，随后向惠山法院起诉。设备厂辩称，其与关某签订了劳动合同，只是遗失了合同，但能提供关某进入企业工作当天递交的书面申请，申请表明，双方已签订劳动合同，关某还申请公司将缴纳部分的社保以现金形式每月退还150元，由关某自行缴纳社保。关某表示,申请书是在公司的授意下所写,不是自己真实意思表示,但其无法提供证据佐证。

试就本案中相关主体的行为进行法律分析。

案例一评析:根据国务院《社会保险费征缴暂行条例》的规定,缴纳社会保险费是用人单位法定强制性义务,在社会保险费的征缴关系中,社会保险费的征缴方式不得随意作出约定。用人单位和劳动者双方私下约定将社保折合成现金的形式支付给劳动者,劳动者再以自由职业者身份参保是一种典型的违法行为,该约定实质上规避了用人单位缴纳社保的强制性义务。用人单位和劳动者的这种约定因违反强制性法律法规而无效。

案例二:江西省井冈山市长坪井红竹凉席厂系由井冈山人赖某于2009年10月10日申请成立的个体企业。2010年5月,朱炳某、朱高某、朱会某(三者为兄弟关系)从赖某的手中受让该厂,合伙经营竹制品加工。2010年6月18日,梁某应聘该厂,从事机修工作,双方未签订劳动合同。2010年7月15日下午,梁某在车间维修机器时,其左手被机器绞伤,经住院治疗22天后,2010年9月16日认定为工伤,2010年10月11日经伤残鉴定为七级伤残。梁某在治疗期间发生医疗费18 097.2元。梁某治疗、鉴定、参加仲裁、诉讼及其家属来井冈山市长坪井红竹凉席厂协商赔偿事宜共发生交通费4164元,住宿费1030元,餐费2683元,鉴定费190元。原告已支付医疗费1.8万元、赔偿金3.1万元,二项共计4.9万元。原告在梁某受伤后,聘请机修工沈某接替梁某的工作,沈某在试用期间的月工资为2100元。梁某于2010年6月18日向井冈山市劳动人事争议仲裁委员会提出仲裁申请,井冈山市劳动人事争议仲裁委员会于2011年1月19日作出井劳人仲字〔2010〕第11号裁决书,梁某不服仲裁结果,遂向人民法院起诉。

试就本案中相关主体的行为进行法律分析。

案例二评析:在劳动争议纠纷的案件中,经常有因工致伤致残的情况。在这一类案件中,除了要适用《劳动合同法》和《工伤保险条例》外,还要适用《最高人民法院关于审理人身损害赔偿案件适用法律若干问题的解释》和本地关于实施工伤保险条例的规定。

关于职工因工致伤致残的赔偿计算,我国法律有明确的规定。最高人民法院《关于审理人身损害赔偿案件适用法律若干问题的解释》的规定,受害人遭受人身损害,因就医疗支出的各项费用以及因误工减少的收入,包括医疗费、误工费、护理费、交通费、住宿费、医院伙食补助费、必要的营养费,赔偿义务人应当予以赔偿。在这类案件中,显然赔偿义务人为用人单位。

根据《工伤保险条例》的规定,职工因工作遭受事故伤害或者患职业病需要暂停工作接受工伤医疗的,在停工留薪期内,原工资福利待遇不变,由所在单位按月支付。停工留薪期一般不超过12个月。伤情严重或者情况特殊,经设区的市级劳动能力鉴定委员会确认,可以适当延长,但延长不得超过12个月。工伤职工评定伤残等级后,停发原待遇,按照有关规定享受伤残待遇。工伤职工在停工留薪期满后仍需治疗的,继续享受工伤医疗待遇。生活不能自理的工伤职工在停工留薪期需要护理的,由所在单位负责。职工因工致残被鉴定为七级至十级伤残的,享受以下待遇:(1)从工伤保险基金按伤残等级支付一次性伤残补助金,标准为七级伤残为13个月的本人工资,八级伤残为11个月的本人工资,九级伤残为9个月的本人工资,十级伤残为7个月的本人工资;(2)劳动、聘用合同期满终止,或者职工本人提出解除劳动、聘用合同的,由工伤保险基金支付一次性工伤医疗补助金,由用人单位支付一次性伤残就业补助金。一次性工伤医疗补助金和一次性伤残就业补助金的具体标准由省、自治区、直辖市人民政府规定。《江西省实施工伤保险条例若干规定》里规定,五级、六级伤残职工本人提出与用人单位解除或者终止劳动关系,七级至十级伤残职工劳动合同期满终止或者职工本人提出与用人单位解除劳动合同的,由用人单位按照下列标准支付一次性工伤医疗补助金和伤残就业补助金:(1)五级至十级伤残职工与用人单位解除劳动关系时,其年龄(周岁)距法定退休年龄大于或者等于10年的,一次性工伤医疗补助金依次为40个月、34个月、28个月、22个月、16个月、10个月的本人工资;距法定退休年龄不足10年的,每差1年扣减10%;不足1年的按1年计算;(2)五级至十级伤残的一次性伤残就业补助金依次为12个月、11个月、10个月、9个月、8个月、7个月的本人工资。

我国目前经济正在高速发展中,因经济发展产生的劳动争议纠纷的案件数也日趋增多。劳动者在劳动争议纠纷中,往往处于弱势地位,他们的权利应得到充分保障。虽然有的劳动者没有签订劳动合同,但是他们同样应受到我国《劳动合同法》和相关法律的保护。因工致伤致残给劳动者带来很大的人身痛苦、精神痛苦和巨大的经济损失。在计算工伤赔偿时,我们应严格按照法律规定。保护劳动者的合法权利,这正是《劳动合同法》等相关法律的立法意图。

第七章 刑 法

第一节 刑法概述

基本知识点

1. 刑法的概念与分类,刑法的性质与任务,刑法的体系与解释。
2. 刑法的罪刑法定原则、平等适用刑法原则与罪刑相适应原则。
3. 刑法的空间效力的概念,对国内犯的适用原则,对外国犯罪的适用原则,对外国刑事判决的承认。
4. 刑法的时间效力,刑法的追溯力。

重点问题

1. 我国刑法有哪些原则?

《刑法》明确规定了以下三大原则。

(1) 罪刑法定原则。《刑法》第3条规定:"法律明文规定为犯罪行为的,依照法律定罪处罚;法律没有明文规定为犯罪行为的,不得定罪处刑。"

(2) 平等适用刑法原则。《刑法》第4条规定:"对任何人犯罪,在适用法律上一律平等,不允许任何人有超越法律的特权。"

(3) 罪刑相适应原则。《刑法》第5条规定:"刑罚的轻重,应当与犯罪分子所犯罪行和承担的刑事责任相适应。"

2. 我国公民在国外犯罪如何处罚?

根据我国《刑法》的规定,中华人民共和国国家工作人员和军人在中华人民共和国领域外犯我国刑法规定之罪的,适用我国《刑法》;中华人民共和国公民在中华人民共和国领域外犯我国刑法规定之罪的,原则上适用我国《刑法》,但是按照我国《刑法》规定的最高刑为3年以下有期徒刑的,可不予追究。

案例评析

案例一：法国人李某2000年来中国经商并于当年11月与福建女子肖某结婚。2004年,李某所在的公司在北京设立分公司,李某被调到北京做该分公司的负责人。2005年9月,李某又与来自河南在北京打工的大学生苏某结婚。

试问：

李某的行为应如何定性？对他应当适用哪国的法律？

案例一评析：我国《刑法》第6条规定:"凡在中华人民共和国领域内犯罪的,除法律有特别规定的以外,都适用本法。凡在中华人民共和国船舶或者航空器内犯罪的,也适用本法。犯罪的行为或者结果有一项发生在我国领域内的,就认为是在中华人民共和国领域内犯罪。"本案中的法国人李某是外国人,但是其犯罪行为和结果都发生在我国领域内,而且他又不是外交人员,故应当适用我国《刑法》,追究其重婚罪的违法行为。

案例二：请用你所掌握的刑法知识判断下列事件的性质。

1. A国公民汤姆教唆B国公民约翰进入中国境内发展黑社会组织。即使约翰真进入中国境内实施犯罪行为,也不能适用我国《刑法》对仅仅实施教唆行为的汤姆追究刑事责任。

2. 中国公民赵某从A国贩卖毒品到B国后回到中国。由于赵某的行为地不在中国境内,行为也没有危害中国的国家或者国民的利益,所以不能适用我国《刑法》。

3. A国公民丙在中国留学期间利用暑期外出旅游,途中为勒索财物,将B国在中国留学的于某从东北某市绑架到C国,我国《刑法》可以对丙追究刑事责任。

4. 中国公民在中华人民共和国领域外实施的犯罪行为,按照《刑法》规定的最高刑为3年以下有期徒刑的,也可以适用我国《刑法》追究刑事责任。

案例二评析：1. 汤姆的行为也构成入境发展黑社会组织罪。因为我国《刑法》规定教唆者与被教唆者构成共同犯罪,约翰已构成入境发展黑社会组织罪,则汤姆也应构成此罪。

2. 中国公民赵某的行为仍是被我国《刑法》所调整的,仍构成犯罪。因为根据《刑法》第7条的规定,我国《刑法》适用于所有犯罪的中国公民,并不区分他是在国内犯罪或者国外犯罪。

3. 丙的犯罪行为地在中国,因此应当适用我国《刑法》。

4. 此种观点是正确的。根据《刑法》第7条的规定,在我国领域外实施犯罪行为的,适用该法。但是按该法规定的最高刑为3年以下有期徒刑的,可以不予追究。"可以不予追究"也就是说也可以追究。

第二节 犯 罪

基本知识点

1. 犯罪的概念和特点,犯罪的理论分类与法定分类。
2. 犯罪构成的概念及特点,犯罪构成要件。
3. 犯罪客体的概念、分类及与犯罪对象的关系。
4. 犯罪客观要件的概念、特点,危害行为,危害结果,刑法上的因果关系的认定、特点,不作为犯的因果关系,刑法上因果关系与刑事责任。
5. 犯罪主体的概念,自然人犯罪主体,单位犯罪主体。
6. 犯罪主观要件的概念,犯罪故意的概念、种类与认定,犯罪过失的概念、种类与认定,无罪过事件,犯罪的目的与动机,刑法上的认识错误。
7. 正当防卫的概念,正当防卫的条件,防卫过当及其刑事责任,特殊正当防卫。
8. 紧急避险的概念、条件,避险过当及刑事责任。
9. 犯罪预备的概念及特征,犯罪预备与犯意表示的区别,犯罪预备的刑事责任。
10. 犯罪未遂的概念及特征,犯罪未遂的类型,未遂犯的刑事责任。
11. 犯罪中止的概念与特点,中止犯的刑事责任。
12. 共同犯罪的概念、特点,共同犯罪的成立条件,共同犯罪的形式。
13. 主犯及其刑事责任,从犯及其刑事责任,胁从犯及其刑事责任,教唆犯及其刑事责任。
14. 单位犯罪的概念、性质、类型,单位犯罪的定罪,单位犯罪的处罚。
15. 区分罪数的意义与标准,继续犯、想象竞合犯、结果加重犯、结合犯、集合犯、连续犯、吸收犯、牵连犯的概念。

重点问题

1. 什么叫犯罪?

犯罪是具有社会危害性、刑事违法性与应受刑罚处罚性的行为。

(1) 犯罪具有社会危害性。社会危害,是指行为对刑法所保护的社会关系的侵犯性,一个行为是否构成犯罪首先取决于它是否具有社会危害性。社会危害性是质与量的统一,并非具有社会危害性的行为都是犯罪,只有严重侵犯了刑法所保护的社会关系,才可能构成犯罪;社会危害性的内部结构是主客观的统一,只有一定的人在罪过心理支配下实施的危害社会的行为,才可能具有刑法上的社会危害性。

（2）犯罪具有刑事违法性,即犯罪是违反刑法的行为,是刑法所禁止的行为。

（3）应受刑罚处罚性,一个行为即使是刑法明令禁止的行为,但只要刑法没有对其规定刑罚后果,该行为就不是犯罪。

2. 日常中轻罪与重罪是如何区分的？

一般认为,法定刑最低为3年以上有期徒刑的犯罪为重罪,其他犯罪为轻罪。

3. 什么叫犯罪构成？

犯罪构成是刑法规定的,决定某一行为的社会危害性及其程度,而为该行为成立犯罪所必须具备的一切客观要件与主观要件的有机整体。犯罪构成与犯罪概念既有区别又有联系,犯罪概念从宏观上揭示犯罪的本质与基本特征,而犯罪构成是认定犯罪的具体法律标准,犯罪概念是犯罪构成的基础,犯罪构成是犯罪概念的具体化。

4. 犯罪构成的要件有哪些？

一般来说,犯罪构成必须具备以下四个要件：
（1）犯罪客体；
（2）犯罪客观要件；
（3）犯罪主体；
（4）犯罪主观要件。

5. 什么叫犯罪客体？

犯罪客体是刑法所保护而为犯罪行为所侵犯的社会主义社会关系。

6. 什么叫犯罪对象？犯罪对象与犯罪客体的区别有哪些？

犯罪对象是犯罪行为所作用的社会主义社会关系的主体或者物质表现。如故意杀人罪中的"人",盗窃罪中的"公私财物"就是犯罪对象。

犯罪对象与犯罪客体的关系密切,犯罪对象反映犯罪客体,犯罪客体制约犯罪对象。二者存在明显区别。

（1）犯罪对象所呈现的是事物的外部特征,它一般不能决定犯罪的性质；而犯罪客体所表现的是行为的内在本质,因而决定犯罪的性质。

（2）特定的犯罪对象只是某些犯罪的构成要件,而犯罪客体是一切犯罪的共同构成要件。

(3) 犯罪对象并非在任何犯罪中都受到侵害,而犯罪客体在一切犯罪中都受到了侵害或者威胁。

(4) 犯罪对象不是犯罪分类的根据,因为犯罪对象相同并不意味着犯罪的性质相同;而犯罪客体则是犯罪分类的根据,因为犯罪客体要件相同意味着犯罪性质相同。

7. 何为犯罪的客观要件?

犯罪客观要件是刑法规定的,说明行为对刑法所保护的社会主义社会关系的侵犯性,而为成立犯罪所必须具备的客观事实特征;它说明某种犯罪是通过什么行为、在什么情况下对刑法所保护的社会关系造成了什么后果。犯罪客观要件包括危害行为、危害结果以及因果关系,其中危害行为是一切犯罪的共同要件,任何犯罪的成立都必须有刑法规定的危害行为;危害结果、危害行为与危害结果之间的因果关系,也是客观方面的重要内容,但一般认为它们不是一切犯罪的共同要件,只是某些犯罪的构成要件。

8. 不作为可以构成犯罪吗?如果能,那么它必须具备哪些条件?

不作为可以构成犯罪。我国《刑法》规定,成立不作为犯罪在客观上必须具备以下条件:

(1) 行为人负有实施特定积极行为的具有法律性质的义务;

(2) 行为人能够履行特定的义务;

(3) 行为人不履行特定义务,造成或者可能造成危害结果。

9. 重点问题 8 中说"行为人负有实施特定积极行为的具有法律性质的义务",这种义务的来源有哪些?

(1) 法律、法规明文规定的义务。如我国《婚姻法》规定,父母对子女有抚养教育义务,子女对父母有赡养扶助义务。因此,拒不抚养、赡养的行为可能构成不作为犯罪。

(2) 职务或者业务要求的义务。如国家机关工作人员有履行相应职责的义务,值勤的消防人员有消除火灾的义务等。

(3) 先前行为引起的义务。它是指由于行为人的某种行为使《刑法》所保护的合法权益处于危险状态时,行为人负有的排除危险或者防止危害结果发生的特定积极义务。如成年人带着儿童游泳时,就负有保护儿童生命安全的义务。

(4) 法律行为引起的义务。如合同行为、自愿接受等行为。

10. 什么是犯罪主体?

犯罪主体,是指刑法规定的实施犯罪并且承担刑事责任的人(包括自然人与单位)。

11. 刑法对刑事责任年龄是如何规定的?

刑事责任年龄,是指刑法所规定的,行为人实施刑法所禁止的犯罪行为所必须达到的年龄。我国《刑法》规定:

(1) 不满14周岁的人,一律不负刑事责任,即不满14周岁的人所实施的任何行为,都不构成犯罪。刑法理论称之为绝对无刑事责任能力或者完全无刑事责任时期。

(2) 已满14周岁不满16周岁的人,犯故意杀人、故意伤害致人重伤或者死亡、强奸、抢劫、贩卖毒品、放火、爆炸、投放危险物质罪的,应当负刑事责任。此处这八种犯罪是指具体的犯罪行为而不是具体的罪名。

(3) 已满16周岁的人犯罪,应当负刑事责任。

(4) 已满14周岁不满16周岁的人犯罪,应当从轻或者减轻处罚。

12. 精神病人犯罪如何处理?

精神病人不具有辨认能力与控制能力,他们犯罪不负刑事责任。尚未完全丧失辨认或者控制自己行为能力的精神病人犯罪的,应当负刑事责任,但是可以从轻或者减轻处罚。间歇性精神病人在精神正常的时候犯罪的,应当负刑事责任。

13. 醉酒的人犯罪如何处理?

我国《刑法》明确规定,醉酒的人犯罪应当负刑事责任。

14. 盲人或者又聋又哑的人犯罪如何处理?

我国《刑法》明确规定,又聋又哑或者盲人犯罪,可以从轻、减轻或者免除处罚。

15. 什么叫犯罪主观要件?

犯罪主观要件,是指刑法规定成立犯罪必须具备的、犯罪主体对其实施的危害行为及其危害结果所持的心理态度。它包括故意和过失两个方面。故意又包括直接故意和间接故意,过失又包括疏忽大意的过失和过于自信的过失。

(1) 直接故意是明知自己的行为会发生危害社会的结果,并且希望这种结果发生的心理态度。

(2) 间接故意,是指明知自己的行为可能发生危害社会的结果,并且放任这种结果发生的心理态度。

(3) 疏忽大意的过失,是指应当预见自己的行为可能发生危害社会的结果,因为疏忽大意而没有预见,以致发生这种结果的心理状态。

(4) 过于自信的过失,是指已经预见自己的行为可能发生危害社会的结果,但轻信能够避免,以致发生这种结果的心理状态。

16. 什么叫正当防卫？

正当防卫，是指为了保护国家、公共利益、本人或者他人的人身、财产和其他合法权利免受正在进行的不法侵害，采取对不法侵害人造成损害的方法，制止不法侵害的行为。正当防卫不负刑事责任。

17. 正当防卫的条件是什么？

（1）存在现实的不法侵害。并非对任何违法犯罪行为都可以进行防卫，只是对那些具有攻击性、破坏性、紧迫性的不法侵害，在采取正当防卫可以减轻或者避免危害结果的情况下，才宜进行正当防卫。

（2）不法侵害正在进行。以下情形不能进行正当防卫：不法侵害人已被制服；不法侵害人已经丧失了侵害能力；不法侵害人已经自动中止了不法侵害；不法侵害人已经逃离了现场；不法侵害行为已经造成了危害结果并且不可能继续造成更严重的危害结果。

（3）具有防卫意识。防卫挑拨、相互斗殴、偶然防卫等就不具有防卫意识，故不能成立正当防卫。

（4）针对不法侵害行为人本人进行防卫。

（5）没有明显超过必要限度造成重大损害。

18. 防卫过当如何处理？

防卫行为明显超过必要限度造成重大损害的，属于防卫过当。对于防卫过当应当承担相应的刑事责任，但应当酌情减轻或者免除处罚。

19. 什么叫紧急避险？

紧急避险，是指为了使国家、公共利益、本人或者他人的人身、财产和其他权利免受正在发生的危险，不得已使另一较小合法权益造成损害的行为。

20. 紧急避险必须具备哪些条件？

（1）合法权益面临现实危险。

（2）危险正在发生。

（3）出于不得已而损害另一合法权益。

（4）具有避险意识。

（5）没有超过必要限度造成不应有的损害。

21. 避险过当如何处理？

避险行为超过必要限度造成不应有损害的就是紧急避险过当，对于避险过当的，应当承担法律责任,但应当酌情减轻或者免除处罚。

22. 自伤、自杀等自损行为不用承担任何法律责任吗?

自伤、自杀、自己毁损自己所有的财物等行为,一般不成立犯罪。但是,当这些行为同时危害国家、社会或者他人合法权益时,则可能成立犯罪。如军人战时自伤的可构成战时自伤罪,放火烧毁自己的财物但危害到公共安全时可构成放火罪。

23. 什么叫犯罪预备?

犯罪预备,是指为了犯罪,准备工具,制造条件,但由于行为人意志以外的原因而未能着手实行犯罪的情形。犯罪预备具有以下特点:
(1) 主观上为了犯罪,包括为了自己犯罪和为了他人犯罪;
(2) 客观上实施了犯罪预备行为,包括准备工具与制造条件;
(3) 事实上未能着手实行犯罪;
(4) 未能着手实行犯罪是由于行为人意志以外的原因。

24. 预备犯罪应承担什么刑事责任?

根据《刑法》第22条的规定,对于预备犯,可以比照既遂犯从轻、减轻或者免除处罚。

25. 什么叫犯罪未遂?

已经着手实行犯罪,由于犯罪分子意志以外的原因而未能得逞的,是犯罪未遂。犯罪未遂具有以下特征:
(1) 已经着手实行犯罪。判断行为人是否已经着手实行犯罪,要根据不同犯罪、不同案件的具体情况进行判断。如要考察行为人是否已经接触或者接近犯罪对象,行为人是否已经开始使用所准备的犯罪工具,行为人是否开始利用了所制造的条件,所实施的行为是否可以直接造成犯罪结果等。
(2) 犯罪未得逞。
(3) 犯罪未得逞是由于犯罪分子意志以外的原因。如行为人正在他人的住宅内实行抢劫,忽然听到警车的声音,以为是警察来抓自己的,便被迫逃离现场。即使该车并不是警车或者是警车但并不是来抓自己的,也成立犯罪未遂。

26. 犯罪未遂应承担什么样的刑事责任?

根据《刑法》第23条的规定,对于未遂犯,可以比照既遂犯从轻或者减轻处罚。

27. 什么叫犯罪中止?

根据《刑法》第24条的规定,在犯罪过程中,自动放弃犯罪或者自动有效地防止犯罪结果发生的,是犯罪中止。

犯罪中止具有以下特征。

(1) 中止具有客观性。中止不只是一种内心状态的转变,还要求客观上有中止行为。中止行为分为两种情况,在犯罪预备阶段以及实行行为尚未实行终了,只要不继续实施行为就不会发生犯罪结果的情况下,中止行为表现为放弃继续实施犯罪,即不再继续实施犯罪行为。在实行行为终了、不采取有效措施就会发生犯罪结果的情况下,中止行为表现为采取积极有效措施防止犯罪结果发生。行为人必须作出了真挚努力,其行为对防止犯罪结果发生起到了决定性作用,否则不成立犯罪中止。如行为人在其放火行为还没有既遂的情况下喊了一声"救火呀",然后便逃跑了,即使他人将火扑灭,也不能认定为犯罪中止。

(2) 中止的时间必须发生在犯罪过程中,即在犯罪行为开始实施之后、犯罪呈现结局之前均可中止。

(3) 中止的自动性要求行为人自动放弃犯罪或者自动有效地防止犯罪结果发生。

(4) 中止的有效性要求必须是没有发生作为既遂标志的犯罪结果。

28. 中止犯应当承担什么样的刑事责任?

根据《刑法》第24条的规定,中止犯罪,没有造成损害的,应当免除处罚;造成损害的,应当减轻处罚。

28. 什么是共同犯罪?

根据《刑法》第25条的规定,共同犯罪是指二人以上共同故意犯罪。这一定义表明共同犯罪必须具备以下条件:

(1) 必须两人以上。

(2) 必须有共同故意。

(3) 必须有共同行为。共同犯罪行为的分工可能表现为四种情况:一是帮助行为,即对实行犯罪起辅助作用的行为;二是教唆行为,即故意唆使他人犯罪的行为;三是组织行为,即组织、策划、指挥共同犯罪的行为;四是实行行为,即《刑法分则》所规定的犯罪构成客观要件的行为。

29. 我国刑法将共犯人分成哪些类型?

我国《刑法》将共同犯罪人分为以下类型:

(1) 主犯;

(2) 从犯;

(3) 胁从犯;

(4) 教唆犯。

30. 什么叫主犯?

组织、领导犯罪集团进行犯罪活动或者在共同犯罪中起主要作用的,是主犯。主犯包括两类:一是组织、领导犯罪集团进行犯罪活动的犯罪分子,即犯罪集团中的首要分子;二是其他在共同犯罪中起主要作用的分子。

31. 主犯就是我们日常中所说的首要分子吗?

此认识不准确。根据《刑法》第97条的规定,首要分子分为两类:一是犯罪集团中的首要分子;二是聚众犯罪中的首要分子。犯罪集团中的主犯不一定是首要分子,因为在犯罪集团中,除了首要分子是主犯以外,其他起主要作用的犯罪分子也是主犯,但他们不是首要分子。在聚众犯罪构成共同犯罪的情况下,原则上也可以认定其中的首要分子是主犯。但在聚众犯罪并不构成共同犯罪的情况下(如《刑法》规定只处罚首要分子,而首要分子只有一人时),不存在主犯、从犯之分,其中的首要分子当然无所谓主犯。

33. 主犯承担什么样的法律责任?

根据我国《刑法》的规定,主犯所承担的刑事责任比较复杂。
(1)对于组织、领导犯罪集团进行犯罪活动的首要分子,按照犯罪集团所犯的全部罪行处罚。
(2)对于犯罪集团的首要分子以外的主犯,应分为两种情况处罚:对于组织、指挥共同犯罪的人,应当按照其组织、指挥的全部犯罪处罚;对于没有从事组织、指挥活动但在共同犯罪中起主要作用的人,应当按其参与的全部犯罪处罚。

34. 什么是从犯?

在共同犯罪中起次要作用或者辅助作用的,是从犯。在共同犯罪中,只有主犯没有从犯的现象是存在的,而只有从犯没有主犯的现象则不可能存在。

35. 对于从犯应当如何处罚?

根据《刑法》第27条的规定,对于从犯,应当从轻、减轻或者免除处罚。

36. 什么是胁从犯?胁从犯应当承担什么样的法律责任?

胁从犯是被迫参加犯罪的人,即在他人威胁下不完全自愿地参加共同犯罪,并且在共同犯罪中起较小作用的人。

对于胁从犯,应当按照他的犯罪情节减轻或者免除处罚。

37. 什么是教唆犯?

教唆犯,是指以授意、怂恿、劝说、利诱或者其他方法故意唆使他人犯罪的人。成立教唆犯必须具备以下条件。

（1）教唆犯所教唆的对象必须是达到刑事责任年龄、具有刑事责任能力的人。否则成立间接正犯。

（2）必须有教唆行为。如果威胁、强迫达到了使被教唆人丧失意志自由的程度，则成立间接正犯。只要所教唆的是较为特定的犯罪，即使该犯罪的对象还不存在，而是以出现对象为条件的，也不失为教唆行为。

（3）必须有教唆故意。

38. 教唆犯承担哪些刑事责任？

根据《刑法》第29条的规定，处罚教唆犯应当注意以下三个方面：

（1）如果起主要作用，就按主犯处罚；如果起次要作用，则按从犯从轻、减轻或者免除处罚；

（2）教唆不满18岁的人犯罪的，应当从重处罚；

（3）如果被教唆的人没有犯被教唆的罪，对于教唆犯可以从轻或者减轻处罚。

39. 区分罪数的标准是什么？

罪数，是指一个人所犯之罪的数量。区分罪数的标准是犯罪构成，即行为符合一个犯罪构成的就是一罪，行为符合数个犯罪构成的就是数罪，行为数次符合同一个犯罪构成的也是数罪。

40. 什么是单位犯罪？

单位犯罪一般是指公司、企事业单位、机关、团体为本单位或者本单位全体成员谋取非法利益，由单位的决策机构按照单位的决策程序决定，由直接责任人员具体实施的犯罪。

单位犯罪具有以下特点：

（1）单位犯罪是公司、企事业单位、机关、团体犯罪，即是单位本身犯罪，而不是单位的各个成员的犯罪之集合。

（2）单位犯罪是由单位的决策机构按照单位的决策程序决定，由直接责任人员实施的。盗用、冒用单位名义实施犯罪，违法所得由实施犯罪的个人私分的，或者单位内部成员未经单位决策机构批准、同意或者认可而实施犯罪的，或者单位内部成员实施与其职务活动无关的犯罪行为的，都不属于单位犯罪。

（3）单位犯罪是为本单位谋取非法利益或者以集体名义为本单位全体成员谋取非法利益。

41. 对单位犯罪如何处罚？

对于单位犯罪的处罚，根据我国《刑法》的规定，应当注意以下两个方面。

（1）处罚单位犯罪必须要有法律依据，只有当《刑法》规定了单位可以成为某种犯罪的主体时，才可能将单位实施的危害行为认定为单位犯罪。

（2）对于单位犯罪一般采用双罚制原则。即原则上除了处罚单位本身外，还要处罚单位直接负责的主管人员和其他直接责任人员。一般是对单位处以罚金，而对其责任人员处以法律规定的刑罚。

案例评析

案例一：根据你对犯罪未遂的理解，下列哪种情形构成犯罪未遂？

1. A 对胡某实施诈骗行为，被胡某识破骗局。但胡某觉得 A 穷困潦倒，实在可怜，就给其 3000 元钱，A 得钱后离开现场。

2. B 为了杀死刘某，持枪尾随刘某，行至偏僻处时，B 向刘某开了一枪，没有打中；在还可以继续开枪的情况下，B 害怕受刑罚处罚，没有继续开枪。

3. C 绑架赵某，并要求其亲属交付 100 万元。在提出勒索要求后，C 害怕受刑罚处罚，将赵某释放。

4. D 抓住妇女李某的手腕，欲绑架李某后出卖。李某为脱身，便假装说："我有性病，不会有人要。"D 信以为真，于是垂头丧气地离开现场。

案例一评析：根据《刑法》第 23 条的规定，已经着手实行犯罪，由于犯罪分子意志以外的原因而未得逞的，是犯罪未遂。根据《刑法》的这个规定，对于上面四种情形可以作出以下判断。

1. A 的行为属于诈骗未遂。因为被胡某识破骗局，所以他的行为不可能得逞，而且也是由于犯罪分子意志以外的原因。

2. B 的行为不构成未遂，因为他认识到还可以继续实施犯罪，而是由于自己的原因没有继续犯罪，此时应当按犯罪中止认定。

3. C 的行为构成犯罪既遂。因为他的绑架行为已经完成，至于目的是否达到是不会影响既遂的。

4. D 的行为构成犯罪中止，因为是他自己决定放弃犯罪的。

案例二：甲在 2003 年 10 月 15 日见路边一辆面包车没有上锁，即将车开走，前往 A 市。行驶途中，行人乙拦车要求搭乘，甲同意。甲见乙的提包内有巨额现金，遂起意图财。行驶到偏僻处时，甲谎称发生故障，请乙下车帮助推车。乙将手提包放在面包车的座位上，然后下车。甲乘机发动面包车欲逃。乙察觉出甲的意图后，紧抓住车门不放，被面包车拖行10多米。甲见乙仍不松手并跟着车跑,便加速疾驶,使乙摔倒在地,造成重伤。乙报警后,公安机关根据汽车号牌将甲抓获。

讯问过程中,虽然有乙的指认并查获赃物,但甲拒不交代。侦查人员丙、丁对此十分气愤,对甲进行殴打,造成甲轻伤。在这种情形下,甲供述了以上犯罪事实,同时还交代了在B市所犯的以下罪行:2003年6月的一天,甲于某小学放学之际,在校门前拦截了一名一年级男学生,将其骗走,随即带该男生到某个体商店,向商店老板购买了价值5000多元的高档烟酒。在交款时,甲声称未带够钱,将该男生留在商店,回去拿钱交款后再将男生带走。商店老板以为该男生是甲的儿子便同意了。甲携带烟酒逃之夭夭。公安机关查明,甲身边确有若干与甲骗来的烟酒名称相同的烟酒,但未能查找到商店老板和那个男生。

本案移送检察机关审查起诉后,甲说其认罪口供均系侦查人员丙、丁对他刑讯逼供所致,推翻了以前所有的有罪供述。经检察人员调查核实,确认了侦查人员丙、丁刑讯逼供的事实。

试问:

从《刑法》及《刑事诉讼法》的角度看,对甲、丙、丁三人的事实如何认定,并提出你对于该三人的法律处理意见。

案例二评析: 1. 甲开走他人面包车的行为构成盗窃罪,即使面包车没有上锁,但根据社会一般认识,该车仍然是他人有效占有的财物,而不是遗忘物。

2. 甲对乙的行为构成抢劫罪。注意此处不是构成抢夺罪。

3. 甲对那个男生的行为构成拐骗儿童罪而不是拐卖儿童罪,因为甲并没有出卖那个男生的目的。

4. 甲对商店老板的行为构成诈骗罪。

5. 丙、丁对甲的行为构成刑讯逼供罪。

6. 我国刑事诉讼法律及相关司法解释规定,采取非法方式取得的证人证言、被害人陈述、被告人供述,不能作为定案的根据;但是由此取得的实物证据等可以作为定案的根据。由此可知,甲在刑讯逼供下所供述的对那个男生构成拐骗儿童罪和对商店老板构成诈骗罪不能得到法律认可。

综合以上分析,甲构成盗窃罪和抢劫罪,应当数罪并罚。丙、丁对甲的行为构成刑讯逼供罪。

第三节 刑　　罚

基本知识点

1. 刑罚的概念与特点,我国刑罚的目的。
2. 刑罚的体系,刑罚体系的特点。
3. 主刑的概念及特点,管制,拘役,有期徒刑,无期徒刑,死刑。
4. 附加刑,罚金,剥夺政治权利,没收财产,驱逐出境。
5. 量刑的概念及原则。
6. 量刑情节的概念,量刑情节的分类,累犯,自首,立功。
7. 从重处罚制度,从轻处罚制度,减轻处罚制度,免除处罚制度,数罪并罚制度,缓刑制度。
8. 刑罚执行的原则。
9. 减刑的概念、条件、限度、幅度,减刑的程序及减刑后的刑期计算。
10. 假释的条件,假释的考验期与撤销。
11. 刑罚消灭的事由,追诉时效的概念。

重点问题

1. 什么是刑罚?

刑罚是国家为了防止犯罪行为对国家利益、社会利益与公民合法权益的侵犯而规定的,由人民法院根据刑事立法对犯罪分子适用的,建立在剥夺性痛苦基础上的最为严厉的强制措施。

2. 我国刑罚的目的是什么?

我国刑罚的目的是预防犯罪,包括最大限度地减少犯罪和最终消灭犯罪两个层次。

我国刑罚的目的还包括一般预防与特殊预防。特殊预防,是指预防犯罪分子重新犯罪。一般预防,是指预防尚未犯罪的人实施犯罪,一般预防的对象是犯罪分子以外的社会成员,主要包括:

（1）危险分子;
（2）不稳定分子;
（3）犯罪行为被害人。

3. 什么是主刑？我国的刑罚主刑有哪些种类？

主刑（也叫本刑、基本刑、单独刑），是指只能独立适用的主要刑罚方法。根据《刑法》第33条的规定，我国刑罚的主刑有：

（1）管制；

（2）拘役；

（3）有期徒刑；

（4）无期徒刑；

（5）死刑。

4. 管制的内容是什么？

管制是对罪犯不关押，但限制其一定自由，由公安机关执行和群众监督改造的刑罚方法。根据《刑法》第39条的规定，管制限制的内容为：

（1）遵守法律、行政法规，服从监督；

（2）未经执行机关批准，不得行使言论、出版、集会、结社、游行、示威自由的权利；

（3）遵守执行机关关于会客的规定；

（4）按照执行机关规定报告自己的活动情况；

（5）离开所居住的市、县或者迁居，应当报经执行机关批准。

管制的期限为3个月以上2年以下，数罪并罚的不得超过3年。管制由公安机关执行和群众监督改造。

5. 拘役的内容是什么？

拘役是短期剥夺犯罪分子自由，就近实行劳动的刑罚方法。拘役的期限为1个月以上6个月以下，数罪并罚的不超过1年。在执行期间，受刑人每月可以回家1到2天；参加劳动，可以酌量发给报酬。

6. 有期徒刑的内容是什么？

有期徒刑是剥夺犯罪分子一定期限的自由，实行强制劳动改造的刑罚方法。有期徒刑是我国适用面最广泛的刑罚方法，具有以下特点：

（1）有期徒刑剥夺犯罪分子的自由；

（2）有期徒刑具有一定期限，期限为6个月以上15年以下；

（3）有期徒刑的基本内容是对犯罪分子实行劳动改造，除丧失劳动能力以外，都必须参加劳动。

7. 无期徒刑的内容是什么？

无期徒刑是剥夺犯罪分子终身自由，实行强迫劳动改造的刑罚方法，其特点为：

（1）无期徒刑是自由刑中最严厉的刑罚方法,主要表现在剥夺犯罪分子终身自由；
（2）无期徒刑的基本内容也是对犯罪分子实行劳动改造；
（3）无期徒刑不可能孤立适用,即对于被判处无期徒刑的人必须附加剥夺政治权利终身。

8. 死刑的适用必须注意哪些规定？

死刑是剥夺犯罪分子生命的刑罚方法,包括立即执行与缓期 2 年执行两种情况。对于适用死刑时应当注意以下四个方面。

（1）必须严格遵守罪刑法定原则,只有对分则条文明确规定了死刑的犯罪,才可能判处死刑。
（2）应当把握死刑规定的精神,决不意味着对规定了死刑的犯罪都应当判处死刑,我国坚持少杀、防止错杀的政策。
（3）不得对犯罪的时候不满 18 周岁的人和审判的时候怀孕的妇女适用死刑。这里的死刑既包括死刑立即执行,也包括死刑缓期 2 年执行。
（4）不得违反法定程序适用死刑。

9. 什么是附加刑？我国附加刑的种类有哪些？

附加刑也叫从刑,是指补充主刑适用的刑罚方法。附加刑既可以附加主刑适用,也可以独立适用。我国《刑法》规定了以下四种附加刑：
（1）罚金；
（2）剥夺政治权利；
（3）没收财产；
（4）驱逐出境。

10. 什么是罚金？

罚金是人民法院判处犯罪分子向国家缴纳一定数额金钱的刑罚方法。我国《刑法》规定,对于犯罪情节轻微,适用单处罚金不致再危害社会并具有下列情节之一的,可以依法单处罚金：
（1）犯罪时不满 18 周岁的；
（2）有立功表现的；
（3）自首的；
（4）初犯；
（5）偶犯；
（6）犯罪未遂；
（7）犯罪预备；

（8）被胁迫参加犯罪的；

（9）全部退赃并有悔改表现的；

（10）其他可以单处罚金的情形。

11. 什么是剥夺政治权利？

剥夺政治权利，是指剥夺犯罪分子参加管理国家和政治活动的权利的刑罚方法。根据《刑法》第54条的规定，剥夺政治权利是剥夺下列权利：

（1）言论、出版、集会、结社、游行、示威自由的权利；

（2）选举权与被选举权；

（3）担任国有公司、企业、事业单位和人民团体领导职务的权利；

（4）担任国家机关职务的权利。

剥夺政治权利不是剥夺上面四项权利中的其中一项，而是同时全部剥夺上述四项权利。

12. 何时必须附加剥夺政治权利的处罚？

根据《刑法》第56条的规定，对于下列犯罪应当附加剥夺政治权利的处罚：

（1）对于危害国家安全的犯罪分子；

（2）对于被判处死刑、无期徒刑的犯罪分子。

13. 什么是没收财产？

没收财产是将犯罪分子所有财产的一部分或者全部强制无偿地收归国有的刑罚方法。追缴犯罪所得财产不是没收财产，没收违禁品和供犯罪所用的本人的财物，也不属于没收财产。可见，没收财产事实上是没收犯罪分子合法所有并且没有用于犯罪的财产。没收财产不得没收属于犯罪分子家属所有或者应有的财产。

14. 什么是驱逐出境？

驱逐出境是强迫犯罪的外国人离开中国国境的刑罚方法。

15. 量刑的原则是什么？

量刑即刑罚的裁量，就是依法对犯罪分子裁量刑罚。根据《刑法》第61条的规定，我国量刑的原则是：

（1）以犯罪事实为根据；

（2）以刑事法律为准绳。

16. 量刑情节的分类如何？

量刑情节，是指在某种行为已经构成犯罪的前提下，人民法院对犯罪分子裁量刑罚时应当考虑的，据以决定量刑轻重或者免除刑罚处罚的各种情况。我国法律规定的量刑情节有法定量刑情节和酌定量刑情节。法定量刑情节是《刑法》明文规定在量刑时应当予以考虑的情节；酌定情节是《刑法》未作明文规定，根据立法精神与刑事政策，由人民法院从审判经验中总结出来的，在量刑时酌情考虑的情节。

17. 酌定情节是否可以由法院的法官随意掌握？

不行。在适用酌定情节时，应当考虑以下因素：
（1）犯罪的时间、地点和环境条件；
（2）犯罪的手段；
（3）犯罪的对象；
（4）犯罪行为所造成的危害结果；
（5）犯罪的动机；
（6）犯罪后的态度；
（7）犯罪分子的一贯表现；
（8）犯罪分子的前科情况。

18. 什么叫累犯？

累犯，是指被判处一定刑罚的犯罪分子，在刑罚执行完毕或者赦免后，在法定期限内又犯一定之罪的情况。

19. 对于累犯如何处罚？

根据《刑法》第 65 条的规定，对于累犯应当从重处罚。

20. 什么是自首？

刑法规定的自首制度适用于一切犯罪，其目的在于鼓励犯罪分子自动投案，悔过自新，不再继续作案；同时也有利于案件的及时侦破与审判。自首分为一般自首与特别自首。

21. 什么是一般自首？

一般自首，是指犯罪后自动投案，如实供述自己的罪行的行为。
一般自首应具备以下条件。

（1）自动投案

一般是指犯罪事实或者犯罪嫌疑人未被司法机关发觉，或者虽被发觉但犯罪嫌疑人尚未受到讯问、未被采取强制措施时，直接向公安机关、人民法院或者人民检察院投案，从而将自己置于司法机关的合法控制下，接受司法机关的审查与裁判的行为。在司法实践中具有下列情形之一的也应视为自动投案：犯罪嫌疑人向所在单位、城乡基层组织或者其他有关负责人员投案的；犯罪嫌疑人因病、伤或者为了减轻犯罪后果，委托他人先代为投案的，或者先以信电投案的；罪行尚未被司法机关发觉，仅因形迹可疑，被有关组织查询或者司法机关查问、教育后，主动交代自己罪行的；犯罪后逃跑，在通缉、追捕过程中，主动投案的；经查实犯罪嫌疑人确已准备投案，或者正在投案途中，被司法机关捕获的；并非出于犯罪嫌疑人主动，而是经亲友规劝、陪同投案的；司法机关通知犯罪嫌疑人的亲友，或者亲友主动报案后，将犯罪嫌疑人送去投案的。

但必须明确，下列情形不能视为自首：一是犯罪嫌疑人先投案交代罪行后，又潜逃的；二是以不署名或者化名将非法所得寄给司法机关或者报刊、杂志社的。

（2）如实供述自己罪行

即犯罪嫌疑人自动投案后，如实交代自己所犯的全部罪行。在认定如实供述自己罪行时，必须注意以下几个方面：犯有数罪的犯罪嫌疑人仅如实供述所犯数罪中部分犯罪的，只对如实供述部分犯罪的行为，认定为自首；在共同犯罪案件中，作为一般共同犯罪成员的犯罪嫌疑人，如果要如实供述自己的罪行，就必须交代自己所知的同案犯的罪行，否则对自己的罪行的供述不可能如实，共同犯罪中的主犯，特别是集团犯罪中的首要分子，如果要如实供述自己的罪行，就必须交代整个共同犯罪的全部罪行，否则其对自己的罪行的供述也不可能如实；犯罪嫌疑人自动投案如实供述自己的罪行后又翻供的，不能认定为自首，但在一审判决前又能如实供述的，应当认定为自首；由于客观因素，不能全部交代所有的犯罪事实，但如实供述自己的主要犯罪事实的，也应属于如实供述自己的罪行；犯罪分子自动投案如实供述自己的罪行后，为自己进行辩护，提出上诉，或者更正、补充某些事实的，应当允许，不能将这些行为视为没有如实供述自己的罪行。

22. 什么是特别自首？

特别自首也叫准自首，是指被采取强制措施的犯罪嫌疑人、被告人和正在服刑的罪犯，如实供述司法机关尚未掌握的本人其他罪行的行为。

23. 自首的法律后果是什么？

根据《刑法》第67条的规定，对于自首的犯罪分子，可以从轻或者减轻处罚；其中，犯罪较轻的，可以免除处罚。

24. 根据刑法的规定，立功分为一般立功和重大立功，一般立功的表现是什么？

（1）犯罪分子到案后检举、揭发他人犯罪行为，包括共同犯罪案件中的犯罪分子揭发同案犯共同犯罪以外的其他犯罪,经查证属实。

(2) 提供侦破其他案件的重要线索,经查证属实的。

(3) 阻止他人犯罪活动。

(4) 协助司法机关抓捕其他犯罪嫌疑人。

(5) 具有其他有利于国家和社会的突出表现的。

25. 重大立功有哪些具体表现?

(1) 犯罪分子检举、揭发他人重大犯罪行为,经查证属实。

(2) 提供侦破其他重大案件的重要线索,经查证属实的。

(3) 阻止他人重大犯罪活动。

(4) 协助司法机关抓捕其他重大犯罪嫌疑人。

(5) 具有其他有利于国家和社会的重大表现的。所谓重大犯罪、重大案件、重大犯罪嫌疑人的标准,一般是指犯罪嫌疑人、被告人可能被判处无期徒刑以上刑罚或者案件在本省、自治区、直辖市或者全国范围内有较大影响等情形。

26. 立功的法律后果是什么?

根据《刑法》的规定,犯罪分子有立功表现的可以从轻或者减轻处罚;有重大立功表现的,可以减轻或者免除处罚;犯罪后自首又有重大立功表现的,应当减轻或者免除处罚。

27. 刑法中规定的"从轻""从重"处罚应如何理解?

从重与从轻处罚,都应当在法定刑的限度以内判处刑罚,因此,从重处罚是指在法定刑的限定内判处较重的刑罚,从轻处罚是指在法定刑的限定内判处较轻的处罚。

28. 刑法中的"减轻"处罚如何正确理解?

减轻处罚是低于法定刑的处罚。如法定刑为3年以上7年以下有期徒刑的,减轻处罚时,所判处的刑罚必须是低于3年有期徒刑。减轻处罚有两种情况:一是具有法定的减轻处罚情节时予以减轻处罚;二是犯罪分子虽然不具有《刑法》规定的减轻处罚情节,但是根据案件的特殊情况需要减轻处罚时,经最高人民法院核准,也可以减轻处罚。

29. 刑法中规定的免除处罚如何正确理解?

免除处罚,是指对行为作有罪宣告,但对行为人不判处任何刑罚。免除处罚以行为构成犯罪为前提。

30. 什么是缓刑? 适用缓刑必须具备哪些具体条件?

缓刑,是指对于被判处拘役、3年以下有期徒刑的犯罪分子,根据其犯罪情节和悔罪表现,如果暂缓执行刑罚确实不致再危害社会,就规定一定的考验期,暂缓刑罚的执行;在考验期内,如果遵守一定条件,原判刑罚就不再执行的一项制度。

适用缓刑必须具备以下条件:

(1) 根据犯罪分子的犯罪情节和悔罪表现,适用缓刑确实不致再危害社会;

(2) 缓刑只能用于被判处拘役或者3年以下有期徒刑的犯罪分子;

(3) 必须不是累犯。

31. 缓刑的考验期限是多长?缓刑期间犯罪分子必须遵守哪些法律规定?

缓刑的考验期限为:

(1) 拘役的考验期限最低不能少于2个月,最长不得超过1年,在此范围内,缓刑考验期限等于或者长于原判刑罚;

(2) 有期徒刑的缓刑考验期限最低不能少于1年,最高不能长于5年,在此范围内,缓刑考验期限等于或者长于原判刑罚。

根据《刑法》的规定,被宣告缓刑的犯罪分子,应当遵守以下规定:

(1) 遵守法律、行政法规,服从监督;

(2) 按照考察机关的规定报告自己的活动情况;

(3) 遵守考察机关关于会客的规定;

(4) 离开所居住的市、县或者迁居,应当报经考察机关批准。

32. 不同的刑罚方法由哪些机关负责具体执行?

根据《刑法》的规定,我国刑罚方法的执行分工如下:

(1) 人民法院是死刑立即执行、没收财产和罚金的执行机关;

(2) 公安机关是管制、拘役、剥夺政治权利的执行机关;

(3) 司法行政机关是死刑缓期2年执行、无期徒刑和有期徒刑的执行机关。

33. 什么是减刑制度?

减刑,是指对于被判处管制、拘役、有期徒刑、无期徒刑的犯罪分子,在刑罚执行期间,如果认真遵守监规,接受教育改造,确有悔改表现,或者有立功表现的适当减轻原判刑罚的制度。我国《刑法》规定的减刑分为两种情况:一是可以减刑,即具备一定条件时,人民法院可以裁定减刑事;二是应当减刑,即有重大立功表现时,人民法院应当减刑。

34. 减刑的条件有哪些?

减刑必须具备一定的条件:

(1) 只能对被判处管制、拘役、有期徒刑、无期徒刑的犯罪分子减刑;

(2) 可以减刑的条件是犯罪分子在刑罚执行期间,认真遵守监规,接受教育改造,确

有悔改表现,或者有立功表现;

（3）犯罪分子在刑罚执行期间,有重大立功表现的应当减刑,重大立功表现是指:检举监狱内外重大犯罪活动,经查证属实的;阻止他人重大犯罪活动的;有发明创造或者重大技术革新的;在日常生产、生活中舍己救人的;在抗御自然灾害或者排除重大事故中,有突出表现的;对国家和社会有其他重大贡献的。

35. 减刑必须经过什么程序？

为了保证减刑的合法性与正当性,避免减刑制度的错用与滥用,维护刑罚与判决的权威性与严肃性,《刑法》第79条对减刑程序进行了严格的规定:对于犯罪分子的减刑,由执行机关向中级以上人民法院提出减刑建议书。人民法院应当组成合议庭进行审理。

36. 什么叫假释？

假释,是指对于判处有期徒刑、无期徒刑的犯罪分子,在执行一定刑罚之后,确有悔改表现,不致再危害社会,附条件地予以提前释放的制度。

37. 我国刑法规定的假释的条件是什么？

根据我国《刑法》的规定,假释必须遵守以下规定：
（1）假释只能适用于被判处有期徒刑、无期徒刑的犯罪分子;
（2）被判处有期徒刑的犯罪分子,执行原判决1/2以上,被判处无期徒刑的犯罪分子,实际执行13年以上,才可以假释;
（3）假释只适用于在刑罚执行期间,认真遵守监规,接受教育改造,确有悔改表现,提前释放后不致再危害社会的犯罪分子。
（4）下列犯罪不能适用假释:对累犯以及因爆炸、抢劫、杀人、强奸、绑架、伤害、武装叛乱、武装暴乱、劫持航空器等暴力性犯罪被判处10年以上有期徒刑、无期徒刑的犯罪分子,不得假释。

我国《刑法》还规定,对于犯罪分子假释的,由执行机关向中级以上人民法院提出假释建议书,人民法院应当组成合议庭进行审理。

38. 什么叫追诉时效？

追诉时效是《刑法》规定的追究犯罪分子刑事责任的有效期限;在此期限内,司法机关有权追究犯罪分子的刑事责任;超过了此期限,司法机关就不能再追究其刑事责任。

我国《刑法》第87条规定,犯罪经过下列期限的不再追诉：
（1）法定最高刑为不满5年有期徒刑的,经过5年;
（2）法定最高刑为5年以上不满10年有期徒刑的,经过10年;

（3）法定最高刑为10年以上有期徒刑的,经过15年;

（4）法定最高刑为无期徒刑、死刑的,经过20年;如果20年后认为必须追诉的,须报最高人民法院核准。

追诉时效可因法定原因中断,也可因法定原因延长。

案例评析

案例一:刑法上的因果关系是一个非常复杂而且又十分重要的理论与实践问题。我国刑法理论一般认为,刑法上的因果关系是指危害行为与危害结果之间的一种引起与被引起关系。根据你对因果关系的理解判断以下说法。

1. 甲故意伤害乙并致其重伤,乙被送到医院救治。当晚,医院发生火灾,乙被烧死。甲的伤害行为与乙的死亡结果之间存在刑法上的因果关系吗?

2. 甲以杀人故意对乙实施暴力,造成乙休克。甲以为乙已经死亡,为隐匿罪迹,将乙扔入湖中,导致乙溺水死亡。甲的杀人行为与乙的死亡之间存在刑法上的因果关系吗?

3. 甲因琐事与乙发生争执,向乙的胸部猛推一把,导致乙心脏病发作,救治无效而死亡。甲的行为与乙的死亡之间存在刑法上的因果关系吗?

4. 甲与乙都对丙有仇恨,甲见乙向丙的食物中投放了5毫克毒物,而且知道5毫克毒物不能导致丙死亡,遂在乙不知情的情况下又添加了5毫克毒物,丙吃下后死亡。甲投放的5毫克毒物本身不足以致丙死亡,故甲的投放毒物行为与丙的死亡之间不存在刑法上的因果关系。

案例一评析:说法1中甲的行为与乙在医院被烧死之间不存在刑法上的因果关系。甲只承担乙重伤的刑事法律责任而不承担死亡的刑事法律责任。

说法2中甲的行为与乙的死亡之间存在刑法上的因果关系,他应承担故意杀人既遂的刑事责任。

说法3中甲的行为与乙的死亡之间存在刑法上的因果关系,至于是否要承担刑事法律责任则要看甲在行为时有无主观上的罪过而定。

说法4中甲与乙的行为都对丙构成刑法上的因果关系。这种情况在刑法理论上叫重叠因果关系,即两个以上独立的行为,单独不能导致结果的发生,但合并在一起造成了结果时,就是重叠的因果关系。此时存在没有前者就没有后者的条件关系,因此认为两个行为与结果都有因果关系,都承担丙死亡的刑事法律责任。

案例二:甲男与乙男于2004年7月28日共谋入室抢劫某中学暑假留守女教师丙的财物。7月30日晚,乙在该中学校园外望风,甲翻墙进入校园内。甲持水果刀进入丙居住的房间后,发现房间内除有简易书桌、单人床、炊具、餐具外,没有其他贵重财物,便以水果刀威胁,喝令丙摘下手表(价值2100元)给自己。丙一边摘手表一边说:"我是老师,不能没有手表。你拿走其他的东西都可以,只要不抢走我的手表就行。"甲立即将刀装入自己的口袋,然后对丙说:"好吧,我不抢你的手表,也不拿走其他东西,让我看看你脱光衣服的样子我就走。"丙不同意,甲又以刀相威胁,逼迫丙脱光衣服,丙一边顺手将已摘下的手表放在桌子上,一边流着眼泪脱完衣服。甲不顾丙的反抗强行摸了丙的"隐私"部位后说:"好吧,你可以穿上衣服了。"在丙背对着甲穿衣服时,甲乘机将丙放在桌子上的手表拿走。甲逃出校园后与乙碰头,乙问抢到什么东西没有,甲说就抢了一只手表。甲将手表交给乙出卖,乙以1000元价格卖给他人后,甲与乙各分500元。

试问:

甲与乙的行为在刑法上如何定性?他们应当受到什么样的处罚?

案例二评析: 1. 甲与乙构成刑法规定的抢劫共同犯罪,因为他们在共同抢劫故意的支配下实施了共同的抢劫行为。虽然乙没有入室,但他仍构成此罪。同时,根据本案的具体情况,乙应当认定为从犯,即在此起次要作用,其处罚应当相对于主犯从轻、减轻或者免除处罚。

2. 甲与乙虽然都构成抢劫共犯,但两人的犯罪形态不同。甲的行为构成抢劫犯罪中止,因为当时完全可以抢劫既遂,但他自己主动放弃了犯罪行为;由于他的抢劫中止没有造成任何损失,所以应当免除处罚。乙的抢劫犯罪属于未遂,因为该手表不是抢劫得来的,同时又由于抢劫犯罪的未得逞是由于犯罪分子乙意志以外的原因,因此应当认定为抢劫未遂,未遂可以比照既遂从轻或者减轻处罚。

3. 甲强迫丙脱光衣服并摸丙的隐私部位的行为构成强制猥亵妇女罪。

4. 甲乘机拿走手表的行为构成盗窃罪。注意此处不是抢劫罪,因为抢劫是行为人使用暴力、胁迫或者其他手段致使被害人丧失反抗而取得财物的情形。

5. 乙的行为并不构成盗窃罪,因为他根本不知道甲在室内的盗窃行为。

6. 乙的行为并不构成强制猥亵妇女罪,理由同上。

7. 乙将手表卖给他人的行为不构成刑法上的销售赃物罪,因为销售赃物罪必须代为销售他人犯罪所行的赃物,而对于销售自己犯罪所得的赃物并不构成销售赃物罪。虽然此时该赃物是甲盗窃所得,是他人的犯罪赃物,但乙根本不知道,他还以为是他们共同抢劫的赃物。

综合上面的分析,甲构成抢劫罪中止、强制猥亵妇女罪、盗窃罪,应当数罪并罚。乙构成抢劫犯罪未遂。

第四节 刑法分则

基本知识点

1. 刑法分则体系的特点,刑法分则条文结构,刑法分则条文竞合的处理原则。

2. 我国刑法分则根据犯罪行为所侵害的同类客体不同将犯罪分成了10个大类,每类犯罪下又包括诸多具体犯罪形式,现将它们归纳如下。

(1)危害国家安全罪包括:背叛国家罪,资助危害国家安全犯罪活动罪;投敌叛变罪,叛逃罪;间谍罪,为境外窃取、刺探、收买、非法提供国家秘密、情报罪,资敌罪。

(2)危害公共安全罪包括:放火罪,决水罪,爆炸罪,投放危险物质罪,以危险方法危害公共安全罪,失火罪,过失决水罪,过失爆炸罪,过失投放危险物质罪,过失以危险方法危害公共安全罪;破坏交通工具罪,破坏交通设施罪,破坏电力设备罪,破坏易燃易爆设备罪,破坏广播电视设施、公用电信设施罪,过失损坏交通工具罪,过失损坏交通设施罪,过失损坏电力设备罪,过失损坏易燃易爆设备罪,过失损坏广播电视设施、公用电信设施罪;组织、领导、参加恐怖组织罪,资助恐怖活动罪,劫持航空器罪,劫持船只、汽车罪,暴力危及飞行安全罪;非法制造、买卖、运输、邮寄、储存枪支、弹药、爆炸物罪,非法制造、买卖、运输、储存危险物质罪,盗窃、抢夺枪支、弹药、爆炸物、危险物质罪,抢劫枪支、弹药、爆炸物、危险物质罪,非法持有、私藏枪支罪,非法出租、出借枪支罪,丢失枪支不报罪,非法携带枪支、弹药、管制刀具、危险物品危及公共安全罪;重大飞行事故罪,铁路运营安全事故罪,交通肇事罪,重大责任事故罪,重大劳动安全事故罪,危险物品肇事罪,工程重大安全事故罪,教育设施重大安全事故罪,消防责任事故罪。

(3)破坏社会主义市场经济秩序罪包括:生产、销售伪劣产品罪,生产、销售假药罪,生产、销售不符合卫生标准的食品罪,生产、销售有毒、有害食品罪,生产、销售不符合标准的医用器材罪,生产、销售不符合安全标准的产品罪,生产、销售伪劣农药、兽药、化肥、种子罪,生产、销售不符合卫生标准的化妆品罪;走私武器、弹药罪,走私假币罪,走私文物罪,走私贵重金属罪,走私淫秽物品罪,走私废物罪,走私普通货物、物品罪;虚假注册资本罪,虚假出资、抽逃出资罪,提供虚假财会报告罪,妨害清算罪,公司、企业人员受贿罪,对公司、企业人员行贿罪,非法经营同类营业罪,为亲友非法牟利罪,签订、履行合同失职被骗罪;伪造货币罪,出售、购买、运输假币罪,持有、使用假币罪,变造货币罪,高利转贷罪,非法吸收公众存款罪,伪造、变造金融票证罪,伪造、变造国家有价证券罪,内幕交易、泄露内幕信息罪,违法向关系人发放贷款罪,违法发放贷款罪,用账外客户资金非法拆借、发放贷款罪,非法出具金融票证罪,对违法票据予以承兑、付款、保证罪,逃汇罪,骗购外汇罪,洗钱罪;集资诈骗罪,贷款诈骗罪,票据诈骗罪,金融凭证诈骗罪,信用证诈骗罪,信用卡诈骗罪,有价证券诈骗罪,保险诈骗罪;偷税罪,抗税罪,逃避追缴欠税罪,骗取出口退税罪,虚开增值税专用发票、用于骗取出口退税、抵扣税款发票罪,伪造、出售伪造的增值税专用发票罪,非法出售增值税专用发票罪,非法购买增值税专用发票、购买伪造的增值税专用发票罪,非法制造、出售非法制造的用于骗取出口退税、抵扣税款发票罪,非法制造、出售非法制造的发票罪,非法出售用于骗取出口退税、抵扣税款发票罪,非法出售发票罪;假冒注册商标罪,销售假冒注册商标的商品罪,非法制造、销售非法制造的注册商标标识罪,假冒专利罪,侵犯著作权罪,销售侵权复制品罪,侵犯商业秘密罪;损害商业信誉、商品声誉罪,虚假广告罪,串通投标罪,合同诈骗罪,非法经营罪,强迫交易罪,伪造、倒卖伪造的有价票证罪,倒卖车票、船票罪,非法转让、倒卖土地使用权罪,提供虚假证明文件罪,出具证明文件重大失实罪。

(4)侵犯公民人身权利、民主权利罪包括:故意杀人罪,过失致人死亡罪,故意伤害罪,过失致人重伤罪;强奸罪,强制猥亵、侮辱妇女罪,猥亵儿童罪;非法拘禁罪,绑架罪,拐卖妇女、儿童罪,收买被拐卖的妇女、儿童罪,聚众阻碍解救被拐卖的妇女、儿童罪,诬告陷害罪,强迫职工劳动罪,雇用童工从事危重劳动罪,非法搜查罪,非法侵入住宅罪,刑讯逼供罪,暴力取证罪,虐待被监管人罪;侮辱罪,诽谤罪;侵犯通信自由罪,私自开拆、隐匿邮件、电报罪,报复陷害罪,破坏选举罪,暴力干涉婚姻自由罪,重婚罪,破坏军婚罪,虐待罪,遗弃罪,拐骗儿童罪。

(5)侵犯财产罪包括:抢劫罪,抢夺罪,聚众哄抢罪,敲诈勒索罪;盗窃罪,诈骗罪;侵占罪,职务侵占罪,挪用资金罪,挪用特定款物罪;故意毁坏财物罪,破坏生产经营罪。

(6)妨害社会管理秩序罪包括:妨害公务罪,煽动暴力抗拒法律实施罪,招摇撞骗罪,伪造、变造、买卖国家机关公文、证件、印章罪,盗窃、抢夺、毁灭国家机关公文、证件、印章罪,伪造公司、企业、事业单位、人民团体印章罪,伪造、变造居民身份证罪,非法生产、买卖警用装备罪,非法获取国家秘密罪,非法持有国家绝密、机密文件、资料、物品罪,非法生产、销售间谍专用器材罪,非法使用窃听、窃照专用器材罪,非法侵入计算机信息系统罪,破坏计算机信息系统罪,聚众扰乱社会秩序罪,聚众冲击国家机关罪,聚众扰乱公共场所秩序、交通秩序罪,投放虚假危险物质罪,编造、故意传播虚假恐怖信息罪,聚众斗殴罪,寻衅滋事罪,组织、领导、参加黑社会性质组织罪,入境发展黑社会组织罪,包庇、纵容黑社会性质组织罪,传授犯罪方法罪,非法集会、游行、示威罪,组织、利用会道门、邪教组织、利用迷信破坏法律实施罪,组织、利用会道门、邪教组织、利用迷信致人死亡罪,聚众淫乱罪,引诱未成年人聚众淫乱罪,盗窃、侮辱尸体罪,赌博罪;伪证罪,辩护人、诉讼代理人毁灭证据、伪造证据、妨害作证罪,帮助毁灭、伪造证据罪,打击报复证人罪,扰乱法庭秩序罪,窝藏、包庇罪,窝藏、转移、收购、销售赃物罪,拒不执行判决、裁定罪,非法处置查封、扣押、冻结的财产罪,脱逃罪,劫夺被押解人员罪,组织越狱罪,暴动越狱罪,聚众持械劫狱罪;组织他人偷越国(边)境罪,骗取出境证件罪,提供伪造、变造的出入境证件罪,出售出入境证件罪,运送他人偷越国(边)境罪,偷越国(边)境罪;故意损毁文物罪,故意损毁名胜古迹罪,过失损毁文物罪,非法向外国人出售、赠送珍贵文物罪,倒卖文物罪,盗掘古文化遗址、古墓葬罪,抢夺、窃取国有档案罪;妨害传染病防治罪,传染病菌种、毒种扩散罪,妨害国境卫生检疫罪,非法组织卖血罪,强迫卖血罪,非法采集、供应血液制品罪,采集、供应、制作、血液制品事故罪,医疗事故罪,非法行医罪,非法进行节育手术罪,逃避动植物检疫罪;重大环境污染事故罪,非法处置进口的固体废物罪,擅自进口固体废物罪,非法捕捞水产品罪,非法猎捕、杀害珍贵、濒危野生动物罪,非法狩猎罪,非法占用农用地罪,非法采伐、毁坏国家重点保护植物罪,盗伐林木罪,滥伐林木罪,非法收购、运输盗伐、滥伐的林木罪;走私、贩卖、运输、制造毒品罪,非法持有毒品罪,包庇毒品犯罪分子罪,窝藏、转移、隐瞒毒品、毒赃罪,非法种植毒品原植物罪,非法买卖、运输、携带、持有毒品原植物种子、幼苗罪,引诱、教唆、欺骗他人吸毒罪,强迫他人吸毒罪,容留他人吸毒罪,非法提供麻醉药品、精神药品罪;组织卖淫罪,强迫卖淫罪,协助组织卖淫罪,引诱、容留、介绍卖淫罪,引诱幼女卖淫罪,传播性病罪,嫖宿幼女罪;制作、复制、出版、贩卖、传播淫秽物品牟利罪,传播淫秽物品罪,组织播放淫秽音像制品罪。

(7)危害国防利益罪包括:阻碍军人执行职务罪,破坏武器装备、军事设施、军事通信罪,冒充军人招摇撞骗罪,伪造、变造、买卖武装部队公文、证件、印章罪,盗窃、抢夺武装部队公文、证件、印章罪;战时拒绝、逃避征召、军事训练罪,战时拒绝、逃避服役罪。

(8)贪污贿赂罪包括:贪污罪;挪用公款罪;私分罚没财物罪;巨额财产来源不明罪;隐瞒境外存款罪;受贿罪;单位受贿罪;行贿罪;对单位行贿罪;单位行贿罪;介绍贿赂罪。

（9）渎职罪包括：滥用职权罪，玩忽职守罪，故意泄露国家秘密罪，过失泄露国家秘密罪，国家机关工作人员签订、履行合同失职被骗罪，非法低价出让国有土地使用权罪，招收公务员、学生徇私舞弊罪；徇私枉法罪，民事、行政枉法裁判罪，执行判决、裁定失职罪，执行判决、裁定滥用职权罪，私放在押人员罪，失职致使在押人员脱逃罪，徇私舞弊减刑、假释、暂予监外执行罪；徇私舞弊不移交刑事案件罪，徇私舞弊不征、少征税款罪，环境监管失职罪，传染病防治失职罪，放纵走私罪，放纵制售伪劣商品犯罪行为罪，不解救被拐卖、绑架妇女、儿童罪，阻碍解救被拐卖、绑架妇女、儿童罪，帮助犯罪分子逃避处罚罪。

（10）军人违反职责罪包括：投降罪，战时自伤罪；擅离、玩忽军事职守罪，阻碍执行军事职务罪，军人叛逃罪；为境外窃取、刺探、收买、非法提供军事秘密罪，故意泄露军事秘密罪，过失泄露军事秘密罪；武器装备肇事罪，盗窃、抢夺武器装备、军用物资罪；虐待部属罪，战时残害居民、掠夺居民物资罪。

重点问题

1. 什么是非法持有、私藏枪支、弹药罪？

非法持有、私藏枪支、弹药罪，是指违反国家对枪支、弹药的管理规定，私自携带或者隐藏枪支、弹药，危害公共安全的行为。犯本罪必须是明知枪支、弹药而非法持有或者私藏。根据《刑法》128条的规定，犯本罪的，处3年以下有期徒刑、拘役或者管制；情节严重的，处3年以上7年以下有期徒刑。

2. 什么是非法出租、出借枪支罪？

非法出租、出借枪支罪，是指依法配备公务用枪的人员，非法出租、出借公务用枪；或者是非法出租、出借依法配置的枪支，造成严重后果的，处3年以下有期徒刑、拘役或者管制；情节严重的，处3年以上7年以下有期徒刑。在此必须注意，如果行为人明知租用、租借枪支的人是为了犯罪，却仍然出租、出借，则应当依照共同犯罪来处理。

3. 什么是重大责任事故罪？

重大责任事故罪，是指工厂、矿山、林场、建筑企业或者其他企业、事业单位的职工，由于不服管理、违反规章制度，或者强令工人违章冒险作业，因而发生重大伤亡事故或者造成其他严重后果的，处3年以下有期徒刑、拘役或者管制；情节特别恶劣的，处3年以上7年以下有期徒刑。

4. 什么是生产、销售劣伪产品罪？

生产、销售劣伪产品罪，是指生产者、销售者在产品中掺杂、掺假，以假充真，以次充好或者以不合格产品冒充合格产品。犯本罪必须具备两个条件：一是生产、销售伪劣产品；二是金额在5万元以上。

5. 什么是走私普通货物、物品罪？

走私普通货物、物品罪，是指违反海关法规，逃避海关监管，非法运输、携带、邮寄除武器、弹药、核材料、伪造的货币、文物、贵重金属、珍贵动物及其制品、珍贵植物及其制品、淫秽物品以及毒品之外的其他货物、物品进出国（边）境，偷逃应缴关税及工商税款数额较大的行为。此处的数额较大指5万元以上，行为人多次走私未经处理的，应按照累计数额计算。

下列两种情况也构成本罪：

（1）未经海关许可并且未补缴应缴税额，擅自将批准进口的来料加工、来件装配、补偿贸易的原材料、零件、制成品、设备等保税货物，在境内销售牟利，偷逃应缴税额达到5万元以上也构成本罪；

（2）未经海关许可并且未补缴应缴税额，擅自将特定减税、免税进口的货物、物品，在境内销售牟利偷逃应缴税款达到5万元以上的也构成本罪。

根据《刑法》第155条的规定，下列两种情况，以走私罪论处：

（1）直接向走私人非法收购国家禁止进口物品的，或者直接向走私人非法收购走私进口的其他货物、物品，数额较大的；

（2）在内海、领海、界河、界湖运输、收购、贩卖国家禁止进出口物品的，或者运输、收购、贩卖国家限制进出口货物、物品，数额较大，没有合法证明的。

6. 什么是伪造货币罪？

伪造货币罪，是指违反货币管理法规，依照货币的样式，制造假币冒充真币的行为。

根据《刑法》第170条的规定，犯本罪的，处3年以上10年以下有期徒刑，并处5万元以上50万元以下罚金；有下列情形之一的，处10年以上有期徒刑、无期徒刑或者死刑，并处5万元以上50万元以下罚金或者没收财产：

（1）伪造货币集团的首要分子；

（2）伪造货币数额特别巨大的；

（3）有其他特别严重情节的。

7. 什么是出售、购买、运输假币罪？

出售、购买、运输假币罪，是指出售、购买伪造的货币，或者明知是伪造的货币而进行运输,数额较大的行为。

8. 什么是持有、使用假币罪?

持有、使用假币罪,是指违反货币管理法规,明知是伪造的货币而持有、使用,数额较大的行为。根据《刑法》第172条的规定,犯本罪,数额较大的,处3年以下有期徒刑或者拘役,并处或者单处1万元以上10万元以下罚金;数额巨大的,处3年以上10年以下有期徒刑,并处2万元以上20万元以下罚金;数额特别巨大的,处10年以上有期徒刑,并处5万元以上50万元以下罚金或者没收财产。

此处应当注意,如果行为人虽然持有、使用假币,但确实不知道所持有、使用的是假币,不能认定为犯罪。

9. 什么是变造货币罪?

变造货币罪,是指对货币采用挖补、剪贴、涂改、拼凑等方法,使原货币加大数量或者改变面额,数额较大的行为。根据《刑法》第173条的规定,犯本罪,数额较大的,处3年以下有期徒刑或者拘役,并处或者单处1万元以上10万元以下罚金;数额巨大的,处3年以上10年以下有期徒刑,并处2万元以上20万元以下罚金。

10. 什么是贷款诈骗罪?

贷款诈骗罪,是指以非法占有为目的,采用虚构事实、隐瞒真相的方法,诈骗银行或者其他金融机构的贷款,数额较大的行为。《刑法》第193条列举了以下五种行为:

(1) 编造引进资金、项目等虚假理由的;
(2) 使用虚假的经济合同的;
(3) 使用虚假的证明文件的;
(4) 使用虚假的产权证明作担保或者超出抵押物价值重复担保的;
(5) 以其他方法诈骗贷款的。

11. 什么是信用卡诈骗罪?

信用卡诈骗罪,是指使用伪造、作废的信用卡,或者冒用他人的信用卡,或者利用信用卡恶意透支进行诈骗活动,数额较大的行为。《刑法》第196条规定了下列四种行为:

(1) 使用伪造的信用卡,或者使用虚假的身份证明骗领的信用卡的;
(2) 使用作废的信用卡的;
(3) 冒用他人信用卡的;
(4) 恶意透支的。

在此需要注意,所谓恶意透支是指持信用卡人以非法占有为目的,超过规定限额或者规定期限透支,并且经发卡行催收后仍不归还的行为。

伪造信用卡并用伪造的信用卡进行诈骗的,属于牵连犯,应当按照其中的重罪进行处罚。盗窃信用卡并使用的,而是以盗窃罪定罪处罚。

12. 什么是保险诈骗罪?

保险诈骗罪,是指投保人、被保险人或者受益人故意虚构保险标的,或者对发生的保险事故编造虚假的原因或者夸大损失程度,或者编造未曾发生的保险事故,或者故意造成被保险人死亡、伤残或者疾病,骗取保险金,数额较大的行为。《刑法》第198条具体列举了以下五种情形:

(1) 投保人故意虚构保险标的,骗取保险金的;

(2) 投保人、被保险人或者受益人对发生的保险事故编造虚假的原因或者夸大损失程度,骗取保险金的;

(3) 投保人、被保险人或者受益人编造未曾发生的保险事故,骗取保险金的;

(4) 投保人、被保险人故意造成财产损失的保险事故,骗取保险金的;

(5) 投保人、受益人故意造成被保险人死亡、伤残或者疾病,骗取保险金的。

此处必须注意的是:

(1) 投保人、被保险人故意造成财产损失的保险事故,骗取保险金的;投保人、受益人故意造成被保险人死亡、伤残或者疾病,骗取保险金的这两种情况下如果行为人的行为又构成其他犯罪(如放火罪、爆炸罪、故意杀人罪、故意伤害罪等犯罪时),应当按照数罪并罚的原则来处罚。

(2) 保险事故的鉴定人、证明人、财产评估人故意提供虚假的证明文件,为他人诈骗提供条件的,以保险诈骗罪的共犯论处。

(3) 保险公司的工作人员利用职务上的便利,故意编造未曾发生的保险事故进行虚假理赔,骗取保险金归自己所有的,依照职务侵占罪的规定定罪处罚。

(4) 国有保险公司工作人员和国有保险公司委派到非国有保险公司从事公务的人员利用职务上的便利,故意编造未曾发生的保险事故进行虚假理赔,骗取保险金归自己所有的,依照职务贪污罪的规定定罪处罚。

13. 什么是偷税罪?

偷税罪,是指纳税人、扣缴义务人违反国家税收征管法规,采取伪造、变造、隐匿、擅自销毁账簿、记账凭证,在账簿上多列支出或者不列、少列收入,经税务机关通知申报而拒不申报或者进行虚假申报等手段,不缴或者少缴应纳税款,或者不缴或者少缴已扣税款,数额较大或者有其他严重情节的行为。偷税的行为具体包括以下四种手段:

(1) 伪造、变造、隐匿、擅自销毁账簿、记账凭证;

(2) 在账簿上多列支出或者不列、少列收入;

(3) 进行虚假的纳税申报;

（4）经税务机关通知申报而拒不申报。

对多次犯有偷税行为，未经处理的，按照累计数额计算。

犯本罪被判处罚金的，在执行前，应当先由税务机关追缴税款。

14. 什么是骗取出口退税罪？

骗取出口退税罪，是指纳税人以假报出口或者其他欺骗手段，骗取出口退税款，数额较大的行为。

在认定这类案件的性质时要注意，纳税人缴纳税款后，采取假报出口或者其他欺骗方法，骗取所缴纳的税款的，依照偷税罪定罪处罚；骗取税款超过所缴纳的税款部分，依照骗取出口退税罪定罪处罚。

15. 什么是侵犯商业秘密罪？

侵犯商业秘密罪，是指采取不正当手段，获取、使用、披露或者允许他人使用权利人的商业秘密，给商业秘密的权利人造成重大损失的行为，具体包括以下四种行为：

（1）以盗窃、利诱、胁迫或者其他不正当手段获取权利人的商业秘密的；

（2）披露、使用或者允许他人使用以前项手段获取的权利人的商业秘密的；

（3）违反约定或者违反权利人有关保守商业秘密的要求，披露、使用或者允许他人使用其所掌握的商业秘密的；

（4）明知或者应知是上面三种行为，获取、使用或者披露他人的商业秘密的，以侵犯商业秘密论处。

16. 什么是合同诈骗罪？

合同诈骗罪，是指以非法占有为目的，在签订、履行合同过程中，骗取对方当事人的财物，数额较大的行为。合同诈骗罪的犯罪行为具体包括：

（1）没有实际履行能力，以先履行小额合同或者部分履行合同的方法，诱骗对方当事人继续签订和履行合同的；

（2）收受对方当事人给付的货物、货款、预付款或者担保财产后逃匿的；

（3）经虚构的单位或者冒用他人名义签订合同的；

（4）以伪造、变造、作废的票据或者其他虚假的产权证明作担保的；

（5）以其他方法骗取对方当事人财物的。

在此需要指出，合同诈骗罪与经济合同纠纷是不同的。经济合同纠纷是合同双方当事人对合同履行情况或者合同未履行的后果产生纠纷，即对合同的变更或者解除产生分歧。在经济合同纠纷的情况下，任何一方当事人都没有非法占有对方财物的目的，也没有骗取对方财物的行为，应当通过调解、仲裁或者民事诉讼的方式解决。

合同诈骗罪与合同欺诈也是不同的。合同欺诈是在所签订的合同中，故意隐瞒某些真实情况,如产品的瑕疵、功效等,但其本意不是不履行合同,也不具有非法占有对方财物的目的,不属于合同诈骗。

17. 什么是非法经营罪?

非法经营罪,是指违反国家规定,进行非法经营活动,扰乱市场秩序,情节严重的行为,具体包括以下四种情形:

(1) 未经许可经营法律、行政法规规定的专营、专卖物品或者其他限制买卖的物品的;

(2) 买卖进出口许可证、进出口原产地证明以及其他法律、行政法规规定的经营许可证或者批准文件的;

(3) 未经国家有关主管部门批准,非法经营证券、期货、保险业务的,或者非法从事资金支付结算业务的;

(4) 其他严重扰乱市场秩序的非法经营行为。

18. 什么是非法经营同类营业罪?

非法经营同类营业罪,是指国有公司、企业的董事、经理利用职务便利,自己经营或者为他人经营与其所任职公司、企业同类的营业,获取非法利益,数额巨大的行为。

19. 什么是故意杀人罪?

故意杀人罪,是指故意非法剥夺他人生命的行为。

构成故意杀人罪必须具备以下两点:

(1) 剥夺他人生命的行为必须是非法的,如果合法剥夺他人的生命,如在正当防卫中没有明显超过必要限度造成不法侵害人死亡的,就是正当的合法行为。再如对被人民法院经过审理判处死刑的罪犯依法执行死刑,就是合法地剥夺他人生命的行为。

(2) 行为人所剥夺的必须是他人的生命才构成犯罪,如果剥夺的是自己的生命,是自杀行为,不是犯罪。

根据《刑法》第232条的规定,犯故意杀人罪的,处死刑、无期徒刑或者10年以上有期徒刑;情节较轻的,处3年以上10年以下有期徒刑。

20. 什么是非法拘禁罪?

非法拘禁罪,是指以拘押、禁闭或者其他强制方法,非法剥夺他人人身自由权利的行为。根据《最高人民检察院关于〈人民检察院直接受理立案侦查案件立案标准的规定(试行)〉》的规定,非法剥夺他人人身自由具有下列情形之一的,即应当以非法拘禁罪论处:

(1) 非法拘禁的时间持续超过24小时的;

(2) 3次以上非法拘禁他人,或者一次非法拘禁3人以上的;

(3) 非法拘禁他人,并实施捆绑、殴打、侮辱等行为的;

(4) 非法拘禁,致人伤残、死亡、精神失常的;

(5) 为索取债务非法扣押、拘禁他人,具有上述情形之一的;

(6) 司法工作人员对明知是无罪的人而非法拘禁的。

国家机关工作人员利用职权犯该罪的,从重处罚。使用暴力致人重伤或者死亡的,依故意伤害罪或者故意杀人罪处罚。

21. 什么是绑架罪?

绑架罪,是指以勒索财物为目的,采取暴力、胁迫或者其他方法绑架他人,或者绑架他人作为人质的行为。以勒索财物为目的偷盗婴幼儿的,以绑架罪论处。在绑架的过程中,如果造成了被绑架人的死亡,无论死亡的结果是由于行为人的故意还是过失引起的,都只定绑架罪一罪,而不认定为数罪。如果在绑架的过程中,对女性被绑架人实施了强奸,应当以绑架罪和强奸罪实行数罪并罚。

根据《刑法》第239条的规定,犯绑架罪的,处10年以上有期徒刑或者无期徒刑,并处罚金或者没收财产;情节较轻的,处5年以上10年以下有期徒刑,并处罚金;致使被绑架人死亡或者杀害被绑架人的处死刑,并没收财产。

22. 什么是拐卖妇女、儿童罪?

拐卖妇女、儿童罪,是指以出卖为目的,拐骗、绑架、收买、贩卖、接送、中转拐卖妇女、儿童的行为。在拐卖妇女、儿童的过程中,往往与其他犯罪发生联系,如对被拐卖妇女实施强奸,强迫被拐卖妇女卖淫等,按照《刑法》的规定,这些行为仍属于拐卖妇女、儿童的范畴,应当作为拐卖妇女、儿童的一个量刑情节予以考虑,不认定为数罪。如果在拐卖妇女、儿童的过程中,杀害或者伤害被拐卖妇女、儿童的,行为已经超出了拐卖妇女、儿童的范畴,应当认定为数罪。

根据《刑法》第240条的规定,犯本罪,处5年以上10年以下有期徒刑,并处罚金;有下列情形之一的,处10年以上有期徒刑或者无期徒刑,并处罚金或者没收财产;情节特别严重的处死刑,并处没收财产:

(1) 拐卖妇女、儿童3人以上的;

(2) 以出卖为目的,偷盗婴儿的;

(3) 拐卖妇女、儿童集团的首要分子;

(4) 诱骗、强迫被拐卖妇女卖淫或者将被拐卖妇女卖给他人迫使其卖淫的;

(5) 奸淫被拐卖的妇女的;

(6) 以出卖为目的,使用暴力、胁迫或者麻醉方法绑架妇女、儿童的;

(7) 造成被拐卖妇女、儿童或者其亲属重伤、死亡或者其他严重后果的;

(8) 将妇女、儿童卖往境外的。

23. 什么是抢劫罪？

抢劫罪，是指以非法占有为目的，以暴力、胁迫或者其他方法使他人不能抗拒，强行将公私财物抢走的行为。

抢劫罪有以下四点应当注意。

（1）行为人必须对被害人实施了强制性的行为，这是区分抢劫罪与抢夺罪的关键。所谓强制性行为包括三种情况：一是暴力方法，是指对被害人的人身使用暴力，如捆绑、殴打、禁闭、伤害甚至杀害等足以使被害人的身体受到强制，处于不能反抗或者不敢反抗的状态；二是胁迫方法，是指对被害人以立即使用暴力相威胁，进行精神上的强制，使被害人产生恐惧感，不敢反抗；三是其他方法，是指对被害人以用酒灌醉或者药物麻醉等方法，使被害人丧失反抗能力，无法反抗。在此需要指出，被害人不能反抗、不敢反抗、无法反抗的状态必须是由行为人的强制性行为造成的，也就是说，行为人的强制性行为与被害人的不能反抗、不敢反抗、无法反抗的状态之间具有刑法上的因果关系。如果是被害人由于自己的原因造成醉酒状态，或者是被害人处于昏睡状态，行为人拿走财物，不能认定为抢劫而只能是盗窃。

（2）财物必须是当场取得的。

（3）《刑法》第267条规定，携带凶器抢夺的，认定为抢劫罪，而不管是否使用了携带的凶器。

（4）行为人先是实施了抢夺、盗窃、诈骗等行为后，又当场使用暴力或者以暴力相威胁的方式窝藏赃物、毁灭证据或者抗拒抓捕，则应定为抢劫罪。

根据《刑法》第263条的规定，犯本罪的，处3年以上10年以下有期徒刑，并处罚金；有下列情形之一的，处10年以上有期徒刑、无期徒刑或者死刑，并处罚金或者没收财产：

（1）入户抢劫的；

（2）在公共交通工具上抢劫的；

（3）抢劫银行或者其他金融机构的；

（4）多次抢劫或者抢劫数额巨大的；

（5）抢劫致人重伤、死亡的；

（6）冒充军警人员抢劫的；

（7）持枪抢劫的；

（8）抢劫军用物资或者抢险、救灾、救济等物资的。

24. 什么是抢夺罪？

抢夺罪，是指以非法占有为目的，公开夺取数额较大的公私财物的行为。抢夺罪与抢劫罪的区别为抢夺罪是公然夺取。如果行为人携带枪支、爆炸物、管制刀具等国家禁止个人携带的器械进行抢夺，都应认定为抢劫罪。抢夺同时由于过失致人重伤或者死亡等后果,依照处罚较重的认定。

根据《刑法》第267条的规定,犯本罪,数额较大的,处3年以下有期徒刑、拘役或者管制,并处或者单处罚金;数额巨大或者有其他严重情节的,处3年以上10年以下有期徒刑,并处罚金;数额特别巨大或者有其他特别严重情节的,处10年以上有期徒刑或者无期徒刑,并处罚金或者没收财产。

25. 什么是敲诈勒索罪?

敲诈勒索罪,是指以非法占有为目的,以对被害人实施威胁或者要挟的方法,强索公私财物,数额较大的行为。

根据《刑法》第274条的规定,犯本罪,数额较大或者多次敲诈勒索的,处3年以下有期徒刑、拘役或者管制,并处或者单处罚金;数额巨大或者有其他严重情节的,处3年以上10年以下有期徒刑,并处罚金;数额特别巨大或者有其他特别严重情节的,处10年以上有期徒刑,并处罚金。

26. 什么是盗窃罪?

盗窃罪,是指以非法占有为目的,秘密窃取数额较大的公私财物或者多次盗窃的行为。在认定盗窃罪时应当注意:

(1)数额较大,一般由各省、自治区、直辖市根据具体情况在500~2000元确定一个具体标准。多次盗窃数额未经处理的,其盗窃数额都应当累计计算。盗窃数额是指盗窃财物的实际价值和直接损失,不包括间接损失,也不是指行为人低价销赃后所得的数额。

(2)多次盗窃。根据《最高人民法院关于审理盗窃案件具体应用法律若干问题的解释》的规定,所谓多次盗窃是指在一年内入户盗窃或者在公共场所扒窃3次以上的,都属于多次盗窃的范畴。

根据《刑法》第264条的规定,犯本罪,数额较大的,或者多次盗窃、入户盗窃、携带凶器盗窃、扒窃的,处3年以下有期徒刑、拘役或者管制,并处或者单处罚金;数额巨大或者有其他严重情节的,处3年以上10年以下有期徒刑,并处罚金;数额特别巨大或者有其他特别严重情节的,处10年以上有期徒刑、无期徒刑,并处罚金或者没收财产。

27. 什么是诈骗罪?

诈骗罪,是指以非法占有为目的,用虚构事实或者隐瞒真相的方法,骗取数额较大的公私财物的行为。

根据《刑法》第266条的规定,犯本罪,数额较大的,处3年以下有期徒刑、拘役或者管制,并处或者单处罚金;数额巨大或者有其他严重情节的,处3年以上10年以下有期徒刑,并处罚金;数额特别巨大或者有其他特别严重情节的,处10年以上有期徒刑或者无期徒刑,并处罚金或者没收财产。《刑法》另有规定的,依照规定。

28. 什么是侵占罪？

侵占罪，是指以非法占有他人财物为目的，将代为保管的他人财物或者他人的遗忘物、埋藏物非法占为己有，数额较大，拒不交还的行为。在认定本罪时必须注意以下三点：

（1）行为人必须具有非法占有他人财物的行为，他人的财物是指他人委托自己代为保管的他人财物，他人的遗忘物，地下的埋藏物；

（2）侵占的财物必须达到数额较大的程度；

（3）行为人必须具有拒不退还或者交出的行为。

根据《刑法》第270条的规定，犯本罪，数额较大，拒不退还的，处2年以下有期徒刑、拘役或者罚金；数额巨大或者有其他严重情节的，处2年以上5年以下有期徒刑，并处罚金。

29. 什么是伪证罪？

伪证罪，是指在刑事诉讼中，证人、鉴定人、记录人、翻译人对与案件有重要关系的情节，故意作虚假证明、鉴定、记录、翻译，意图陷害他人或者隐匿罪证的行为。

根据《刑法》第305条的规定，犯本罪，处3年以下有期徒刑或者拘役；情节严重的，处3年以上7年以下有期徒刑。

30. 什么是窝藏罪、包庇罪？

窝藏罪、包庇罪，是指明知是犯罪的人而为其提供隐藏处所、财物、帮助其逃匿或者作假证明包庇的行为。窝藏、包庇行为包括以下四种具体形式：

（1）提供隐藏处所的；

（2）提供财物，资助或者协助犯罪分子逃匿的；

（3）提供其他便利条件帮助逃匿的；

（4）作假证明包庇的。

根据《刑法》第310条的规定，犯本罪，处3年以下有期徒刑、拘役或者管制；情节严重的，处3年以上10年以下有期徒刑。

根据《刑法》第362条的规定，旅馆业、饮食服务业、文化娱乐业、出租汽车业等单位的人员，在公安机关查处卖淫嫖娼活动时，为违法犯罪分子通风报信，情节严重的，依照包庇罪定罪处罚。

31. 什么是医疗事故罪？

医疗事故罪，是指医务人员由于严重不负责任，造成就诊人死亡或者严重损害就诊人身体健康的行为。

根据《刑法》第 335 条的规定,犯本罪,处 3 年以下有期徒刑或者拘役。

32. 什么是走私、贩卖、运输、制造毒品罪?

走私、贩卖、运输、制造毒品罪,是指明知是毒品而故意实施走私、贩卖、运输、制造毒品的行为。在此必须注意以下三个方面:

(1) 对于居间介绍买卖毒品的,无论是否获利,均以贩卖毒品罪的共犯处罚。

(2) 区分走私、贩卖、运输、制造毒品罪与诈骗罪的区别。对于故意贩卖假毒品骗取财物的,以诈骗罪论处;把假毒品误作真毒品进行走私、贩卖、运输的,应以本罪未遂论处。

(3) 走私、贩卖、运输、制造毒品,无论数量多少,都应当追究刑事责任,予以刑罚处罚。

33. 什么是嫖宿幼女罪?

嫖宿幼女罪,是指在嫖娼时,与不满 14 周岁的卖淫女发生性行为的行为。

根据《刑法》第 360 条的规定,犯本罪的,处 5 年以下有期徒刑,并处罚金。

34. 什么是传播性病罪?

传播性病罪,是指明知自己患有梅毒、淋病等严重性病而进行卖淫嫖娼的行为。

根据《刑法》第 360 条的规定,犯本罪的,处 5 年以下有期徒刑、拘役或者管制,并处罚金。

35. 什么是传播淫秽物品罪?

传播淫秽物品罪,是指传播淫秽书刊、影片、音像、图片或者其他淫秽物品,情节严重的行为。此处的情节严重包括:多次传播的;传播的次数不多,但传播的数量大的;传播的对象人数多、造成恶劣影响或者造成严重后果等。

根据《刑法》第 364 条、第 366 条的规定,犯本罪的,处 2 年以下有期徒刑、拘役或者管制。

36. 什么是贪污罪?

贪污罪,是指国家工作人员利用职务上的便利侵吞、窃取、骗取或者以其他手段非法占有公共财物的行为。所谓公共财产,是指下列财产:

(1) 国有财产;

(2) 劳动群众集体所有的财产;

(3) 在国家机关、国有公司、企业、集体企业和人民团体管理、使用或者运输中的私人财产,以公共财产论;

（4）用于扶贫和其他公益事业的社会捐助或者专项基金的财产。

根据《刑法》的规定，个人贪污数额在5000元以上的，即构成本罪。个人贪污数额不满5000元的，情节较重的，应当以犯罪论处；情节较轻，不以犯罪论处，由其所在单位或者上级主管机关酌情予以行政处分。

37. 什么是挪用公款罪？

挪用公款罪，是指国家工作人员利用职务上的便利，挪用公款归个人使用，进行非法活动的，或者挪用公款数额较大、进行营利活动的，或者挪用公款数额较大、超过3个月未还的行为。从这个定义可看出，有下列行为之一的就构成本罪：

（1）挪用公款归个人使用，进行非法活动的；
（2）挪用公款数额较大，归个人进行营利活动的；
（3）挪用公款归个人使用，数额较大，超过3个月未还的。

本罪中的归个人使用是指下列情形：

（1）将公款供本人、亲友或者其他自然人使用的；
（2）以个人名义将公款供其他单位使用的；
（3）个人决定以单位名义将公款供其他单位使用，谋取个人利益的。

38. 什么是受贿罪？

受贿罪，是指国家工作人员利用职务上的便利索取他人财物，或者非法收受他人财物，为他人谋利益的行为。受贿有以下两种基本形式：

（1）利用职务上的便利索取他人财物，即索贿；
（2）利用职务上的便利，非法收受他人财物，为他人谋利益的。

39. 什么是滥用职权罪？

滥用职权罪，是指国家机关工作人员滥用职权，致使公共财产、国家和人民利益遭受重大损失的行为。所谓滥用职权，是指超越职权范围或者违背法律授权宗旨，违反职权行使程序行使职权。

所谓重大损失，是指有下列结果之一：

（1）死亡1人以上，或者重伤3人以上或者轻伤10人以上的；
（2）直接经济损失10万元以上的；
（3）造成人员伤亡、直接经济损失虽然没有达到规定数量或者数额，但是情节恶劣，使工作、生产受到重大损害或者严重社会影响的。

案例评析

案例一：甲是某公司经理,乙是甲的司机。某日,乙开车送甲去谈公务,途中因违章超速行驶当场将行人丙撞死,并致行人李某重伤。乙想送李某去医院救治,被甲阻止。甲催乙送其前去谈公务,并称否则会造成重大经济损失。于是,乙打电话给120急救站后离开肇事现场。但因时间延误,李某不治身亡。

试问:

甲与乙的行为在《刑法》上如何认定?

案例一评析：根据法律的规定,甲与乙都构成交通肇事罪。最高人民法院2000年公布的《关于审理交通肇事刑事案件具体应用法律若干问题的解释》第5条规定,交通肇事后,单位主管人员、机动车所有人、承包人或者乘车人指使肇事人逃逸,致使被害人因得不到救助而死亡的,以交通肇事罪共犯论处。

附带说明的是,行为人在交通肇事后为逃避法律追究,将被害人带离事故现场后隐藏或者遗弃,致使被害人无法得到救助而死亡或者严重残疾的,按故意杀人罪、故意伤害罪定罪处罚。

案例二：《刑法》第274条规定,敲诈勒索罪,是指以非法占有为目的,以对被害人实施威胁或者要挟的方法,强索公私财物,数额较大的行为。根据这个规定,请你判断下列情形是否构成敲诈勒索罪?

1. 甲到乙的餐馆吃饭,在食物中发现一只苍蝇,遂以向消费者协会投诉为由进行威胁,索要精神损失费3000元。乙无奈只好付给甲3000元。

2. 甲到乙的餐馆吃饭,偷偷在食物中放了一只事准备好的苍蝇,然后以砸烂桌椅威胁,索要精神损失费3000元。乙无奈只好付给甲3000元。

3. 甲捡到乙的手机及身份证等财物后,给乙打电话,索要3000元,并称如果不付钱就不还手机及身份证等物。乙无奈付给甲3000元现金赎回手机及身份证等财物。

4. 甲妻与乙通奸,甲知道后十分生气,将乙暴打一场,乙主动写下一张赔偿精神损失费2万元的欠条。事后,甲持乙的欠条向其索要2万元,并称若乙不从,就向人民法院起诉乙。

案例二评析：情形1中甲不构成敲诈勒索罪,因为他的行为是正当的。

情形2中甲的行为构成敲诈勒索罪,因为他是事先准备好后再去,说明有敲诈勒索犯罪故意。

情形3中甲的行为不构成敲诈勒索犯罪,应当考虑是否构成侵占罪。

情形4中甲也不构成敲诈勒索罪,因为暴打乙时并无敲诈勒索的故意,而是乙主动写下的欠条,后来索要并说到人民法院起诉,这是正当的。

案例三：国家工作人员李某利用职务上的便利为某单位谋取利益。随后,该单位的经理送给李某一张购物卡,并告知其购物卡的价值为2万元、使用期限为1个月。李某收下购物卡后忘记了购物,导致购物卡过期作废,卡内的2万元被退回到原单位。

试问:

李某的行为是否构成受贿罪?

案例三评析: 李某的行为已经构成受贿罪(既遂)。当李某为他人谋取利益收下购物卡时,其受贿罪的犯罪事实已经成立,至于后来忘记使用等情形与之无关系。

案例四:《刑法》第172条规定,持有、使用假币罪,是指违反货币管理法规,明知是伪造的货币而持有、使用,数额较大的行为。请你根据自己对该条规定的理解判断下列情形是否构成使用假币罪?

1. 李某用总面额1万元的假币进行赌博。

2. 银行工作人员王某利用职务便利,以伪造的货币换取货币。

3. 张某在与他人签订经济合同时,为了显示自己的经济实力,将总面额20万元的假币冒充真币出示给对方看。

4. 苏某用总面额10万元的假币换取高某1万元的真币。

案例四评析: 情形1中的李某构成使用假币罪,因为他已经投入到流通领域,不管此种使用是违法用途还是合法用途。

情形2中王某不构成使用假币罪,而应当构成金融工作人员以假币换取真币罪。

情形3中张某的行为不构成使用假币罪,因为他仅仅是炫耀,并未进入流通领域。其实张某行为构成的是持有假币罪。

情形4中苏某的行为不构成使用假币罪,而应当认定为出售假币罪。

案例五: 2000年9月,刘某找到景某为他开汽车,两次由外地购进假冒的"山海关"牌香烟1150条,在倒卖时被某工商行政管理所查获。该所依法将刘某尚未卖出的假"山海关"牌香烟300条、赃款1.45万元以及运烟的汽车扣押,并罚款1万元,责令刘某于月底前交清罚款。刘某拒交罚款,并与景某预谋将被扣押的汽车偷开回来。同年9月24日晚12时许,刘某携带尖刀、手铐与景某一起翻墙进入某工商行政管理所院内。因大门上锁无法将汽车开走,二人经商量,遂由景某负责给被扣汽车加油并注意周围的动静,刘某从被扣押的汽车内拿出斧子、手电筒直奔二楼所长办公室要大门钥匙。值班的副所长张某被惊醒,当即起身,刘某见状便大叫:"别动,趴下,把脸蒙上。"这时,张某趁机抓起被子朝刘某捂去,刘某挥斧将被子刮破,砍在办公桌上,张某与刘某边搏斗边呼喊,致张某轻微伤。刘某见势不好,扔下斧头下楼和景某一起逃跑。

试问:

刘某与景某到外地购进假冒的"山海关"牌香烟进行倒卖的行为是否构成犯罪?如果构成犯罪,应定何罪?

案例五评析: 1. 刘某与景某到外地购进假冒的"山海关"牌香烟进行倒卖的行为构

成犯罪,应定非法经营罪。

2. 刘某和景某构成抢劫罪。因为被扣押的汽车虽为刘某所有,但已被扣押,处于国家机关管理之下,依法已是公共财产。刘某和景某预谋偷走而实际上用暴力劫取之,已构成抢劫罪。

3. 在共同犯罪中,刘某是主犯,景某是从犯。

4. 刘某的抢劫行为属于犯罪未遂。

5. 刘某构成累犯,而景某不构成累犯,因其被劳动教养3年,并非被判有期徒刑3年,不符合累犯的成立条件。

第八章　诉讼及非诉讼程序法

第一节　民事诉讼法与仲裁法

基本知识点

1. 民事诉讼的特征，民事诉讼法的特征，民事诉讼法的性质与任务。
2. 民事诉讼法的基本原则。
3. 民事诉讼法的基本制度，合议制度，回避制度，公开审判制度，两审终审制度。
4. 民事诉讼管辖的概念，管辖恒定原则，专门法院的管辖，级别管辖与地域管辖，裁定管辖，管辖权异议。
5. 诉的概念特点，诉的要素，诉的分类，反诉的概念、特点、条件与审理。
6. 当事人的概念，当事人的诉讼权利能力与诉讼行为能力，当事人的诉讼权利与诉讼义务，当事人的变更。
7. 原告与被告的概念、类别。
8. 必要共同诉讼与普通共同诉讼。
9. 有独立请求权的第三人与无独立请求权的第三人。
10. 诉讼代理人的概念、种类，法定诉讼代理人，委托诉讼代理人。
11. 民事证据的概念与特点，民事证据的种类，民事证据在理论上的分类，证据的保全。
12. 民事诉讼中的证明对象，无须证明的事实。
13. 证明责任的概念，证明责任的分配，证明责任的倒置。
14. 民事诉讼的证明标准。
15. 举证时限，证据交换，法院调查收集证据、质证、认证。
16. 期间的概念与种类，期间的计算，期间的耽误和延展。
17. 送达的概念，送达回证，送达的方式，送达的效力。
18. 法院调解的概念与性质，调解的原则，调解的程序，调解书及调解的效力。
19. 民事诉讼财产保全的概念与种类，保全的范围与措施，财产保全的程序。

20. 先予执行的概念、适用范围及程序。

21. 妨害民事诉讼行为的构成、种类,对妨害民事诉讼强制措施的种类与适用。

22. 诉讼费用的种类与负担,诉讼费用的缓、减、免。

23. 民事诉讼的起诉与受理,审理前的准备,开庭审理,撤诉与缺席判决,民事诉讼的延期审理,诉讼中止,诉讼终结。

24. 简易程序的概念与适用范围,简易程序的起诉与答辩、审理前的准备、开庭审理、判决。

25. 第二审程序的概念,上诉与上诉的受理,上诉案件的审理范围、审理方式,上诉案件的裁判。

26. 特别程序的概念、特点与适用范围,选民资格案件,宣告公民失踪和死亡案件,认定公民无行为能力或者限制行为能力的案件,认定财产无主的案件。

27. 审判监督程序的概念与特点,基于审判监督权的再审,基于检察监督权的抗诉和再审,基于当事人诉权的申请再审,再审案件的审判程序。

28. 督促程序的概念、特点与适用范围,支付令的申请与审查,对支付令的异议。

29. 公示催告程序的概念、特点与适用范围,公示催告程序的提起与审理。

30. 民事判决的概念、内容与法律效力,裁定的概念、内容与法律效力,决定的概念、内容与效力。

31. 执行的概念、原则,执行机构、执行根据、执行管辖、执行异议、执行和解、执行异议、执行担保与执行回转,申请执行与移送执行,执行措施,执行的中止与终结。

32. 仲裁的概念、特点、类型,仲裁法的概念、特点。

33. 仲裁的范围,仲裁的基本原则和制度。

34. 仲裁委员会应具备的条件。

35. 仲裁规则的概念、制定、主要内容、作用。

36. 仲裁协议的概念、类型、形式。

37. 仲裁协议的内容。

38. 仲裁条款的独立性。

39. 仲裁协议的效力。

40. 仲裁协议的无效和失效。

41. 仲裁当事人与代理人。

42. 仲裁的申请、审查、受理,仲裁中的保全。

43. 仲裁庭的组成。
44. 仲裁的审理。
45. 仲裁中的和解、调解和裁决。
46. 简易程序。
47. 申请撤销仲裁裁决。
48. 仲裁裁决的执行与不予执行。

重点问题

1. 什么是诉讼与诉讼法？

"诉讼"一词，从字面上看，"诉"字从言从斥，意即用言词斥责对方，有控告、告发之意；"讼"字从言从公，意即言之于公，在管理公共事务的官府支持下争辩是非曲直。从现代意义的角度讲，诉讼是指国家司法机关在当事人及其他诉讼参与人的参加下，依照法定的程序和方式，解决争讼和处理案件的活动。由于案件的性质和争讼目的不同，现代诉讼分为刑事诉讼、民事诉讼和行政诉讼。

诉讼法属于程序法，是指国家机关和当事人以及其他诉讼参与人进行诉讼活动必须遵循的法律规范的总称。一方面它以实体法为前提，为实体法在社会生活中的具体适用提供保障；另一方面它又以公开、民主的程序展现法的公正，成为国家依法治国的重要窗口。

2. 什么是民事诉讼法？

民事诉讼是国家审判机关对平等主体之间的民事权利之争查明事实，确认权利人的权利，认定责任方的民事责任的诉讼活动。民事诉讼法则是规定人民法院审理民事案件的具体原则、制度和程序，诉讼参加人的诉讼权利与义务，以及人民法院在诉讼中的职权的法律规范的总称。

3. 民事诉讼法的基本原则是什么？

（1）当事人诉讼权利平等的原则。在民事诉讼中，双方当事人依法享有平等的诉讼权利。对于自然人而言，不论其社会地位、年龄、性别、民族、职业、文化水平、宗教信仰有多大区别；对于法人或其他经济组织而言，不论其性质、经济实力、规模大小有何等差异，双方当事人在诉讼中都处于平等的诉讼地位，享有平等的诉讼权利。

（2）辩论原则。辩论原则，是指在人民法院的主持下，当事人有权就双方争议的某件事实和程序问题，各自陈述自己的主张并提供证据，互相进行辩驳，以维护自己的合法权益。

（3）处分原则。处分原则,是指民事诉讼当事人在法律规定的范围内,有权支配和处置自己的民事权利和诉讼权利。当事人行使处分权可以贯穿民事诉讼的全部过程,同时当事人行使处分权是相对的、有限的,而不是绝对自由的。

（4）法院调解的原则。在民事诉讼中,人民法院调解应遵循自愿、合法的原则。法院调解贯穿民事审判程序的各个阶段。

（5）检察监督原则。人民检察院有权对人民法院的民事审判活动进行监督。具体体现在,对人民法院的生效判决、裁定的正确性予以监督。

（6）支持起诉原则。支持起诉原则,是指对于侵害国家、集体或者个人民事权益的行为,在受害人不敢或者不能起诉时,有关的机关、社会团体、企事业单位有权支持受害人向人民法院起诉,以维护受害人的合法权益。

4. 什么是当事人？什么是原告？什么是被告？

当事人是以自己的名义提起诉讼或应诉,要求人民法院解决与相对人之间的纠纷的民事诉讼主体。当事人有广义与狭义之分。狭义的当事人,即通常所说的当事人,仅指原告、被告;广义的当事人,不但指原告、被告,还包括共同诉讼人、诉讼代表人和第三人。

引起诉讼程序发生,提出诉讼请求的人,即请求人民法院保护自己的主体民事权利或法律所保护利益的人,或者以自己的名义请求人民法院保护法律委托由其保护的他人的民事权利或法律所保护的利益的人,叫做原告。

经原告起诉称其侵犯原告的主体民事权利或者法律委托由原告保护的权利,或者是对这些权利发生纠纷而被传唤应诉的人,叫做被告。

5. 什么是两审终审制度？

我国民事审判实行两审终审制度,即一个民事案件经过两级人民法院审判后即告终结的制度,当事人不得再上诉,也不能再起诉,如果认为裁判有错误,可以申请再审或者申诉。

6. 公开审判的含义是什么？

公开审判是我国民事诉讼的一项重要制度,它对确保审判公正有着十分重要的作用。民事案件的审理过程和裁判结果要公开,允许公民旁听案件的审判活动,对不公开审理的案件,公民不能旁听审判活动,但案件的裁判结果仍需公开宣告。

7. 对什么样的案件不公开审理？

在下列三种情况下,应当或者可以不公开审判：
（1）涉及国家机密的案件;

（2）涉及个人隐私的案件；

（3）离婚案件、涉及商业秘密的案件，当事人申请不公开审理的，可以不公开审理。

8. 什么是法院管辖？

民事案件的管辖，是指各级人民法院和同级法院之间受理第一审民事案件的分工和权限。人民法院由地方人民法院、专门法院和最高人民法院构成。其中，地方人民法院包括基层人民法院、中级人民法院和高级人民法院。专门法院包括军事法院、铁路法院和海事法院。管辖分为级别管辖和地域管辖。级别管辖，是指上下级人民法院之间受理第一审民事案件的分工和权限。它是从纵的方向来划分法院组织系统中每一级人民法院各自管辖第一审民事案件的权限和范围，以便上下级人民法院之间对第一审案件的民事管辖有明确的分工。地域管辖又称区域管辖，是指同级人民法院之间受理第一审民事案件的分工和权限。

9. 继承遗产纠纷的诉讼应如何确定地域管辖？

遗产继承纠纷属于专属管辖范围。其中，遗产是指死亡公民遗留的个人生前所有的合法财产。因遗产继承产生的纠纷，应由被继承人死亡时住所地或主要遗产所在地人民法院管辖。

10. 什么是撤诉？

撤诉，是指人民法院受理案件后，至宣告判决或裁定前，原告主动要求撤回其向人民法院提出诉讼请求的行为。撤诉是当事人依法享有的一项诉讼权利，当事人通过行使此项诉讼权利以达到处分其起诉的诉讼权利和请求司法保护其实体权利的目的。

11. 什么是调解书？

调解书是人民法院根据当事人对他们之间的讼争事项经协商达成的协议而制作的确定当事人之间的实体权利义务关系的法律文书。调解书与判决书具有同等法律效力。

12. 什么是民事诉讼证据？民事诉讼证据有哪些种类？

民事诉讼证据，是指能够证明民事案件事实的材料。民事诉讼证据有以下七种：

（1）书证；

（2）物证；

（3）视听资料；

（4）证人证言；

（5）当事人陈述；

（6）鉴定意见；

（7）勘验笔录；
（8）电子数据。

13. 什么是举证责任？举证责任的一般原则是什么？

举证责任，是指民事诉讼当事人对自己的主张有提供证据加以证明的责任以及无法证明时所要承担的责任。举证责任的一般原则是"谁主张，谁举证"。即原告对自己的主张负责，负有提供证据的责任；被告对自己的主张，负有提供证据的责任。

14. 诉前财产保全的条件是什么？

诉前财产保全，是指在起诉前，人民法院根据利害关系人的申请，对被申请人的财产采取强制性保护措施。诉前财产保全的条件如下。

（1）必须是情况紧急，不立即采取保全措施，将会使申请人的合法权益受到难以弥补的损失。情况紧急，是指债务人马上要转移或者处分财产，而债权人又来不及起诉，需要马上采取保全措施。受到难以弥补的损失，是指如果不对被申请人的财产采取保全措施，财产一旦被转移或者处分，申请人的财产权利就难以实现。

（2）必须由利害关系人提出保全财产的申请。

（3）申请人必须提供担保。

15. 起诉的条件是什么？

起诉，是指民事法律关系的主体因自己或依法由其管理、支配的民事权益受到侵犯或者与他人发生争议时，以自己的名义请求人民法院予以审判保护的诉讼行为。

起诉条件可分为形式要件和实质要件。形式要件包括：

（1）必须提交起诉状；

（2）必须缴纳诉讼费用。

实质要件包括：

（1）原告是与本案有直接利害关系的公民、法人和其他组织；

（2）有明确的被告；

（3）有具体的诉讼请求和事实、理由；

（4）属于人民法院受理民事诉讼的范围和受诉人民法院管辖。

16. 什么是开庭审理？开庭审理的程序有哪些？

开庭审理，即人民法院在当事人及其他诉讼参与人的参加下，依照法定的形式和程序，在法庭上对案件进行实体审理并作出裁判的诉讼活动。开庭审理包括以下内容：开庭准备；宣布开庭；法庭调查；法庭辩论；合议庭评议；宣告判决。

17. 什么是缺席判决？

缺席判决，即在开庭审理时，一方当事人未到庭，人民法院仅就到庭的一方进行调查及审核证据，并对未到庭一方当事人的诉讼材料进行审查后，依法作出裁判的诉讼活动。

18. 上诉的条件是什么？

上诉，是指当事人对一审未生效的判决、裁定，在法定期限内表示不服，要求上一级人民法院进行审理并撤销或变更原裁判的诉讼行为。上诉行为导致第二审程序的开始，同时使一审判决的效力处于待定状态。当事人上诉需具备上诉的实质要件和形式要件。

所谓上诉的实质要件，是指依照法律规定对人民法院作出的哪些一审裁判可以上诉，即提起上诉的对象。《中华人民共和国民事诉讼法》(以下简称《民事诉讼法》)第164条规定："当事人不服地方人民法院第一审判决的，有权在判决书送达之日起15日内向上一级人民法院提起上诉。当事人不服地方人民法院第一审裁定的，有权在裁定书送达之日起10日内向上一级人民法院提起上诉"。因此，除地方各级人民法院制作的调解书，依特别程序审理作出的判决、裁定以及最高人民法院作出的判决、裁定和调解书外，均可提起上诉。对不予受理、管辖权有异议和驳回上诉的裁定可上诉外，其他裁定一律不得上诉。

19. 什么是审判监督程序？提起审判监督程序的条件是什么？

审判监督程序，是指各级人民法院院长认为本法院作出的判决、裁定和调解书确有错误，上级人民法院发现下级人民法院的判决、裁定和调解书确有错误，决定再审而适用的审判程序。

提起审判监督程序的条件是：

（1）必须有审判监督权的组织和院长提出。其中，具有审判监督权的组织是指最高人民法院和地方各级人民法院的上级法院；院长是指各级人民法院的院长。

（2）必须是对人民法院作出的已经发生法律效力而又有错误的判决、裁定和调解书提起。

（3）必须依法定的程序提起。

20. 什么是检察监督程序？

检察监督程序作为与审判监督程序、当事人申请再审程序并列引起再审程序的原因之一，是指人民检察院发现人民法院生效的判决、裁定确有错误，依法抗诉要求人民法院进行再审的程序。

21. 什么是抗诉？

民事诉讼中的抗诉，是指人民检察院认为人民法院生效的民事判决、裁定确有错误，依法提请人民法院适用再审程序予以纠正的民事诉讼活动。

22. 什么是当事人申请再审？当事人申请再审和申诉的区别是什么？

当事人申请再审，是指当事人认为已经发生法律效力的判决、裁定和调解书有错误，或人民法院已审结案件违反法定程序，或人民法院审判人员有违法行为，依法向人民法院提出的请求人民法院进行再审，变更或撤销原判决、裁定和调解书的诉讼行为。

当事人申请再审与申诉是两个概念，区别是：

（1）申请再审只能向原审人民法院或其上一级人民法院提出，而申诉不受法院的限制；

（2）申请再审的裁判和调解书范围有一定的限制，而申诉则不受限制；

（3）申请再审在时间上有限制，而申诉则没有时间上的限制；

（4）申请再审必须有法定事由，而申诉则无任何条件、次数的限制；

（5）申请再审是当事人的一项诉讼权利，符合法定条件就必须会引起再审程序的发生，而申诉是公民依照《宪法》享有的一项民主权利，它不一定会引起再审程序的发生。

23. 当事人对离婚问题能否申请再审？

（1）《民事诉讼法》第202条规定："当事人对已经发生法律效力的解除婚姻关系的判决、调解书，不得申请再审。"所以，解除婚姻关系的判决发生法律效力后，不管是否存在错误，当事人都无权申请再审。

（2）《最高人民法院关于适用〈中华人民共和国民事诉讼法〉若干问题的意见》第209条规定："当事人就离婚案件中的财产分割问题申请再审的，如果涉及判决中已分割的财产，人民法院应依照民事诉讼法第179条的规定进行审查，符合再审条件的，应立案再审；如涉及判决中未处理的夫妻共同财产，应当告知当事人另行起诉。"

24. 民事诉讼状包括哪些内容？

民事诉讼状包括以下内容：

（1）双方当事人的姓名、性别、年龄、民族、籍贯、职业、工作单位和住所，法人或者其他组织的名称、住所和法定代表人或者主要负责人的姓名、职务；

（2）诉讼请求和所根据的事实和理由；

（3）证明诉讼请求的根据和证据的来源，证人的姓名和住所，收受起诉状的人民法院的名称和起诉的年月日，并由起诉人签名或者盖章。

25. 第一审程序包括哪些内容？

民事诉讼中的第一审程序，是指人民法院对当事人起诉的民事案件受理后进行初次审判所适用的程序，包括第一审普通程序和简易程序。

(1) 第一审普通程序

第一审普通程序,是指人民法院审理第一审民事案件通常适用的程序。第一审普通程序包括以下三个阶段。

① 起诉和受理

起诉,是指原告向人民法院提出诉讼请求的行为。受理,是指人民法院经过对起诉的审查,认为符合法定条件,予以立案审理的诉讼行为。人民法院通过对起诉的审查,认为符合法定起诉条件,应当在7日内立案,并通知当事人。认为不符合法定起诉条件的,应当在7日内裁定不予受理,原告对裁定不服的,可以上诉。

② 审理前的准备

审理前的准备是人民法院受理起诉后为开庭所作的准备工作。人民法院受理起诉后5日内,应当将起诉状副本送达被告,告知被告收到后15日内提出答辩状。人民法院收到答辩状5日内将其副本发送原告。审判人员应当认真审核诉讼材料,调查收集必要的证据。

③ 开庭审理

开庭审理,是指人民法院在法庭上,依法对案件进行审理的诉讼活动,包括以下四个阶段。

第一,开庭准备。人民法院审理民事案件,应当在开庭3日前送达出庭通知,公开审理的,应当予以公告。开庭前要查明当事人和其他诉讼参与人是否到庭,宣布法庭纪律,告知当事人的诉讼权利和义务。

第二,法庭调查。围绕案件事实及有关证据进行,包括询问当事人和听取当事人陈述;询问证人,宣读证人证言;宣读鉴定结论,询问鉴定人;出示物证、书证和视听资料;宣读勘验笔录。

第三,法庭辩论。法庭辩论按照下列顺序进行:原告及其诉讼代理人发言;被告及其诉讼代理人答辩;第三人及其诉讼代理人发言或者答辩;相互辩论。法庭辩论终结,由审判长按原告、被告、第三人的先后顺序征询各方最后的意见。

第四,评议与宣判。辩论终结后,调解未达成协议,或只要有一方不同意调解,即应进行评议和宣判。评议和宣判可以当庭作出,也可以在休庭后的一段时间内作出。宣判一律公开进行。当庭宣判的,应在10日内发送判决书;定期宣判的,宣判后立即发给判决书。宣判时,应当告知当事人上诉权利、上诉期限和上诉法院。对于离婚案件,必须告知当事人在准予离婚的判决生效前,不得另行结婚。

(2) 第一审简易程序

简易程序,是指基层人民法院和它的派出法庭,审理事实清楚、权利义务关系明确、争议不大的简单民事案件所适用的程序。对简单的民事案件,原告可以口头起诉;当事人可以同时到基层人民法院及其派出法庭请求解决纠纷。受诉人民法院和法庭可以当即审理,可以用简便方式随即传唤当事人、证人。由审判员一人独任审理,庭审程序简便。

26. 什么是第二审程序？

第二审程序，是指人民法院审理上诉案件所适用的程序。当事人不服地方人民法院第一审判决和裁定的，有权在判决书送达之日起15日内，裁定书送达之日起10日内向上一级人民法院提起上诉。第二审人民法院应当组成合议庭，对上诉案件进行开庭审理。经过审理，按照不同情形分别处理。第二审人民法院的判决和裁定是终审的判决和裁定，一经宣告即发生法律效力。

27. 什么是诉讼费用？

狭义的诉讼费用又称裁判费用或审判费用，是指当事人因进行诉讼而向人民法院交纳和支付的费用。诉讼费用的种类主要包括三类：一类是当事人向人民法院起诉或提起各类申请时按照法律规定交纳的手续费，如案件受理费。一类是人民法院进行送达、公告等行为时要求当事人承担的有关费用，如公告送达的公告费、鉴定费等。另外一类则是指执行费用。广义的诉讼费用，是指当事人因进行诉讼所支出的一切费用，除了裁判费用外，还包括当事人费用。当事人费用是当事人为诉状及其他法律文书的代书而支付的报酬、当事人自身或其非律师的代理人出庭所需要的旅费及住宿费，以及律师费用。我国《民事诉讼法》规定的诉讼费用是指狭义的诉讼费用。

28. 诉讼费用有哪些种类？

根据《民事诉讼法》和《人民法院诉讼费用收费办法》（以下简称《收费办法》）的规定，诉讼费用主要包括案件受理费、其他诉讼费用和执行费用。

（1）案件受理费。案件受理费是人民法院决定受理案件后，按照有关规定应向当事人收取的费用。案件受理费分为三大类：一是财产案件的受理费；二是非财产案件的受理费；三是程序申请费。

（2）其他诉讼费用。其他诉讼费用主要是指人民法院在审理民事案件过程中实际支出的，应当由当事人支付的费用。其他诉讼费用主要包括以下六项：第一，勘验费，鉴定费，公告费，翻译费；第二，复制本案有关材料或法律文书的费用；第三，采取财产保全措施所支出的费用；第四，先予执行中实际支出的费用；第五，证人、鉴定人、翻译人员在人民法院规定日期出庭的交通费、食宿费、生活费和误工补贴；第六，人民法院认为应当由当事人负担的其他诉讼费用。

（3）执行费用。执行费用，是指执行人民法院的判决、裁定或者调解协议所支出的费用，以及当事人依法向人民法院申请执行仲裁机构的裁决、公证机关依法赋予强制执行效力的债权文书和行政机关的处理或处罚决定所应交纳的申请执行费和实际支出的费用。

29. 诉讼费用负担怎样确定？

（1）一审案件诉讼费用的负担

根据《收费办法》的规定，一审案件的诉讼费用按下列原则负担：

① 败诉人负担。

② 按比例负担。双方都有责任的，由人民法院按当事人在案件中各自责任的大小，决定双方分担诉讼费用的比例。按比例负担实际上是败诉人负担原则的体现。

③ 人民法院决定负担。这一原则适用于离婚案件诉讼费用的负担。根据法律规定，离婚案件诉讼费用的负担，由人民法院根据当事人的具体情况决定。

④ 原告负担。撤诉的案件，案件受理费由原告负担，减半收取。

⑤ 协商负担。这一原则适用于调解结案的案件。经人民法院调解达成协议的案件，诉讼费用的负担由双方当事人协商解决。协商不成的，再由人民法院决定。

⑥ 自行负担。由于当事人不当行为所支出费用的，不论实施不当行为的当事人诉讼结束后是否败诉，都应当由该当事人负担。

⑦ 申请人负担。这一原则适用于四种情况：第一，当事人依法申请复制本案有关材料和法律文书的，其所需要的实际成本费应由申请人负担；第二，在海事海商案件中，申请船东责任限制的申请费由申请人负担；第三，在督促程序中，督促程序因债务人异议而终结的，申请费由申请人负担，债务人未提出异议的，申请费由债务人负担；第四，在公示催告程序中，申请费和公告费由申请人负担。

（2）二审案件诉讼费用的负担

第二审人民法院审理上诉案件，应当按第一审案件收取诉讼费用的范围和标准，要求当事人负担上诉案件的诉讼费用。根据第二审人民法院审理上诉案件的不同结果，上诉案件诉讼费用的负担有下列五种情况。

① 当事人一方不服原判，提起上诉后，第二审人民法院判决驳回上诉，维持原判的，说明上诉人在第二审程序中败诉，因此，第二审的诉讼费用由上诉人负担。

② 双方当事人均不服原判提起上诉的，第二审人民法院审理后，判决驳回上诉、维持原判的，诉讼费用由双方当事人分担。

③ 第二审人民法院对上诉案件审理之后，对第一审人民法院的判决作了改判的，除应确定当事人对第二审诉讼费用的负担外，还应当相应地变更第一审人民法院对诉讼费用负担的决定。

④ 第二审人民法院审理上诉案件，经过调解达成协议的，在调解书送达后，原审人民法院的判决即视为撤销，其中关于诉讼费用的负担部分当然也应视为撤销。因此，对第一审和第二审的全部诉讼费用，由双方当事人一并协商解决负担问题；协商不成的，由第二审人民法院一并作出决定。

⑤ 第二审人民法院发回原审人民法院重审的案件，上诉人预交的上诉案件受理费不

予退还。重审后又上诉的,不再预交案件受理费。重审后,人民法院应根据重审结果,依照《收费办法》的有关规定确定诉讼费用的负担,并在法律文书上注明。

30. 什么是民事诉讼代理人?

以当事人的名义,在一定权限范围内,为当事人的利益进行诉讼活动的人,称为诉讼代理人。被代理的一方当事人称为被代理人。诉讼代理人代理当事人进行诉讼活动的权限称为诉讼代理权。诉讼代理的内容包括代为诉讼行为和代受诉讼行为。前者如代为起诉,代为提供证据、陈述事实,代为变更或者放弃诉讼请求等;后者如代为应诉,代为答辩,代为接受对方当事人的给付等。

诉讼代理人具有以下特征。

(1) 有诉讼行为能力。诉讼代理人的职责,是在代理权限范围内代理当事人实施诉讼行为和接受诉讼行为,维护当事人的合法权益,这就要求诉讼代理人必须有诉讼行为能力。否则,诉讼代理人便履行不了自己的职责。可见,具有诉讼行为能力是诉讼代理人的一个重要特征。

(2) 以被代理人的名义,并且为了维护被代理人的利益进行诉讼活动。诉讼代理人不是案件的一方当事人,与案件没有直接或间接的利害关系,他参加诉讼完全是为了给被代理人提供法律帮助。因此,诉讼代理人必须以被代理人的名义,并且为了维护被代理人的利益进行诉讼活动,而不能以自己的名义,为了维护自己的利益进行诉讼活动。诉讼代理人在诉讼中无自己的利益可言。

(3) 在代理权限范围内实施诉讼行为。诉讼代理人代为诉讼行为和代受诉讼行为的依据是诉讼代理权。为了防止诉讼代理权的滥用,维护被代理人的利益,诉讼代理权有一定范围的限制。诉讼代理人在代理权限范围内实施的诉讼行为才是诉讼代理行为,才产生诉讼代理的法律后果。诉讼代理人超越代理权实施的诉讼行为不是诉讼代理行为,不产生诉讼代理的法律后果。

(4) 诉讼代理的法律后果由被代理人承担。诉讼代理的法律后果包括程序性的后果和实体性的后果。前者如因代理当事人申请撤诉被人民法院批准而结束诉讼程序,后者如因代理当事人承认对方的诉讼请求而被人民法院判决承担某种民事义务。诉讼代理行为只要未超越诉讼代理权限,其法律后果均应由被代理人承担,而不由诉讼代理人承担。诉讼代理人超越诉讼代理权实施的诉讼行为则不是诉讼代理行为,其法律后果只能由诉讼代理人自己承担,除非被代理人对越权的诉讼代理行为予以追认。

(5) 在同一案件中只能代理一方当事人进行诉讼。民事案件中双方当事人利益相冲突的特点和设立诉讼代理制度的目的,决定了诉讼代理人在同一案件中只能代理一方当事人,而不能同时代理双方当事人,也不能在担任一方当事人诉讼代理人的同时又是该诉讼的对方当事人。

31. 民事诉讼代理人与刑事诉讼辩护人的区别有哪些？

（1）适用对象不同。民事诉讼代理人适用的对象包括民事案件的原告、被告和第三人，刑事诉讼辩护人适用的对象只限于刑事案件的被告人。

（2）产生原因不同。民事诉讼代理人基于当事人的委托或者法律的直接规定而产生，刑事诉讼辩护人基于被告人的委托或者人民法院的指定而产生。

（3）职责不同。民事诉讼代理人的职责较为广泛，可以在代理权限范围内实施各种诉讼行为，包括处分当事人的实体权利；刑事诉讼辩护人的职责较为单一，只能根据事实和法律，提出证明犯罪嫌疑人、被告人无罪、罪轻或者减轻、免除其刑事责任的材料和意见。

（4）诉讼地位不同。民事诉讼代理人必须以被代理人的名义并且为了维护被代理人的利益参加诉讼活动，其代理行为受代理权限的限制，严格来说民事诉讼代理人在诉讼中不具有独立的诉讼地位；刑事诉讼辩护人既不以被告的名义参加诉讼，也不受被告人的意志所左右，而只根据事实和法律提出辩护意见，他在诉讼中有独立的诉讼地位。

（5）介入的时间不同。在民事诉讼中，诉讼代理人一般在人民法院受理案件之后介入诉讼，开始诉讼代理活动；在刑事诉讼中，法律有特别规定的，应当从其规定。

（6）法律依据不同。民事诉讼代理人实施诉讼代理行为的法律依据是民事诉讼法；刑事诉讼辩护人实施刑事辩护行为的法律依据是刑事诉讼法。

32. 什么是宣告公民失踪案件？它有什么条件？

公民离开其最后居住地不知去向、下落不明，经过法律规定的期限仍无音讯，人民法院经利害关系人申请，判决宣告该公民失踪，并为其指定财产代管人的案件，称为宣告失踪案件。人民法院审理宣告公民失踪案件的程序称为宣告失踪程序。

宣告公民失踪的条件如下。

（1）存在宣告公民失踪的法律事实。

（2）有利害关系人提出申请。利害关系人，是指与下落不明的公民有人身关系或者民事权利义务关系的人，包括下落不明人的配偶、父母、子女、兄弟姐妹、祖父母、外祖父母、孙子女、外孙子女以及其他与之有民事权利义务关系的人。宣告失踪，必须有人提出申请，而且提出申请的人必须是利害关系人。无人申请，人民法院不得依职权宣告公民失踪；提出申请的人与失踪人没有利害关系，其申请就不能成立，人民法院不得宣告公民失踪。

（3）申请采取书面形式提出。其中，公安机关或者其他有关机关关于该公民下落不明的书面证明是申请宣告失踪的必不可少的附件。

（4）受申请的人民法院对案件有管辖权。宣告失踪的案件由被宣告失踪人住所地的基层人民法院管辖。住所地与居住地不一致的，由最后居住地的基层人民法院管辖。

利害关系人只有向有管辖权的人民法院提出申请,才能启动宣告失踪程序;只有有管辖权的人民法院才能宣告公民失踪。

33. 什么是宣告公民死亡案件？它有哪些条件？

公民离开其最后居住地或者因意外事故下落不明已满法定期限,或者因意外事故下落不明经有关机关证明该公民不可能生存,人民法院根据利害关系人的申请,依法判决宣告该公民死亡的案件,称为宣告公民死亡案件。人民法院审理宣告公民死亡案件的程序,称为宣告死亡程序。

宣告公民死亡的条件如下。

宣告公民死亡的法律后果与公民自然死亡基本相同,宣告公民死亡对被宣告死亡的公民及其利害关系人的权利义务都将产生重大影响,因此,人民法院宣告公民死亡必须严格依照法律规定的条件与程序进行。根据《民法通则》和《民事诉讼法》的规定,宣告公民死亡应当同时具备以下四个方面的条件。

（1）必须存在公民下落不明的事实。宣告公民死亡,必须首先存在公民下落不明、生死未卜的事实。确知公民的下落或者确知公民已经死亡的,均不能宣告死亡。根据《民事诉讼法》的规定,宣告公民死亡的法律事实包括三种情况：一是正常情况下公民离开其居住地下落不明;二是因意外事故下落不明;三是因意外事故下落不明,经有关机关证明该公民不可能生存。只要具备以上三种情况之一且符合其他法定条件的,利害关系人就可申请宣告死亡。根据《最高人民法院关于贯彻执行〈中华人民共和国民法通则〉若干问题的意见（试行）》的规定,对于在中国台湾或者在国外,无法正常通讯联系的,不得以下落不明宣告死亡。

（2）公民下落不明必须达到法定期限。根据《民事诉讼法》的规定,作为宣告公民死亡条件的下落不明必须达到一定的期限。该期限分为三种情况：第一,在正常情况下,公民下落不明满 4 年。第二,因意外事故下落不明满 2 年。即公民因意外事故下落不明,从意外事故发生之次日起,已经连续 2 年没有音讯、生死未卜;因战争下落不明的,从战争结束之日起,已经连续 2 年杳无音讯、生死未卜。第三,因意外事故下落不明,经有关机关证明该公民不可能生存。也就是说,因意外事故下落不明,有关机关证明该公民不可能生存的,不受下落不明期间的限制。

（3）有利害关系人提出书面申请。宣告公民死亡,必须有利害关系人提出申请。没有利害关系人提出申请,人民法院不得依职权宣告公民死亡;申请人不是利害关系人的,人民法院不得宣告公民死亡。根据《最高人民法院关于贯彻执行〈中华人民共和国民法通则〉若干问题的意见（试行）》的规定,申请宣告死亡的利害关系人的顺序是：配偶;父母、子女;兄弟姐妹、祖父母、外祖父母、孙子女、外孙子女;其他有民事权利义务关系的人。同一顺序的利害关系人,有的申请宣告死亡,有的不同意宣告死亡的,人民法院应当宣告死亡。

利害关系人的申请宣告死亡应当采取书面的形式,不得口头申请宣告死亡。申请书应当写明下落不明的事实、时间和请求,并附有公安机关或者其他有关机关关于该公民下落不明的书面证明。

宣告失踪不是宣告死亡的必经程序。公民下落不明,只要符合宣告死亡的条件,利害关系人可以不经申请宣告失踪而直接申请宣告死亡。由此也可以看出,宣告失踪程序与宣告死亡程序是两种相互独立而完整的程序制度。

(4)受申请的人民法院对案件有管辖权。宣告死亡,由下落不明人住所地的基层人民法院管辖。首先,从级别管辖来看,宣告死亡案件只能由基层人民法院管辖,中级以上的人民法院不得管辖宣告死亡案件。其次,从地域管辖来看,宣告死亡案件由下落不明人住所地的人民法院管辖。利害关系人只有向有管辖权的人民法院提出宣告死亡申请,该人民法院才能依法进行审查并作出宣告该公民死亡的判决。

34. 宣告公民死亡后有哪些法律后果?

公民被宣告死亡与其自然死亡的后果基本相同。具体来说,该公民的民事权利能力因宣告死亡而终止,其与配偶的婚姻关系自宣告死亡之日起消灭,继承因宣告死亡而开始。总之,宣告死亡结束了被宣告死亡人以自己的住所地或者经常居住地为活动中心所发生的民事法律关系,与被宣告死亡的公民的人身有关的民事权利义务关系随之终结。

但是,宣告死亡毕竟只是法律上的推定死亡,如果该公民在异地生存,其仍然享有民事权利能力,具有民事行为能力的公民在被宣告死亡期间实施的民事法律行为有效。《最高人民法院关于贯彻执行〈中华人民共和国民法通则〉若干问题的意见(试行)》规定,被宣告死亡和自然死亡的时间不一致的,被宣告死亡所引起的法律后果仍然有效,但自然死亡前实施的民事法律行为与被宣告死亡引起的法律后果相抵触的,则以其实施的民事法律行为为准。

35. 人身可否成为执行的对象?

根据我国法律的规定,人身不能成为执行对象。强制执行的标的应当是财产或者行为。

36. 对被执行人的金钱给付债务可以适用哪些执行措施?

被执行人的金钱给付债务,是指义务人应向权利人给付一定数额的金钱。金钱债权的执行是整个执行工作中案件数量最多、适用频率最高、执行任务最为繁重、意义最为重大的一部分。除了当事人之间金钱给付义务外,关于诉讼费用的执行、罚金、罚款的执行等也适用关于金钱债权的执行程序;非金钱债权的执行在一定情况下也可以转化为关于金钱债权的执行。如对可以替代行为的执行人民法院责令他人代为履行并由债务人支付费用,对于不可以替代行为的执行人民法院命债务人赔偿损失,对于代为履行费用和赔偿损失费用的执行都转化为对金钱债权的执行。对被执行人的金钱给付债务的执行措施主要有：

（1）查封、冻结、划拨被执行人在银行、非金融机构以及其他有储蓄业务的单位存款；

（2）扣留、提取被执行人的收入；

（3）查封、扣押、变卖、拍卖被执行人的财产；

（4）拍卖、变卖被执行人享有的知识产权；

（5）冻结、强制转让被执行人在有关企业中拥有的投资权益或股权；

（6）冻结、扣留提取被执行人在有关企业中应有的股息或红利。

37. 什么是仲裁？

仲裁亦称公断，是指双方当事人在争议发生前或发生后达成协议，自愿将他们之间的争议交仲裁机构，由仲裁机构以第三人的身份进行裁决，双方当事人对裁决必须执行的一种解决纠纷的制度和方式。

仲裁具有以下特征：

（1）仲裁是一种快速解决争议的方式，费用较低；

（2）仲裁以当事人自愿为前提，可以自愿选择仲裁事项、仲裁机构和仲裁员，甚至可以选择仲裁程序和所适用的法律；

（3）仲裁实行协议管辖，不受级别管辖、地域管辖和诉讼标的的金额的限制；仲裁不公开进行，能保护当事人的商业秘密，防止泄露当事人不愿公开的情况；

（4）仲裁为一裁终局，裁决一经作出即具有法律效力。

38. 仲裁协议应当包括哪些内容？

（1）请求仲裁的意思表示。

（2）仲裁事项。

（3）选定仲裁委员会。

39. 法律规定哪些事项不能仲裁？

下列纠纷不能仲裁：

（1）婚姻、收养、监护、扶养、继承纠纷；

（2）依法应当由行政机关处理的行政争议。

案例评析

案例一：齐某被宏大公司的汽车撞伤，诉至人民法院要求赔偿损失。下列关于本案举证责任的哪些说法是正确的?

1. 原告齐某应当举证证明是被宏大公司的汽车所撞受伤。
2. 原告齐某应当对自己受到的损失承担举证责任。
3. 被告宏大公司应当对其主张的自己没有过错承担举证责任。
4. 被告宏大公司应当对其主张的原告齐某有主观故意承担举证责任。

案例一评析：本案是道路交通事故致人损害的侵权行为,根据《道路交通安全法》的规定,机动车发生交通事故造成人身伤亡、财产损失的,由保险公司在机动车第三者责任强制保险的限额内赔偿,超过部分按照下列方式承担赔偿责任:(1)机动车之间发生交通事故的,由有过错的一方承担责任;双方都有过错的,按照各自过错的比例分担责任。(2)机动车与非机动车、行人之间发生交通事故的,由机动车一方承担责任;但是,有证据证明非机动车驾驶人、行人违反道路交通安全法律、法规,机动车驾驶人已经采取必要处置措施的,减轻机动车一方的责任。(3)交通事故的损失是由非机动车驾驶人、行为故意造成的,机动车一方不承担责任。因此可以决定上面的几种说法中只有说法3是错误的,其余3种观点是正确的,因为在道路交通事故中即使侵权人无过错也得承担责任,所以不需要被告证明自己没有过错。

案例二：根据《民事诉讼法》和有关司法解释,当事人可以约定下列哪些事项?

1. 约定合同案件的管辖法院。
2. 约定离婚案件的管辖法院。
3. 约定合议庭的组成人员。

案例二评析：根据《民事诉讼法》的规定,民事诉讼当事人可以就合同纠纷选择管辖法院,因此"1"的观点是正确的。

"2"的观点错误,在我国,离婚案件是不可以协议选择管辖法院的。

"3"的观点错误。根据《民事诉讼法》第39条的规定,人民法院审理第一审民事案件,由审判员、陪审员共同组成合议庭或者由审判员组成合议庭。合议庭的成员人数,必须是单数。由此可见,合议庭的成员由人民法院依职权确定,不能由当事人约定。

案例三：1996年7月,石家庄市奥龙健身房与广州市健身器械公司签订了一份购销合同。合同中的仲裁条款规定:"因履行合同发生的争议,由双方协商解决;无法协商解决的,由仲裁机构仲裁。"1996年9月,双方发生争议,奥龙健身房向其所在地的石家庄市仲裁委员会递交了仲裁申请书,但健身器械公司拒绝答辩。同年11月,双方经过协商,重新签订了一份仲裁协议,并商定将此合同争议提交该健身器械公司所在地的广州市仲裁委员会仲裁。事后奥龙健身房担心广州市仲裁委员会实行地方保护主义,偏袒健身器械公司,故未申请仲裁,向合同履行地人民法院提起诉讼,且起诉时说明此前两次约定仲裁的情况,人民法院受理此案,并向健身器械公司送达了起诉状副本,该器械公司向人民法院提交了答辩状。人民法院经审理判决被告健身器械公司败诉,被告不服,理由是双方事先有仲裁协议,人民法院的判决无效。

试问:

1. 购销合同中的仲裁条款是否有效？请说明理由。
2. 争议发生后,双方签订的协议是否有效？为什么？
3. 原告奥龙健身房向人民法院提起诉讼正确与否？为什么？
4. 人民法院审理本案是否正确？为什么？
5. 被告健身器械公司的上诉理由是否正确？为什么？
6. 被告健身器械公司是否具有上诉权？为什么？

案例三评析: 1. 仲裁条款无效。因为该仲裁条款未指明具体的仲裁委员会,致使无法履行而无效。

2. 双方重新签订的仲裁协议有效。因为该协议指明了具体的仲裁委员会。

3. 起诉不正确。因为双方的仲裁协议有效,就排除了人民法院的管辖权。

4. 人民法院的审理合法。因为原告奥龙健身房起诉后,被告健身器械公司未提出管辖权异议,视为人民法院有管辖权。

5. 上诉理由不成立。因为本案中人民法院的审理和判决都是有效的。

6. 被告享有上诉权。因为无论上诉理由是否正确,被告健身器械公司享有上诉权并不受影响。

第二节 刑事诉讼法

基本知识点

1. 刑事诉讼法的概念、特征,刑事诉讼法与刑法的关系。
2. 刑事诉讼法的目的与任务。
3. 刑事诉讼法的基本理念。
4. 刑事诉讼的基本原则。
5. 刑事诉讼中的专门机关(如公安机关、人民检察院、人民法院)。
6. 诉讼参与人,当事人,被害人,自诉人、犯罪嫌疑人、被告人,附带民事诉讼当事人,其他诉讼参与人(如法定代理人、诉讼代理人、辩护人、证人、鉴定人、翻译人员)。
7. 公安机关直接受理的刑事案件,人民检察院直接受理的案件,人民法院直接受理的案件。

8. 级别管辖,地区管辖,专门管辖。

9. 优先管辖,指定管辖,特殊情况的管辖。

10. 回避的概念,回避的意义,回避的适用人员。

11. 回避的理由,回避的种类。

12. 回避的期间,回避的申请、审查与决定,对驳回回避申请的复议。

13. 辩护人的概念、范围、诉讼地位、责任,辩护人的权利与义务,拒绝辩护,辩护词的基本格式与写法。

14. 自行辩护,指定辩护,辩护人介入刑事诉讼的时间。

15. 刑事代理的含义和种类,诉讼代理人的范围、责任与权利,代理词的基本格式与写法。

16. 刑事证据的概念、特征和意义,非法收集的言词证据排除规则。

17. 刑事证据的种类、收集、审查和运用。

18. 原始证据与传来证据,有罪证据与无罪证据,言词证据与实物证据,直接证据与间接证据。

19. 刑事诉讼中证明的概念、对象、责任,证明的标准。

20. 强制措施。

21. 拘传,取保候审,监视居住。

22. 拘留的概念、适用条件、程序、期限,刑事拘留与行政拘留、司法拘留的区别。

23. 逮捕的概念、适用条件、权限、批准、决定程序,逮捕的执行程序,逮捕的变更、撤销与解除。

24. 附带民事诉讼的概念和赔偿范围,附带民事诉讼的成立条件,附带民事诉讼的提起和审判。

25. 期间与送达。

26. 立案的概念与意义,立案的材料来源和条件,立案的程序和监督。

27. 侦查的概念、意义,侦查工作的原则,侦查行为,侦查终结,补充侦查,侦查监督。

28. 起诉的概念与意义,提起公诉的程序,提起自诉的程序。

29. 刑事审判的概念与意义,刑事审判的模式,刑事审判的原则,审级制度,审判组织。

30. 第一审程序的概念,公诉案件的第一审程序,自诉案件的第一审程序,简易程序、判决、裁定和决定。

31. 第二审程序的概念、功能和意义,第二审程序的提起,第二审程序的审判,扣押、冻结在案财物的处理,在法定刑以下判处刑罚的核准程序。

32. 死刑复核程序的概念和意义,判处死刑立即执行案件的复核程序,判处死刑缓期2年执行案件的复核程序。

33. 审判监督程序的概念与特点,审判监督程序的提起,依照审判监督程序对案件的重新审判。

34. 执行的概念、依据和机关,各种判决、裁定的执行程序,执行的变更程序,对新罪和申诉的处理,人民检察院对执行的监督。

35. 未成年人刑事案件诉讼程序的概念与意义,未成年人刑事案件诉讼程序的特有原则,未成年人刑事案件诉讼程序的特点。

重点问题

1. 刑事诉讼法的基本原则有哪些?

刑事诉讼法的基本原则,是指由法律规范的,司法机关在诉讼中必须遵守的基本行为准则。基本原则是对司法机关的要求,也是对司法机关进行诉讼活动的法律规范。人民法院、人民检察院、公安机关在刑事诉讼中,必须严格遵守基本原则。如果违反基本原则,就是违法。

我国刑事诉讼的基本原则是:

(1) 职权原则;

(2) 独立行使司法权原则;

(3) 专门机关与群众相结合原则;

(4) 以事实为根据,以法律为准绳原则;

(5) 司法机关分工负责、互相配合、互相制约原则;

(6) 公民适用法律一律平等原则;

(7) 民族语言文字原则;

(8) 未经审判不得定罪原则;

(9) 保障诉讼参与人依法享有诉讼权利原则;

(10) 依法不追究原则;

(11) 刑事司法主权原则;

(12) 刑事司法协助原则;

(13) 法律监督原则。

2. 什么是职权原则？

（1）侦查权由公安机关行使，人民检察院、军队保卫部门、监狱在特定范围内也行使侦查权；检察权由人民检察院行使；审判权由人民法院行使。

（2）除法律特别规定外，其他任何机关、团体和个人都无权行使这些权力。

（3）各机关行使各自的法定职权，不能互相混淆、互相代替。

它的意义在于有利于各专门机关正确行使国家权力，有利于保障刑事诉讼活动及时启动和正常进行，要纠正重实体、轻程序的观念。

3. 什么是未经审判不得定罪原则？

（1）只有人民法院有权确定某人是否有罪和犯有何罪。

（2）在人民法院依法作出有罪判决之前，不得将任何人确定有罪。

（3）证据不足，指控不能成立的，人民法院应宣告被告人无罪。

（4）举证责任由控方承担。

4. 辩护的内容有哪些？辩护人的范围是什么？

辩护的内容有：犯罪嫌疑人、被告人有自行辩护的权利；犯罪嫌疑人、被告人有权获得辩护人的帮助；司法机关特别是人民法院，有义务保障犯罪嫌疑人、被告人获得辩护。它的意义在于有利于司法机关正确处理案件；有利于公安、司法机关维护犯罪嫌疑人、被告人的合法权益；有利于更好地完成《刑事诉讼法》的教育任务。

犯罪嫌疑人、被告人除自己行使辩护权以外，还可以委托1～2人作为辩护人。下列的人可以被委托为辩护人：

（1）律师；

（2）人民团体或者犯罪嫌疑人、被告人所在单位推荐的人；

（3）犯罪嫌疑人、被告人的监护人、亲友。

正在被执行刑罚或者依法被剥夺、限制人身自由的人，不得担任辩护人。

犯罪嫌疑人自被侦查机关第一次讯问或者采取强制措施之日起，有权委托辩护人；在侦查期间，只能委托律师作为辩护人。被告人有权随时委托辩护人。侦查机关在第一次讯问犯罪嫌疑人或者对犯罪嫌疑人采取强制措施的时候，应当告知犯罪嫌疑人有权委托辩护人。人民检察院自收到移送审查起诉的案件材料之日起3日以内，应当告知犯罪嫌疑人有权委托辩护人。人民法院自受理案件之日起3日以内，应当告知被告人有权委托辩护人。犯罪嫌疑人、被告人在押期间要求委托辩护人的，人民法院、人民检察院和公安机关应当及时转达其要求。

犯罪嫌疑人、被告人因经济困难或者其他原因没有委托辩护人的，本人及其近亲属可以向法律援助机构提出申请。对符合法律援助条件的，法律援助机构应当指派律师为其提供辩护。犯罪嫌疑人、被告人是盲、聋、哑人,或者是尚未完全丧失辨认或者控制自己行为能力的精神病人,没有委托辩护人的,人民法院、人民检察院和公安机关应当通知法律援助机构指派律师为其提供辩护。犯罪嫌疑人、被告人可能被判处无期徒刑、死刑,没有委托辩护人的,人民法院、人民检察院和公安机关应当通知法律援助机构指派律师为其提供辩护。

5. 回避制度的概念是什么?回避制度适用于哪些情形?

回避制度,是指侦查人员、检察人员、审判人员等同案件有法定的利害关系或者其他可能影响案件公正处理的关系,不得参与该案件诉讼活动的一种诉讼制度。回避制度是利益规避原则的体现,其目的在于消除程序不公的因素,保证客观公正地处理案件,防止先入为主和徇私舞弊。实行回避制度,有利于避免司法人员的角色冲突,不至于既是当事人又是裁判者;有利于实现刑事诉讼的职能分离,使刑事诉讼中的控诉、辩护、审判职能由不同的人员承担;有利于保持司法人员的客观公正,消除当事人及其法定代理人的思想顾虑,增加诉讼参与人和社会公众对司法的公正性的信任度,减少不必要的上诉和申诉。

根据《刑事诉讼法》的规定,适用回避的人员包括审判人员、检察人员、侦查人员以及书记员、翻译人员、鉴定人。他们有下列情形之一的,应当自行回避,当事人及其法定代理人也有权要求他们回避:

(1) 是本案的当事人或者是当事人的近亲属的;
(2) 本人或者他的近亲属和本案有利害关系的;
(3) 担任过本案的证人、鉴定人、辩护人、诉讼代理人的;
(4) 与本案当事人有其他关系,可能影响公正处理案件的。

上述人员接受当事人及其委托的人的"请客送礼"或者违反规定会见当事人及其委托的人的,当事人及其法定代理人有权要求他们回避。

6. 什么是刑事诉讼中的证据?证据有哪些种类?

根据《刑事诉讼法》的规定,证据包括物证、书证,证人证言,被害人陈述,犯罪嫌疑人、被告人供述和辩解,鉴定意见,勘验、检查笔录,视听资料与电子数据七种。

物证,是指以其外部特征、存在场所和物质属性证明案件事实的实物和痕迹。

书证是以文字、符号、图画等记载的内容和表达的思想来证明案件事实的书面文件和其他物品。

证人证言是证人就自己所知道的案件情况向公安司法机关所作的陈述。一般是口头陈述,以证人证言笔录加以固定;经办案人员同意由证人亲笔书写的书面证词,也是证人证言。

被害人陈述是犯罪行为的直接受害者就其了解的案件情况,向公安司法机关所作的陈述。

犯罪嫌疑人、被告人供述和辩解,是指犯罪嫌疑人、被告人在刑事诉讼中就其被指控的犯罪事实以及其他案件事实向公安司法机关所作的陈述,通常称为口供。其内容主要包括犯罪嫌疑人、被告人承认自己有罪的供述和说明自己无罪、罪轻的辩解。

鉴定意见是公安司法机关为了解决案件中某些专门性问题,指派或者聘请具有专门知识和技能的人,进行鉴定以后所作的书面结论。

勘验笔录是办案人员对与犯罪有关的场所、物品、尸体等进行勘查、检验所作的记录,其形式包括文字记载、绘制的图样、照片、复制的模型材料和录像等。检查笔录是办案人员为确定被害人、犯罪嫌疑人、被告人的某些特征、伤害情况和生理状态,对他们的人身进行检验和观察后所作的客观记载。

视听资料、电子数据,是指以录音、录像、电子计算机以及其他高科技设备储存的信息证明案件真实情况的资料。

7. 刑讯获取的口供能否作为证据使用?

根据《刑事诉讼法》第54条的规定,采用刑讯逼供等非法方法收集的犯罪嫌疑人、被告人供述和采用暴力、威胁等非法方法收集的证人证言、被害人陈述,应当予以排除。收集物证、书证不符合法定程序,可能严重影响司法公正的,应当予以补正或者作出合理解释;不能补正或者作出合理解释的,对该证据应当予以排除。在侦查、审查起诉、审判时发现有应当排除的证据的,应当依法予以排除,不得作为起诉意见、起诉决定和判决的依据。

8. 什么是刑事诉讼中的强制措施?

我国刑事诉讼中的强制措施,是指公安机关、人民检察院和人民法院为了保证诉讼活动的顺利进行,依法对犯罪嫌疑人、被告人所采取的在一定期限内暂时限制或者剥夺其人身自由的法定强制方法。强制措施包括拘传、取保候审、监视居住、拘留和逮捕五种。强制措施的作用主要是用以防止犯罪嫌疑人、被告人逃避侦查和审判或者继续犯罪,因此它是进行诉讼活动的一种保障条件,不是一种刑罚,也不是治安处罚或者其他处分。在整个刑事诉讼过程中,强制措施的运用与侦查活动最为密切。公安机关使用强制措施最为广泛、灵活和频繁。

9. 什么是取保候审?如何适用取保候审?

取保候审,是指公安机关、人民检察院或人民法院责令犯罪嫌疑人、被告人提出保证人或交纳保证金,保证其不逃避和妨碍侦查、起诉和审判,并随传随到的一种强制方法。

根据《刑事诉讼法》第65条的规定,人民法院、人民检察院和公安机关对有下列情形之一的犯罪嫌疑人、被告人,可以取保候审:

(1) 可能判处管制、拘役或者独立适用附加刑的;
(2) 可能判处有期徒刑以上刑罚,采取取保候审不致发生社会危险性的;
(3) 患有严重疾病、生活不能自理,怀孕或者正在哺乳自己婴儿的妇女,采取取保候审不致发生社会危险性的;
(4) 羁押期限届满,案件尚未办结,需要采取取保候审的。

取保候审由公安机关执行。

10. 拘留的适用要注意什么?

拘留,是指公安机关、人民检察院对直接受理的案件,在侦查过程中遇到法定的紧急情况,对现行犯或者重大嫌疑分子所采取的临时剥夺人身自由的强制方法。

根据《刑事诉讼法》第80条的规定,公安机关对于现行犯或者重大嫌疑分子,如果有下列情形之一的,可以先行拘留:

(1) 正在预备犯罪、实行犯罪或者在犯罪后即时被发觉的;
(2) 被害人或者在场亲眼看见的人指认他犯罪的;
(3) 在身边或者住处发现有犯罪证据的;
(4) 犯罪后企图自杀、逃跑或者在逃的;
(5) 有毁灭、伪造证据或者串供可能的;
(6) 不讲真实姓名、住址,身份不明的;
(7) 有流窜作案、多次作案、结伙作案重大嫌疑的。

11. 讯问犯罪嫌疑人正确的做法是什么?

讯问犯罪嫌疑人必须由人民检察院或者公安机关的侦查人员负责进行。讯问的时候,侦查人员不得少于二人。犯罪嫌疑人被送交看守所羁押以后,侦查人员对其进行讯问,应当在看守所内进行。

对不需要逮捕、拘留的犯罪嫌疑人,可以传唤到犯罪嫌疑人所在市、县内的指定地点或者到他的住处进行讯问,但是应当出示人民检察院或者公安机关的证明文件。对在现场发现的犯罪嫌疑人,经出示工作证件,可以口头传唤,但应当在讯问笔录中注明。传唤、拘传持续的时间不得超过12小时;案情特别重大、复杂,需要采取拘留、逮捕措施的,传唤、拘传持续的时间不得超过24小时。不得以连续传唤、拘传的形式变相拘禁犯罪嫌疑人。传唤、拘传犯罪嫌疑人,应当保证犯罪嫌疑人的饮食和必要的休息时间。

侦查人员在讯问犯罪嫌疑人的时候,应当首先讯问犯罪嫌疑人是否有犯罪行为,让他陈述有罪的情节或者无罪的辩解,然后向他提出问题。犯罪嫌疑人对侦查人员的提问,应当如实回答。但是对与本案无关的问题,有拒绝回答的权利。侦查人员在讯问犯罪嫌疑人的时候,应当告知犯罪嫌疑人如实供述自己的罪行可以从宽处理的法律规定。

讯问聋、哑的犯罪嫌疑人,应当有通晓聋、哑手势的人参加,并且将这种情况记明笔录。

讯问笔录应当交犯罪嫌疑人核对,对于没有阅读能力的,应当向他宣读。如果记载有遗漏或者差错,犯罪嫌疑人可以提出补充或者改正。犯罪嫌疑人承认笔录没有错误后,应当签名或者盖章。侦查人员也应当在笔录上签名。犯罪嫌疑人请求自行书写供述的,应当准许。必要的时候,侦查人员也可以要犯罪嫌疑人亲笔书写供词。

侦查人员在讯问犯罪嫌疑人的时候,可以对讯问过程进行录音或者录像;对于可能判处无期徒刑、死刑的案件或者其他重大犯罪案件,应当对讯问过程进行录音或者录像。录音或者录像应当全程进行,保持完整性。

12. 什么是自诉案件?

自诉案件,是指由被害人或其法定代理人直接向人民法院提起的控诉。

自诉案件包括以下三类:

(1)告诉才处理的案件;

(2)被害人有证据证明的轻微刑事案件;

(3)被害人有证据证明对被告人侵犯自己人身、财产权利的行为应当依法追究刑事责任,而公安机关或者人民检察院不予追究刑事责任的案件;它的特点是情节简单,因果关系清楚;自诉人与被告人诉讼权利平等。

案例评析

案例一:曾龙祥聘请了被告梁贵芳、李朝会做保姆,梁贵芳负责照顾被害人曾令浩(曾龙祥之子,案发时2岁),李朝会主要负责家务。

2009年1月3日17时,梁贵芳到厨房做饭,让李朝会临时照看曾令浩。李朝会在照看曾令浩时,曾令浩伸手欲拿一个桂圆(有核)吃,李朝会顺手将桂圆剥皮后喂给曾令浩,曾令浩吃下桂圆后,痛苦难耐,李朝会见状,立即告知梁贵芳,并问梁贵芳桂圆是否有核,梁贵芳告诉李朝会桂圆有核,李朝会惊慌失措。二人见曾令浩的脸色不对,立即将曾令浩送往小区附近的药房求助。在去药房的途中,李朝会害怕承担责任,遂提议让梁贵芳一起隐瞒小孩被带核桂圆卡住咽喉的真相,梁贵芳听后默然不答。曾令浩被带到药房后,药房工作人员帮助拨打了"120"急救电话。等候过程中,药房工作人员和周围群众询问曾令浩的病因,李朝会、梁贵芳隐瞒了曾令浩被带核桂圆卡住咽喉的事实。梁贵芳随后返回曾令浩家中查找曾令浩父母的电话,李朝会陪同"120"急救人员送曾令浩前往医院,"120"急救人员向李朝会询问曾令浩是否吃过什么东西时,李朝会继续隐瞒曾令浩被带核桂圆卡住咽喉的事实。急救人员遂采取了心肺复苏术、面部给氧等急救措施,并将曾令浩立即送往医院。医院对曾令浩实施了3小时急救,期间多次询问李朝会曾令浩可曾吃过什么东西,李朝会均回答没有。直到晚21时,医生发现曾令浩的咽喉中有异物,将其取出,22点30分,曾令浩因异物吸入、窒息、脑疝、多器官功能衰竭,经抢救无效死亡。

试就本案中相关主体的行为进行法律分析。

案例一评析: 重庆市江北区人民法院经审理认为,被告人李朝会、梁贵芳身为看护幼儿曾令浩的保姆,在预见到曾令浩被带核的桂圆卡住咽喉可能危及生命的情况下,将其送往医院,但因错误判断医疗救护效果,轻信可以避免死亡后果的发生,并在此主观过错支配下,向相关救护人员隐瞒曾令浩被带核的桂圆卡住咽喉的真相,延误治疗时机,以致发生曾令浩死亡的后果。因此,二被告人的行为均已构成过失致人死亡罪,依法应予以处罚。

被告李朝会、梁贵芳到案后,如实供述主要犯罪事实,依法可予以从轻处罚。被告李朝会向梁贵芳提议隐瞒真相,且在群众和医护人员先后询问曾令浩是否进食异物时,多次予以否认;被告梁贵芳在群众询问时,附和李朝会隐瞒真相,其主观恶性及行为危害性小于李朝会,在对梁贵芳量刑时可相对从轻处罚并适用缓刑。人民法院判决:被告李朝会犯过失致人死亡罪,判处有期徒刑4年;被告梁贵芳犯过失致人死亡罪,判处有期徒刑3年,缓刑4年。

一审宣判后,二被告均服判息诉。

案例二: 被告张纪召与本村村民张召阳两家因宅基地纠纷长期存在矛盾。2011年下半年,被告产生了要整治张召阳的想法。2012年1月中旬,被告购买了一瓶5公斤的液化石油气(俗称液化气),并准备了导气管、竹竿等,打算将液化气通过导气管释放到张召阳家的卧室内。被告不敢实施,1月23日晚,他找到与张召阳也有矛盾的本村村民张社会,唆使他实施,并许诺给他500元钱。被告还教张社会先用竹竿顶着导气管的一端塞到张召阳家卧室的透气窗内,然后再打开液化气的阀门,并让张社会作案时去取其存于别处的作案工具。张社会答应后因害怕也没有实施。1月24日和25日,被告两次催促张社会;1月27日中午,他见到张社会催问情况,张社会谎称26日晚上去过了,刚放了一点儿气就被发现,自己跑了。被告同日向张社会的银行卡上打了500元。张社会因害怕事情闹大,当晚将此情况告诉了张召阳。张召阳随即报警,被告张纪召被抓获。张召阳家的住宅属农村连排独居院,后为农田,右为空地,前方和左面均有其他住户的宅院。张纪召的卧室层高3.5米,面积为17.82平方米,体积为62立方米,屋内有煤火炉,全家5口人均在此居住。对这些情况,被告人是知道的。

试就本案中相关主体的行为进行法律分析。

案例二评析: 河南省宜阳县人民法院经审理认为,被告张纪召为报复张召阳,唆使他人向被害人卧室内释放液化气,不仅会危害张召阳本人,同时也足以危害与张召阳同居一室的家人及其周边居住群众的生命、健康及财产安全,该行为足以危害公共安全,构成以危险方法危害公共安全罪。张纪召属犯罪未遂,可比照既遂犯从轻处罚。人民法院依法以危险方法危害公共安全罪判处被告人张纪召有期徒刑4年。

一审宣判后,被告张纪召不服,以自己构成故意伤害罪、不构成以危险方法危害公共安全罪且属于犯罪预备为由,向河南省洛阳市中级人民法院提起上诉。二审人民法院裁定:驳回上诉,维持原判。

第三节 行政诉讼法

基本知识点

1. 行政诉讼的概念和特征,行政诉讼与民事诉讼的关系,行政诉讼与刑事诉讼之间的关系。

2. 行政诉讼法的概念,行政诉讼法的渊源,行政诉讼法的效力范围,行政诉讼法与行政法的关系,行政诉讼法的立法目的。

3. 行政诉讼法的基本原则。

4. 行政诉讼法受案范围的概念,受案范围的确立方式,受案范围的确立标准。

5. 行政诉讼应当受理的案件,行政诉讼不应当受理的案件。

6. 行政诉讼的管辖的概念、种类,确定管辖应当考虑的因素。

7. 行政诉讼的级别管辖和地域管辖。

8. 行政诉讼的裁定管辖。

9. 行政诉讼参加人的概念,行政诉讼当事人,行政诉讼代表人。

10. 行政诉讼原告的确认,原告资格的转移。

11. 行政诉讼被告的确认,被告资格的转移。

12. 行政诉讼第三人的概念,第三人的确认,第三人参加诉讼的程序。

13. 共同诉讼人的概念,必要共同诉讼人,普通共同诉讼人,集团诉讼。

14. 诉讼代理人的概念、种类,行政诉讼的起诉,行政诉讼的受理。

15. 行政诉讼的第一审程序,审理前的准备,庭审程序,妨害行政诉讼行为的排除,案件的移送与司法建议。

16. 行政诉讼的第二审程序,上诉的提起,上诉的受理,上诉案件的审理。

17. 行政诉讼的审判监督程序,监督程序的提起,再审案件的审理。

18. 行政诉讼的特殊制度与规则,行政诉讼证据的概念、种类,行政诉讼的举证责任,提供证据的要求,调取和保全证据,证据的对质辨认和核实,证据的审核认定;行政诉讼法律适用的概念、规则,行政诉讼法律冲突的适用规则;行政诉讼的撤诉、缺席判决、财产保全、先予执行，审理程序的延阻，被告在第一审期间改变被诉具体行政行为的处理，具体行政行为的停止执行问题，合并审理，行政诉讼附带民事诉讼。

19. 行政诉讼的判决、裁定与决定。
20. 行政案件的执行与非诉行政案件的执行。
21. 国家赔偿责任的概念、特点。
22. 国家赔偿法的概念与作用。
23. 国家赔偿责任的构成要件。
24. 行政赔偿的概念与特征，行政赔偿的归责原则，行政赔偿的范围，行政赔偿的请求人和赔偿义务机关，单独提出行政赔偿的程序，一并提出行政赔偿的程序，行政追偿的概念与条件。
25. 司法赔偿的概念与特征，司法赔偿的范围，司法赔偿的请求人和赔偿义务机关，司法赔偿的程序。
26. 国家赔偿的方式、标准和费用。

重点问题

1. 什么是行政诉讼法？它的宗旨是什么？

行政诉讼法，是指调整人民法院、当事人，其他诉讼参与人及法律监督机关进行行政诉讼活动，及其在诉讼活动中相互关系作用的法律规范的总称。立法宗旨是保证人民法院正确、及时审理行政案件；保护公民、法人或其他组织的合法权益；维护和监督行政机关依法行使行政职权。

2. 行政诉讼法的基本原则是什么？

行政诉讼法的基本原则，是指在人民法院处理行政案件的全过程中起指导作用的，要求所有的行政诉讼法律关系人在行政诉讼活动中必须遵守的根本性的准则。

行政诉讼法的基本原则包括：

（1）人民法院依法独立行使行政审判权的原则；
（2）以事实为依据，以法律为准绳原则；
（3）具体行政行为合法性审查原则；
（4）当事人法律地位平等原则；
（5）使用民族语言文字原则；
（6）辩论原则；

（7）合议、回避、公开审判和两审终审原则；

（8）人民检察院实行法律监督原则。

3. 哪些具体行政行为可提起诉讼？

人民法院受理公民、法人和其他组织对下列具体行政行为不服提起的诉讼：

（1）对拘留、罚款、吊销许可证和执照、责令停产停业、没收财物等行政处罚不服的；

（2）对限制人身自由或者对财产的查封、扣押、冻结等行政强制措施不服的；

（3）认为行政机关侵犯法律规定的经营自主权的；

（4）认为符合法定条件申请行政机关颁发许可证和执照，行政机关拒绝颁发或者不予答复的；

（5）申请行政机关履行保护人身权、财产权的法定职责，行政机关拒绝履行或者不予答复的；

（6）认为行政机关没有依法发给抚恤金的；

（7）认为行政机关违法要求履行义务的；

（8）认为行政机关侵犯其他人身权、财产权的。

4. 什么是不可诉的行政行为？它有哪些种类？

不可诉的行政行为，是指不属于人民法院的受案范围的行政行为。《中华人民共和国行政诉讼法》（以下简称《行政诉讼法》）除了用肯定的列举方式规定了属于行政诉讼受案范围的各种各类行政案件之外，还采用了否定列举式规定了不属于人民法院受理的几类事项。根据《行政诉讼法》第12条的规定和《最高人民法院关于执行〈中华人民共和国行政诉讼法〉若干问题的解释》第1条第2款的规定，不可诉的行政行为如下。

（1）国防、外交等国家行为。国防行为主要指国家对外宣战、宣布战争状态、实施战争动员、进行军事演习、设立军事禁区等。外交行为主要是指签订国际条约、建交、断交，设立大使、领事馆等。国防、外交行为是国家行为的主要内容，但不是全部内容。国家行为除了《行政诉讼法》列举的国防、外交行为外，还包括国家在紧急状态下实施的一些行为。如在发生严重的自然灾害时国家宣布紧急状态，在动乱时宣布戒严等均是国家行为。

（2）抽象行政行为。根据《行政诉讼法》第12条第2款的规定，抽象行政行为包括国务院制定、发布的行政法规，国务院各部委制定发布的部门行政规章，地方省级人民政府、省政府所在地的市的人民政府和国务院批准的较大的市的人民政府及经济特区的政府制定发布的地方行政规章和各级各类行政机关发布的具有普遍约束力的决定、命令等。其中，"具有普遍约束力的决定、命令"是指行政机关针对不特定对象发布的能反复适用的行政规范性文件。

（3）行政机关对工作人员的奖惩、任免等决定。根据《行政诉讼法》第12条第3款的规定,对行政机关工作人员的奖惩、任免等决定属于不可诉的行政行为。这里的"等"字应该是"等外",而不是"等内",即不穷尽列举,从《行政诉讼法》的立法精神来看,这里排除的应该是所有行政机关的内部行政行为。

(4) 终局行政裁决行为。终局行政裁决行为,是指法律规定由行政机关作出最终决定的行为。由于终局裁决事实上剥夺了当事人的起诉权,因此,对于终局裁决权的设定作了严格限制,《行政诉讼法》规定只由全国人民代表大会及其常委会制定的法律才可以规定行政机关的终局裁决权。对于国家最高权力机关通过法律授予行政机关最终裁决权的行政案件,人民法院不再受理。行政法规、地方性法规、规章都无权规定行政机关的终局裁决权。因为行政机关自己是无权以任何形式限制公民、法人或者其他组织提起行政诉讼的权利的。

(5) 依照《刑事诉讼法》明确授权实施的行为。依照《最高人民法院关于执行〈中华人民共和国行政诉讼法〉若干问题的解释》的规定,只要公安机关和国家安全机关的行为具有《刑事诉讼法》上的依据,就应当认定为刑事侦查行为,不得对其提起行政诉讼。

(6) 民事调解行为和民事仲裁行为。行政机关居间调解民事纠纷的行为是行政机关进行行政管理的有效手段。但是,这种民事调解行为虽然与职权有关但不是行政行为。仲裁是法律规定的机构以中立者的身份依照法定程序独立对当事人之间的民事纠纷作出具有法律效力的裁判的法律制度。当事人不服仲裁裁决,有权向人民法院提起民事诉讼,也即对此已经存在了一个有效的救济途径,因此,《最高人民法院关于执行〈中华人民共和国行政诉讼法〉若干问题的解释》就将行政机关居间作出的仲裁行为排除在行政诉讼受案范围之外。

(7) 不具有强制力的行政指导行为。行政指导是国家行政机关作出的以行政相对人自愿为前提,以指导行政相对人采取或不采取某种行为而实现一定行政目的的行为。应当注意的是,这里的行政指导行为是指没有强制力的行政指导行为,如果行政机关违背行政相对人意志以行政权力强制实现行政指导行为,则行为性质发生变化,如果当事人不服是可以提起行政诉讼的,人民法院也应当受理。所以,《最高人民法院关于执行〈中华人民共和国行政诉讼法〉若干问题的解释》第1条第4款对行政指导行为作了定语限制,即"不具有强制力"的行政指导行为。

(8) 重复处理行为。重复处理行为属于行政法上的第二次行为,由于没有产生新的权利义务关系,因此应当是不可诉的行为。

(9) 对行政相对人的权利义务不产生实际影响的行为。《最高人民法院关于执行〈中华人民共和国行政诉讼法〉若干问题的解释》规定对行政相对人的权利义务不产生实际影响的行为具有不可诉性。

5. 在行政诉讼中,中级人民法院管辖哪些案件?

中级人民法院对下列特殊的行政案件拥有一审管辖权:(1) 确认发明专利权案件和

海关处理的案件;(2)对国务院各部门或省、自治区、直辖市政府所作的具体行政行为不服提起诉讼的案件;(3)本辖区内的重大、复杂案件。

重大、复杂的案件一般涉及面广,影响较大,为了保证案件的公正审判,宜于由级别较高的中级人民法院管辖。但如何理解和判断案情的"重大、复杂",《最高人民法院关于执行〈中华人民共和国行政诉讼法〉若干问题的解释》第8条对此作了补充规定,有下列情形之一的,即为"本辖区内重大、复杂的案件":(1)被告为县级以上人民政府以及市、地级以上人民政府所属行政主管部门或派出机关,且基层人民法院审理有困难的案件;(2)社会影响重大的共同诉讼、集团诉讼案件;(3)重大涉外或涉港、澳、台案件;(4)其他重大、复杂的行政案件。

6. 对复议机关改变后的具体行政行为不服提起诉讼,管辖法院如何确定?

按照《行政诉讼法》第17条的规定,经过行政复议的案件,复议机关改变原具体行政行为的,由最初作出具体行政行为的行政机关所在地或者由复议机关所在地的人民法院管辖。

7. 对限制人身自由的行政强制措施不服提起诉讼,如何选择管辖法院?

《行政诉讼法》第18条规定:"对限制人身自由的行政强制措施不服提起的诉讼,由被告所在的或原告所在地人民法院管辖。"

8. 什么是行政诉讼的原告?

行政诉讼的原告,是指对具体行政行为不服,依照行政诉讼法的规定向人民法院起诉的利害关系人。原告资格的构成要件可以概括为:(1)必须是自己的合法权益受到侵害的人;(2)起诉人与具体行政行为之间具备法律上的利害关系,包括行政相对人与相关人。

9. 什么是行政诉讼的被告?

行政诉讼的被告,是指原告起诉其具体行政行为侵犯自己的合法权益,并经人民法院通知应诉的行政机关或法律法规授权的组织。

行政诉讼的被告具有以下特征:

(1)被告只能是行政机关或法律、法规或规章的授权组织,既不是国家,也不是行政机关的工作人员;

(2)被告只能是行政主体和行使行政职权的组织;

(3)被告必须是有人起诉并且由人民法院通知应诉的行政主体。

被告的确定规则:被告必须是被诉具体行政行为的实施者;被告必须具备行政主体资格,即"谁主体,谁被告"。

10. 行政诉讼中起诉应具备什么条件？

起诉，是指公民、法人或者其他组织认为行政机关的具体行政行为侵犯其合法权益，依法请求人民法院行使国家审判权给予司法补救的诉讼行为。

起诉的条件包括以下四个方面。

（1）原告是认为具体行政行为侵犯其合法权益的公民、法人或者其他组织：① 侵犯原告合法权益的是行政行为而不是非行政行为；② 原告认为具体行政行为侵犯的权利必须是自己的权利而不能是他人的权利；③ 原告认为被行政机关的违法具体行政行为侵犯的合法权益，只是一种"认为"；④ 原告不一定单一的，两个或两个以上的当事人对同一具体行政行为不服，可以作为共同原告提起诉讼。

（2）有明确的被告：① 被告必须是国家行政机关或法律、法规授权的组织；② 被告参加行政诉讼并不一定是因为其作出了违法的具体行政行为；③ 被告参加行政诉讼是经原告指控，并由人民法院通知应诉；④ 确认被告资格以《行政诉讼法》第 25 条规定为准。

（3）有具体的诉讼请示和事实根据。

（4）属于人民法院受案范围和受诉人民法院管辖。

11. 什么是行政赔偿？它的特征是什么？

所谓行政赔偿，是指具有国家行政职权的机关和组织及其工作人员，因职务上的违法行为给公民、法人或其他组织的合法权益造成损害时，由国家承担的赔偿责任。

行政赔偿具有以下四个方面的特征。

（1）行政赔偿在性质上属于国家责任。行政机关、法律法规授权组织以及行政机关委托组织所享有的国家行政职权是来自于宪法、法律、法规等的规定、授予和委托，是一种公权力；其行使的方式是接受国家的委托，并以国家的名义作出；其行使的目的是代表国家履行行政管理职能，实现国家对公共事务和社会事务的管理。按照有关委托理论，享有国家行政职权的机关、组织及其工作人员在执行公务过程中违法行使职权给公民、法人或者其他组织合法权益造成损害的法律后果，应该由国家来承担。因此，行政赔偿在性质上属于国家责任，从而与平等民事主体之间因侵权而产生的民事赔偿责任相区分。

（2）行政赔偿在归则原则上属于违法原则。行政赔偿的归责原则，是指法律确定的国家对行政主体及其工作人员以及行政机关委托组织及其工作人员在行使职权过程中造成的损害承担赔偿责任的依据或标准。归责原则不同，赔偿的范围也不同。一个国家采取何种赔偿原则，与其法律文化、国情、国力等因素密切相关。我国目前按照《国家赔偿法》第 2 条规定："国家机关和国家机关工作人员违法行使职权侵犯公民、法人和其他组织合法权益造成损害的，受害人有依照本法取得国家赔偿的权利。"采用的归则原则是违法原则。违法原则，是指享有行政职权的主体违法行使职权时给公民、法人或者其他组织造成损害的,国家应承担赔偿责任,即以行为主体是否违法行使职权为确定赔偿责任的标准,而不问其是否有主观过错。其意义在于:① 有利于维护和监督行政主体及其工作人员依法行使职权;② 有利于保护公民、法人和其他组织的合法权益。

(3) 引起行政赔偿的职权行为不仅包括违法的积极具体行政行为,还包括违法的不作为及事实行为。导致行政赔偿的归则原则是违法行使职权,而违法行使职权的表现形式有三类:第一类是违法的积极具体行政行为,即指享有行政职权的主体针对公民、法人或其他组织就特定的具体事项主动采取的影响其权利义务的行为;第二类是具有行政职权的主体应该作出某一行为,却表现为消极的不作为;第三类就是违法的事实行为,即指具有行政职权的主体在行使职权时实施的(除具体、抽象行政法律行为外)已产生事实结果的行为。

(4) 行政赔偿在范围上仅限于人身权和财产权损害赔偿,不包括精神损害赔偿。我国目前行政赔偿的范围仅限于侵犯人身权和财产权的具体行政行为和事实行为,而不包括抽象行政行为和公共设施损害行为;仅限于人身权和财产权损害的赔偿,不包括受教育权和政治权损害的赔偿;人身权损害赔偿中仅限于人身自由权和生命健康权的损害赔偿,而不包括精神损害赔偿;财产权损害赔偿中仅限于直接的物质损害赔偿而不包括间接的可得利益损害赔偿。

12. 对侵犯人身权的行政赔偿包括哪些?

人身权是公民最基本也是最重要的权利,是指与权利主体自身密不可分,没有财产内容的权利。根据《国家赔偿法》第3条的规定,具有行政职权的主体在行使职权时有下列侵犯公民人身权的情形之一的,国家承担行赔偿责任:

(1) 违法拘留或违法采取限制公民人身自由的行政强制措施的;

(2) 非法拘禁或者以其他方法非法剥夺公民人身自由的;

非法拘禁是指无权采取行政拘留和行政强制措施的行政机关及其工作人员超越职权,采取捆绑、禁闭、隔离、关押等方法非法剥夺他人人身自由的行为。

(3) 以殴打、虐待等行为或者唆使、放纵他人以殴打、虐待等行为造成公民身体伤害或者死亡的。

我国《国家赔偿法》规定了这类情况有两种情形:一是行政主体及其工作人员或者行政主体委托的组织或人员在行使职权时,直接实施了殴打等暴力行为,致使公民身体伤害或者死亡的;二是行政主体及其工作人员自己并未实施殴打等暴力行为,而是用威胁、利诱等方法唆使他人以殴打等暴力造成公民身体伤害或者死亡,或者唆使他人相互殴打造成身体伤害或者死亡的。上述两种情形均由国家承担赔偿责任。

(4) 违法使用武器、警械造成公民身体伤害或者死亡的;

(5) 造成公民身体伤害或者死亡的其他违法行为。

这是指上述第4类情形未列举到的其他违法行为,属于概括式规定。凡是行政机关的有关违法行为造成公民身体伤害或死亡的,国家都应当承担赔偿,诸如行政机关执法人员体罚或变相体罚、违反交通规则等侵犯公民人身自由权或者造成公民人身伤害或死亡的,国家都应当承担赔偿责任。

13. 对侵犯财产权的行政赔偿包括哪些?

财产权,是指公民、法人或其他组织对财产的占有、使用、收益和处分的权利,是公民生存和发展的一项最基本权利之一。根据《国家赔偿法》第4条的规定,行政机关及其工作人员在行使职权时有下列侵犯财产权情形之一的,受害人有取得赔偿的权利:

(1) 违法实施罚款、吊销许可证和执照、责令停产停业、没收财物等行政处罚的;

(2) 违法对财产采取查封、扣押、冻结等行政强制措施的;

(3) 违法征收、征用财产的;

(4) 造成财产损害的其他违法行为。这是财产权损害的概括性规定。由于行政管理的范围、对象十分广泛,采取的方法、手段也多种多样。除上述行政处罚、行政强制措施、行政征收等行为违法可能造成相对方财产损害外,其他行政行为违法,如行政检查、行政裁决、行政合同、行政指导等,同样可能造成公民、法人和其他组织的财产损失。对此,国家也应承担赔偿责任。

14. 哪些是国家不予赔偿的情形?

根据《国家赔偿法》第5条的规定,国家不予赔偿的情形有:

(1) 行政机关工作人员实施的与行使职权无关的个人行为;

(2) 因公民、法人和其他组织自己的行为致使损害发生的;

(3) 法律规定的其他情形。这是对国家不承担行政赔偿责任的概括性规定。此处的"法律"是指全国人民代表大会及其常务委员会制定、颁布的法律,不包括行政法规、地方性法规和规章。目前,法律规定国家不予赔偿的情形主要有因不可抗力造成的损害和邮政传递中造成的损失。

15. 行政赔偿的方式是什么?

行政赔偿的方式,是指国家承担行政赔偿责任的具体形式。不同的损害给予不同的赔偿,按照《国家赔偿法》第32条和第35条的规定,国家承担赔偿责任的方式主要有:

(1) 支付赔偿金;

(2) 返还财产;

(3) 恢复原状。

除以上三种行政赔偿方式外,承担行政侵权责任的方式还有停止侵害、消除影响、恢复名誉和赔礼道歉等。

案例评析

案例一:原告康某系谭某之妻,谭某生前系第三人重庆某商贸有限公司的职工,在该公司租赁的仓库从事库管工作,商贸公司为谭某缴纳了工伤保险。2013年9月22日上午11时40分许,谭某在仓库发货后,搭乘商贸公司拉货的顺风车准备到201起点车站赶公车回县城居住地,在其从该车下车,横过人行道到201起点车站时,被彭某驾驶的货车撞倒受伤,被送到医院治疗,于次日凌晨零点45分因抢救无效死亡。同年10月18日,石柱县公安局交通巡逻警察大队作出《道路交通事故认定书》,认定肇事者彭某承担全部事故责任。2014年2月20日,康某向石柱县人社局提出工伤认定申请。该局认定谭某因前往县城办私事发生交通事故经抢救无效死亡,于2014年4月8日作出《不予认定工伤决定书》。康某不服提起行政诉讼,要求人民法院撤销被告石柱县人社局的认定决定并判令被告重新作出认定。①

试就本案中相关主体的行为进行法律分析。

案例一分析:根据《行政诉讼法》第32条的规定,被告对作出的具体行政行为负有举证责任,应当提供作出该具体行政行为的证据和所依据的规范性文件。本案在诉讼程序中,行政作为类案件的法定举证责任是由被告承担的,而本案中的被告对其认定的谭某在2013年9月22日上午11时40分前往县城办私事的事实,在法庭诉讼中未能提供有效证据予以证明,应当依法承担举证不能的法律后果。《工伤保险条例》第19条第2款规定:"职工或者其近亲属认为是工伤,用人单位不认为是工伤的,由用人单位承担举证责任。"该条例明确规定了在工伤认定行政程序中,举证责任是由用人单位承担。本案第三人在工伤认定行政程序中,仅向人社局提供了公司的情况说明,且未提供相应的证据予以证明。而人社局在工伤认定程序中,在无其他有效证据证明的情况下,将用人单位的一份单方陈述意见作为认定案件事实的依据,其认定的事实明显存在主要证据不足。综上,被告认定的谭某在2013年9月22日上午11时40分前往县城办私事的事实,在法庭诉讼中,因无其他有效证据予以证明,导致其认定的事实不清,主要证据不足,属于《行政诉讼法》第54条第2款规定的撤销情形,因此,行政执法机关作出的具体行政行为所认定的事实,因无证据证明而被人民法院依法予以撤销并判令重作。

案例二:原告的法定代理人夏万里(原告的祖母姓夏)和赵倩于2009年6月登记结婚,并于2010年4月9日生育一子,因原告的祖父姓耿,故给原告取名耿某。后夏万里到被告河南省荥阳市公安局京城路派出所(以下简称京城路派出所)给原告申请出生户籍登记时,被告京城路派出所认为依照《婚姻法》第22条"子女可以随父姓,可以随母姓"的规定,原告的姓氏须与父母一方的姓氏保持一致才能进行出生户籍登记,不能更改为其他的姓氏进行登记,未给原告进行登记。夏万里认为被告侵犯了原告的姓名权,遂以原

---

① http://www.legalinfo.gov.cn/index/content/2014-07/01/content_5640446.htm?node=66702。

告的名义起诉,请求人民法院判决被告履行法定职责,为原告办理出生户籍登记手续。①

试就本案中相关主体的行为进行法律分析。

案例二评析:本案涉及公民姓名权的行使不受他人干涉和《婚姻法》中"子女可以随父姓,可以随母姓"的正确理解问题。《民法通则》第99条第1款规定:"公民享有姓名权,有权决定、使用和依照规定改变自己的姓名,禁止他人干涉、盗用、假冒。"婴儿自出生之日起自然具有民事权利能力,享有姓名权,其命名权由其监护人代为行使,这并不是说命名权属于监护人,而是说明在权利人缺乏意思自治能力时,其命名权由监护人代为行使。父母在为子女命名的时候,并非在行使自己的权利,而是依据父母享有的亲权中的身份代理权,行使子女的权利。在私法领域有"法律不禁止即可为"的原则,而《婚姻法》第22条为非强制性规定,只是在公民命名时起到指引的作用,既可姓父姓,也可姓母姓,还可以姓第三人的姓。本案中,耿某作为我国公民受我国法律的保护,其有权选择自己的姓名,可以不跟父母姓而姓第三人的姓。被告京城路派出所以《婚姻法》的规定来限制公民的姓氏自由,是误将《婚姻法》的特别规定当作限制性规定。公安机关作为社会工作管理者,在工作的过程中应该及时改变管理者本位的思维模式,给予公民权利更多的尊重,防止不必要的纠纷的发生。

---

① http://www.legalinfo.gov.cn/index/content/2014-07/10/content_5661744.htm?node=66702。

第九章　律师代理与法律援助

第一节　律师代理

基本知识点

1. 诉讼代理人的概念、特点、种类，诉讼代理制度的作用。
2. 委托诉讼诉讼人的概念、特点、范围、权限，委托诉讼代理权的取得和消灭。
3. 律师的含义，律师职业特点。
4. 律师职业道德的概念与特点，律师执业的前提。
5. 律师委托代理关系的中止情形，中止委托代理的程序要求。
6. 律师保密义务的概念，律师保守委托人秘密的特点，律师保密义务的例外。
7. 律师收费合理性的考虑因素，律师收费的方式与程序要求，附条件收费的概念与特点，律师对委托人证据、财物的保管要求。
8. 律师与委托人利益冲突情形及法律规制。
9. 律师业务推广的方法和原则，律师广告的原则，律师宣传规范。
10. 律师同行之间的行为规范。
11. 律师在执业机构中的行为规范。
12. 律师接受行业管理和行政管理的义务，律师重大事项报告义务，律师参与行业活动的义务。
13. 律师的回避义务，律师的真实义务，律师在庭审中的仪表和举止规范，律师维护司法工作正当性规范。
14. 律师职业责任的概念与特点，律师的刑事责任、民事责任、行政责任，律师的纪律处分。

重点问题

1. 什么是代理?

法律上所称代理,是由一人代另一个人实施法律行为,其所产生的法律效果归属于被代理的另一人。我国《民法通则》第63条规定:"公民、法人可以通过代理人实施民事法律行为。代理人在代理权限内,以被代理人的名义实施民事法律行为。被代理人对代理人的代理行为,承担民事责任。"

根据代理人是否以被代理人的名义实施法律行为,现代民法关于代理的概念有广义和狭义之分。广义的代理,是指代理人以被代理人名义或者以自己名义代被代理人实施民事法律行为,并使所产生的后果直接或间接地归属被代理人承受。狭义的代理或称直接代理,就是《民法通则》第63条所述情形。代理,在现代市场经济社会中、每个人的日常生活中是经常发生的。只要有市场交换和市场经济,就要有代理制度,可以说,市场经济与代理制度是一对孪生姐妹。

2. 什么是诉讼代理?

诉讼代理,就是请人代打官司。代理人可以是律师,也可以是当事人的近亲属或者其他有代理能力的组织或公民。诉讼代理分为三种:一是法定代理,即年幼、精神病患者等无诉讼行为能力的人或者限制民事行为能力的人,由其父母或者其他监护人代为行使诉讼权利;二是指定代理,是指无诉讼行为能力人没有法定代理人或法定代理人无法行使代理权限时,由人民法院指定有关人员代理行使诉讼权利;三是委托代理,是指当事人依自己的意思委托律师、近亲属或者其他公民代理。

当事人可以委托1至2名代理人代为诉讼。除法律规定当事人必须出庭的案件,比如离婚案件,当事人即使委托了代理人,在人民法院审理时也应当出庭的以外,其他民事案件或行政案件,当事人可自行决定是否出庭。委托他人代为诉讼,委托人应向代理人出具授权委托书并载明委托事项及委托权限。

3. 什么是律师代理?

律师业务与代理制度有着极为密切的联系,二者的结合构成了律师代理制度。没有代理制度,就不可能有律师业的存在和发展。律师代理主要是指律师以诉讼案件或者非诉讼事件当事人的名义,在被授予的权限范围内所进行的直接对诉讼或非诉讼当事人发生法律效力的法律行为。简单地说,就是律师在诉讼案件或非诉讼案件中担任一方的代理人,为其代理的公民或者法人提供法律帮助。律师作为代理人,除了有一般代理人的特点外,还有以下特征。

(1)代理律师不是委托合同的当事人。一般的代理,代理人往往就是被委托人。而律师代理则不一样,律师代理各类法律事务,都由律师事务所统一接受当事人的委托,并与委托人签订委托代理合同,成为被委托人。

(2) 被代理人授予律师的只是一种资格。根据委托合同,委托方向律师事务所支付代理费用,并以被代理人的名义向代理律师授权。由于授权委托本身只是一种单方法律行为,仅有被代理人的意思表示即可产生法律效力,而且被代理人还可以随时撤换或者更换代理人。因此,授权委托书对代理律师来说,产生的只是一种代理资格。

(3) 律师代理需要由律师事务所指派。由于委托人是与律师事务所签订委托合同,因此,律师代理法律事务,除了当事人的授权外,还要由其所在的律师事务所指派。

4. 律师的执业前提是什么?

律师的执业前提,是指律师向委托人提供法律服务所应当具备的条件,根据法律规定应当具备以下条件:

(1) 具备执业的法律知识和技能,取得执业证书。

(2) 处于律师事务所的有效管理中。律师不得在2个或者2个以上律师事务所执业,同时在一个律师事务所和一个其他法律服务机构执业的视同在2个律师事务所执业。因涉及专业领域问题而邀请另一律师事务所参与办理,而且该律师所在的律师事务所与被邀请的律师事务所之间以书面形式约定法律后果由前者承担并告知委托人的,不违背上述的规定。律师在执业期间不得以非律师身份从事法律服务。在接受委托之前,律师及其所在的律师事务所应当进行利益冲突查证。

5. 怎样签订委托代理合同?

当事人因为诉讼纠纷需要委托律师作为诉讼代理人参加诉讼,应当到律师事务所咨询后,与律师事务所签订委托代理合同。委托代理合同是当事人与律师事务所之间设立、变更、终止律师代理关系的协议。目前,绝大多数律师事务所都使用主要条文已经确定的具有一定格式的合同,当事人在与律师事务所签订委托代理合同时,要对律师事务所提供的合同文本内容进行审查,使合同条款项目齐备,权利义务明确,具体包括以下三点。

(1) 合同的双方当事人。委托代理合同的双方当事人是委托人及接受委托的律师事务所。承办律师只是作为承办案件的律师身份出现,非合同的一方当事人,因此必须加盖律师事务所印章。

(2) 审查合同条款。主要是条款是否齐全,内容是否得当。如果认为合同条款与自己的委托意愿有出入,就应及时协商调整。由于委托合同是律师事务所预先拟定的,难免对当事人存在不公平的一面。如有的委托合同仅写当事人违约应如何承担责任,未写代理律师违约如何处理。

(3) 委托人对于委托事项,特别是对有关条款需要作特殊约定的,最好采用双方共同拟定的委托代理合同,将需要特别约定的事项约定清楚明确,便于双方共同遵守。

6. 什么是授权委托书?

律师在民事诉讼中的代理权,产生于委托人的授权。当事人在与律师事务所签订委托代理合同以后,需要向承办律师出具授权委托书。授权委托书是当事人向人民法院声明委托他人代为诉讼的法律文书。根据《民事诉讼法》的规定,委托他人代为诉讼,必须向人民法院提交由委托人签名或者盖章的授权委托书。授权委托书必须载明委托事项和权限,诉讼代理人代为承认、放弃、变更诉讼请求,进行和解,提起反诉或者上诉,必须有委托人的特别授权。

根据授权委托书所载明的代理律师的代理权限范围,分为一般授权代理和特别授权代理。一般授权代理或称一般代理是代理人无须对案件的实体问题作出明确态度和决策,只代理起诉、应诉、提供证据,发表综合性代理词,参加人民法院与当事人调解的诉讼活动,进行一般性辩论,但不处理案件本身的实体问题。特别授权代理或称全权代理是委托人特别授权律师有权对案件的实体问题直接作出决定和明确表态的诉讼代理。应当注意的是,在实际生活中有的委托人在授权委托书中仅写明"全权代理"一词而无具体授权,这种情形根据最高人民法院的有关司法解释,应认为是"一般代理",诉讼代理人无权代为处理当事人的实体权利。

7. 律师在接受委托后需要做哪些工作?

律师在接受委托后,成为当事人的诉讼代理人,要为被代理人做好起诉或者应诉工作。

(1) 调查、了解案情。这是代理律师履行代理职责,维护被代理人合法权益的基础工作。一般是通过听取被代理人的案情叙述,查阅案件的有关材料,向案件有关单位和个人调查取证,向对方当事人了解情况,以及申请人民法院调查取证来完成。

(2) 在调查、掌握案件有关证据后,律师依据法律规定对证据进行分析、审查,决定起诉或者应诉的策略、思路并撰写起诉状或答辩状以及草拟代理意见等。

(3) 参加法庭审理。法庭审理过程是律师代理诉讼准备工作的集中体现,也是律师代理进行诉讼活动的关键一环。根据法庭审理程序,律师应就是否申请回避、参加法庭调查、进行法庭辩论、参加法庭调解等方面履行代理职责。

8. 律师在民事诉讼中享有哪些权利?

律师代理民事诉讼的诉讼权利,包括两方面:一是依法享有的诉讼权利;二是依委托代理关系取得的诉讼权利。依法享有的诉讼权利,主要是指根据《民事诉讼法》和《中华人民共和国律师法》(以下简称《律师法》)的规定,律师基于其特殊身份,享有以下五项法定的诉讼权利:(1) 调查收集证据的权利,律师有权向有关单位和个人进行调查、取证、咨询、阅卷,有关单位和个人有责任给予支持;(2)查阅、复制本案有关材料和法律文书的权利;(3)出庭执行职务的诉讼权利;(4)解除或辞去委托关系的权利;(5)法律规定的其他诉讼权利。

依委托代理关系取得的诉讼权利,是指代理律师作为委托诉讼代理人,因被代理人的委托授权而产生的诉讼权利。这部分权利本应属于当事人享有,但是由于委托代理而让渡给律师代为行使,如特别授权。

9. 律师在哪些情况下有权拒绝辩护或者代理?

我国《律师法》第32条明确规定:"……但是,委托事项违法、委托人利用律师提供的服务从事违法活动或者委托人故意隐瞒与案件有关的重要事实的,律师有权拒绝辩护或者代理"。据此规定,律师在以下三种情形下有权拒绝辩护或者代理:一是委托事项违法;二是委托人利用律师提供的服务从事违法活动;三是委托人对律师隐瞒与案件有关的重要事实。

10. 律师保密义务有哪些特点?

律师保守委托人的秘密具有以下特点:

(1)保密义务的广泛性。律师保密义务的范围不仅包括委托人的商业秘密和个人隐私,还包括通过办理委托人的法律事务所了解的委托人的其他信息。

(2)保密主体的广泛性。律师事务所、律师及其辅助人员不得泄露委托人的秘密信息。

(3)保密时间的持续性。律师代理工作结束后,仍有保密义务。

11. 律师必须无条件为委托人保密吗?

不是,根据《律师法》第38条的规定,下列情形律师不再担负保密义务:委托人或者其他人准备或者正在实施的危害国家安全、公共安全以及其他严重危害他人人身、财产安全的犯罪事实和信息除外。

12. 律师收费方式是什么?

律师收费方式依照国家规定或由律师事务所与委托人协商确定,可以采用下列收费方式:

(1)计时收费;

(2)固定收费;

(3)按标的比例收费;

(4)风险代理收费即附条件收费。法律规定,赡养费、扶养费、抚养费和刑事案件不能向委托人适用附条件收费方式,但委托人自己提出的除外。

13. 律师可以直接向当事人收费吗？

律师不能直接向当事人收费，应当由律师事务所与委托人签订委托协议，收取律师费用。

14. 律师是否可以随意代理任何案件？

律师不能随意代理任何案件，律师不得在同一案件中为双方当事人担任代理人，不得代理与本人或者其近亲属有利益冲突的法律事务。

15. 律师在进行业务推广时应当注意什么？

在进行业务推广时，律师不得明示或者暗示与司法、行政等关联机关的特殊关系，不得贬低同行的专业能力和水平，不得以提供或者承诺提供回扣等方式承揽业务，不得以明显低于同行业的收费水平竞争某项法律事务。

案例评析

案例一：某开发商以其员工和关系人的名义冒充客户，虚构了250余份商品房买卖合同、个人收入证明和首付款证明，骗取个人住房贷款7亿多元。两家律师事务所的律师甲和乙作为银行按揭的主办律师，对数百份身份证、商品房买卖合同、签名和相关证明文件未作调查，就向银行出具法律意见书，证明贷款申请人符合申请贷款条件，具备偿还贷款能力。检察院在以贷款诈骗罪起诉开发商的同时，以提供虚假证明文件罪起诉了甲和乙。下列哪些说法是错误的？

1. 律师违反敬业尽职义务的，只有其客户才有权向律师协会投诉和向人民法院起诉。
2. 如果甲和乙构成了该项犯罪，对律师事务所收取的律师费予以没收。
3. 如果甲和乙构成了该项犯罪，司法行政机关可以吊销其律师执业证。
4. 如果甲和乙构成的是过失犯罪，可以向其投保的保险公司请求赔付。

案例一评析：说法1是错误的。根据《律师法》第3条的规定，律师执业应当接受国家、社会和当事人的监督。可见，律师执业违反义务的，任何单位和个人都有权向律师事务所、律师协会和国家行政机关投诉。

说法2是正确的。因为在我国，当事人的费用是交给律师事务所的，所以应当没收律师事务所的非法所得，如果因此给律师事务所造成损失，该律师事务所可以向故意或者有重大过失的律师追偿。

说法3是正确的。《律师法》第49条规定："律师有下列行为之一的，由省、自治区、直辖市人民政府司法行政部门吊销律师执业证书；构成犯罪的，依法追究刑事责任：

(1)违反规定会见法官、检察官、仲裁员以及其他有关工作人员,或者以其他不正当方式影响依法办理案件的;(2)向法官、检察官、仲裁员以及其他有关工作人员行贿,介绍贿赂或者指使、诱导当事人行贿的;(3)向司法行政部门提供虚假材料或者有其他弄虚作假行为的;(4)故意提供虚假证据或者威胁、利诱他人提供虚假证据,妨碍对方当事人合法取得证据的;(5)接受对方当事人财物或者其他利益,与对方当事人或者第三人恶意串通,侵害委托人权益的;(6)扰乱法庭、仲裁庭秩序,干扰诉讼、仲裁活动的正常进行的;(7)煽动、教唆当事人采取扰乱公共秩序、危害公共安全等非法手段解决争议的;(8)发表危害国家安全、恶意诽谤他人、严重扰乱法庭秩序的言论的;(9)泄露国家秘密的。律师因故意犯罪受刑事处罚的,应当吊销其律师执业证书。"

说法4是错误的。《刑法》第229条规定:"承担资产评估、验资、验证、会计、审计、法律服务等职责的中介组织的人员故意提供虚假证明文件,情节严重的,处5年以下有期徒刑或者拘役,并处罚金。前款规定的人员,索取他人财物或者非法收受他人财物,犯前款罪的,处5年以上10年以下有期徒刑,并处罚金。第一款规定的人员,严重不负责任,出具的证明文件有重大失实,造成严重后果的,处3年以下有期徒刑或者拘役,并处或者单处罚金。"由此可见,犯本罪的只可能是构成故意犯罪,不可能是过失犯罪。

案例二:李某与邻居王某发生纠纷诉至人民法院,李某聘请了张律师为其代理诉讼。李某要求张律师必须将邻居王某送到监狱里去,至于代理费给几十万也行。张律师在劝告李某放弃这些想法无果后拒绝为李某代理该案件。

试问:

张律师有权拒绝代理吗?

案例二评析:根据《律师法》和《律师执业行为规范》的规定,出现下列情形,律师可以拒绝代理或者辩护。

1. 委托人坚持追求律师认为无法实现或者不合理目标的。

2. 委托人提供的证据材料不具有客观真实性、关联性与合法性,或经司法机关审查认为存伪证嫌疑的。

3. 委托人利用律师提供的法律服务从事犯罪活动的。

4. 在事先无法预见的前提下,律师向委托人提供法律服务将会给律师带来不合理的费用负担,或给律师带来难以承受的、不合理的困难的。

5. 委托人在相当程度上没有履行委托义务,并且已经合理催告的。

6. 委托事项违法的。

7. 委托人隐瞒事实的。

由此可见,本案中张律师是可以拒绝为李某代理的。

第二节 法律援助

基本知识点

1. 法律援助的概念,法律援助的法理基础,法律援助的基本特点。
2. 法律援助的范围。
3. 法律援助的申请,法律援助的审查,法律援助的实施程序,法律援助的方式。
4. 法律援助的法律责任。

重点问题

1. 什么是法律援助?

"法律援助"这一概念是舶来品。在英文中为"Legal Aid",字面意思为法律帮助。也有译为"法律救助""法律扶助"的,我国司法界约定俗成地采用了"法律援助"概念。

法律援助,是指国家为保证法律赋予公民的各项权利在现实生活中得到实现,对需要采用法律救济手段捍卫自己的合法权益不受非法侵害,但又因经济困难无力支付诉讼费用和法律服务费用的特殊案件的当事人,如残疾人、儿童、老人、智力低下者、下岗失业人员等提供免费、减费的法律服务或者减免诉讼费用,以保障其合法权益得以实现的一项法律制度。

现代法律援助制度的核心,本质上是以国家力量来保障公民平等地实现法律赋予的权利,这从根本上有别于将来社会慈善和道义性质的法律援助行为。法律援助制度的一个重要特征是,它是政府职责,它体现了国家和政府对公民特别是社会的贫、弱者的义务和责任。与之相适应,对符合法律援助条件的公民而言,获得法律援助是一项公民权利,而非任何机构和个人的恩赐。

2. 我国法律援助的特点有哪些?

(1) 法律援助制度的内容是人人获得法律服务。
(2) 国家是法律援助的主体,即国家是法律援助义务的承担者。
(3) 法律援助制度的形式,是通过减、免社会弱者的法律服务费、诉讼费用等方式为他们提供法律上的援助,使其享有的法定权利在现实生活中得以实现,即以帮助经济困难者或者社会弱者打官司入手,以保障其法律赋予的权利得以实现。

3. 什么是我国法律援助的"四统一原则"?

"四统一原则"是我国法律援助制度建立实施以来,从实践中探索和总结出来的体现中国法律援助特色的主要内容之一。

(1)统一由法律援助中心受理法律援助申请。无论是刑事案件或是民事案件,无论是诉讼案件或是非诉讼事项,原则上都应由法律援助机构统一受理。

(2)法律援助机构按统一的标准审查申请人是否符合法律援助条件。这是保障公民平等享有法律援助权利的要求,在经济状况审查方面,除了法定不审查经济困难条件的一部分特殊案件外,对于所有申请人,都应按照当地所规定的经济困难标准统一审查。

(3)由法律援助机构统一指派法律援助人员承办援助事项。对于经审查符合法律援助条件的申请人,法律援助机构可以指派律师事务所安排或者安排本机构的工作人员办理援助案件,也可以根据其他社会组织的要求,安排其所属人员办理法律援助案件。援助机构在确定法律援助的承办人以后,三方应签订《法律援助协议书》,明确法律援助各方的权利义务。

(4)由法律援助机构统一监督检查法律援助事项的进展情况。这便于法律援助机构对于法律援助案件的进展情况及其社会效果进行全面掌握,保证法律援助的质量。

4. 哪些人可以申请法律援助?

在我国哪些人可以申请法律援助,根据有关法律和行政法规的规定,我国法律援助的对象有以下五类。

(1)根据《法律援助条例》第10条的规定,公民对下列需要代理的事项,因经济困难没有委托代理人的,可以向法律援助机构申请法律援助:依法请求国家赔偿的;请求给予保险待遇或者最低生活保障待遇的;请求发给抚恤金、救济金的;请求给付赡养费、抚养费、扶养费的;请求支付劳动报酬的;主张因见义勇为产生的民事权益的。

(2)《法律援助条例》第11条、第12条的规定,刑事诉讼有下列行为之一的,公民可以向法律援助机构申请法律援助:公诉案件的被害人及其法定代理人或者近亲属,自案件移送审查起诉之日起,因经济困难没有委托诉讼代理人的;犯罪嫌疑人被侦查机关第一次讯问后或者采取强制措施之日起,因经济困难没有聘请律师的。

(3)自诉案件的自诉人及其法定代理人,自案件被人民法院受理之日起,因经济困难没有委托诉讼代理人的。

(4)公诉人出庭公诉的案件,被告人因经济困难或者其他原因没有委托辩护人,人民法院为被告人指定辩护时,法律援助机构应当提供法律援助。

(5)被告人是盲、聋、哑人或者未成年人而没有委托辩护人的,或者被告人可能被判处死刑而没有委托辩护人的,人民法院为被告人指定辩护时,法律援助机构应当提供法律援助,无须对被告人进行经济状况的审查。

5. 我国法律援助的方式有哪些？

法律援助的主要方式是对受援人免收或者减收诉讼费用和法律服务费用，具体包括以下方式。

（1）免收、减收诉讼费。人民法院审理民事案件和行政案件，需要收取诉讼费用，以弥补人民法院在审判过程中的必要开支，同时提醒诉讼当事人慎用诉讼权利，不要滥用诉讼权利。但是为使经济确有困难的当事人能够依法行使诉讼权利，维护其合法权益，确保司法公正。根据我国《民事诉讼法》《行政诉讼法》以及《人民法院诉讼收费办法》及其补充规定，《最高人民法院关于对经济确有困难的当事人予以司法救助的规定》，人民法院对于民事、行政案件中有充分理由证明自己合法权益受到侵害，但经济确有困难的当事人，实行诉讼费用缓交、减交或者免交。

（2）免收、减收聘请律师的费用。律师为当事人提供法律服务要依据委托代理合同收取必要的费用，但对于经济困难又确需聘请律师的人，律师应当免费或者减少费用为其提供法律服务，然后国家根据律师为受援人付出的劳动多少再给予必要的经济补偿。

（3）免收、减收公证费用。公证是国家公证机关根据公民、法人或者其他组织的申请，对其法律行为或者有法律意义的文书、事实，依照法定程序，证明其真实性、合法性和可行性的一种非诉活动。公证机关在进行公证业务时要收取公证费用，但对于那些确需公证又无力支付公证费用的当事人，应当减收或者免收公证费用，以公正的形式维护公民的合法权益。

（4）减收、免收基层法律服务费用。法律服务所、法律事务所的基层法律工作者对那些确需得到法律服务而又经济困难的当事人，应免收、减收服务费用，以法律援助的方式维护基层群众的合法权益。

6. 公民获得法律援助的途径有哪些？

根据公民申请法律援助服务的类型不同，公民获得法律援助的途径有指定和申请两种，其中公民获得刑事法律援助的方式主要是人民法院的指定。刑事法律援助主要是指人民法院在审理刑事案件的过程中，发现被告人具有《刑事诉讼法》及其司法解释所规定的符合指定辩护的情形时，由人民法院自行决定为公民提供法律援助并将其提供法律援助的意见通知当地的法律援助机构，法律援助机构必须指定承担法律援助义务的律师履行人民法院的指定辩护义务。这完全是人民法院的职权行为。

公民获得法律援助的另一途径就是向当地法律援助机构提出申请。符合《法律援助条例》第10条、第11条所规定的情形的公民可以提出法律援助申请。

7. 公民获得法律援助的具体程序有哪些？

公民获得法律援助可由人民法院指定，也可由公民个人申请而启动。通常人们所说的法律援助的获得程序是对第二种而言,即依公民申请而提供法律援助的具体程序。根据《法律援助条例》第 17 条、第 18 条的规定,这一程序通常包括以下步骤。

(1) 公民提出申请。法律援助的申请人应与案件有直接的利害关系,并有证据证明其经济困难无力支付诉讼费用和聘请律师费用。申请人应当向法律援助机构递交书面申请,以书面形式提出申请确有困难的,也可以口头申请。法律援助申请书应当写明申请人的姓名、性别、年龄、民族、职业、工作单位或服务单位、住址等;案件基本事实和理由;申请人的经济状况;结尾写明日期并签名。同时,应当提交下列材料:

① 身份证或者其他有效的身份证明;

② 经济困难的证明;

③ 与所申请法律援助事项有关的案件材料。

(2) 法律援助机构对公民申请进行审查,以决定是否予以法律援助,审查结果应当通知申请人。决定不给予法律援助的,应当向申请人书面说明理由。

(3) 受理程序。法律援助机构对于符合条件的申请决定受理,给予法律援助并应及时通知申请人。

(4) 具体实施法律援助。法律援助申请获得批准后,法律援助机构和承办法律援助事项的律师事务所应当指派律师承办具体援助案件。承办律师、法律援助机构和受援人三方要签订《法律援助协议书》,明确各方的权利和义务。

8. 如果公民需要申请法律援助,他应当向哪个具体的机关提出?

(1) 请求国家赔偿的,向赔偿义务机关所在地的法律援助机构提出。

(2) 请求给予社会保险待遇、最低生活保障待遇或者请求发给抚恤金、救济金的,向提供社会保险待遇、最低生活保障待遇或者发给抚恤金、救济金的义务机关所在地的法律援助机构提出申请。

(3) 请求给付赡养费、扶养费、抚养费的,向给付赡养费、扶养费、抚养费的义务机关住所地的法律援助机构提出申请。

(4) 请求支付劳动报酬的,向支付劳动报酬的义务人住所地的法律援助机构提出申请。

(5) 主张因见义勇为行为产生的民事权益的,向被请求人住所地的法律援助机构提出申请。

(6) 犯罪嫌疑人在被侦查机关第一次讯问后或者采取强制措施之日起,因经济困难没有聘请律师的,向案件受理地的人民法院所在地的法律援助机构提出申请。

(7) 公诉案件中的被害人及其法定代理人或者近亲属,自案件移送审查起诉之日起,因经济困难没有委托诉讼代理人的,向案件受理地的人民法院所在地的法律援助机构提出申请。

(8) 自诉案件的自诉人及其法定代理人,自案件被人民法院受理之日起,因经济困难没有委托诉讼代理人的,向案件受理地的人民法院所在地的法律援助机构提出申请。

9. 法律援助机构对于公民法律援助申请予以驳回的,申请人可以寻求哪些救济手段?

法律援助制度是国家对经济困难或者特殊案件的当事人进行法律救济的一种制度,这就决定了以减免法律服务费用为主要特征的法律援助制度不可能是一项惠及社会绝大多数人的社会福利制度,只有符合法律援助条件的公民才可以获得法律援助。

申请人对法律援助机构作出的不符合法律援助条件的通知有异议的,可以在收到通知书之日起 5 日内,向确定该法律援助机构的司法行政部门提出,司法行政部门应当在收到异议之日起 5 个工作日内进行审查,经审查认为申请人符合法律援助条件的,应当以书面形式责令法律援助机构及时对该申请人提供法律援助。

在法律援助的实践中,有少数申请人对法律援助机构的主管司法机关审查后作出的不符合法律援助条件的通知仍然不服的,根据我国目前的有关规定,不能再申诉或者向人民法院提起行政诉讼。

10. 法律援助机构提供什么具体的法律援助?

法律援助机构为受援人可以提供法律咨询、代理、刑事辩护、公证、调解等诸多方面的法律帮助。

(1) 法律咨询。根据受援人所咨询法律问题的繁简情况,可分为简易的法律咨询和复杂的法律咨询。简易的法律咨询,是指对咨询人就法律援助制度的有关问题以及日常生活中遇到的简易法律问题和法律争议的提问直接予以答复的形式,如接待来访、电话咨询、信函咨询等。复杂的法律咨询则是以对咨询者经过审查并作出法律援助的决定后,对受援人就特定法律援助事项进行解释、说明或者提供法律意见书的形式。

(2) 代理。法律援助机构对符合受援条件的公民,指派法律援助人员担任其代理人,根据受援人的委托事项和授权范围,为受援人提供法律服务,根据代理事项的不同,法律援助代理分为以下类型:

① 民事诉讼法律援助代理;

② 刑事诉讼法律援助代理;

③ 行政诉讼法律援助代理;

④ 仲裁法律援助代理。

(3) 刑事辩护。这主要是指法律援助机构接受人民法院的指定或经济困难的犯罪嫌疑人、被告人的申请,指派承担法律援助义务的律师担任受援人的辩护人参加刑事诉讼活动,以维护受援人的合法权益。法律援助承办律师的责任就是根据事实和法律,针对公诉人的指控提出证明犯罪嫌疑人、被告人无罪、罪轻或减轻、免除其刑事责任的材料和意见。

(4) 公证。司法部《关于开展公证法律援助工作的通知》对公证法律援助的程序作了明确规定:公民申请公证法律援助,向有公证管辖权的公证处所在地法律援助机构提出书面申请并提交符合法律援助条件的证明材料,法律援助机构对申请进行审查,符合法律援助条件的,应书面通知有管辖权的公证处,同时转交申请人的公证法律援助申请并书面通知申请人。公证处经审查,对属于其管辖范围内的公证事项并符合公证条件的,应当依法提供公证法律援助。对不符合公证条件和范围的,应按有关规定处理并书面通知法律援助机构和申请人。

(5) 调解。主要是指在法律援助机构指派的法律援助人员的支持下,发生争议的双方或者多方当事人就争议事项经平等协商自愿达成协议,从而解决纷争的活动。

11. 法律援助机构在接受援助案件后,应当无条件地将案件进行完结吗?

不是。办理法律援助案件的人员遇有下列情形之一的,应当向法律援助机构报告,法律援助机构经审查核实的,应当终止该项法律援助:
(1) 受援助人的经济收入状况发生变化,不再符合法律援助条件的;
(2) 案件终止审理或者已被撤销的;
(3) 受援助人又自行委托律师或者其他代理人的;
(4) 受援助人要求终止法律援助的。

案例评析

案例一:大坪塘乡程某2011年6月2日进入耒阳市导子乡源江山煤矿做工,2012年3月20日在工作中,手指被树木砸断,住院50日后出院,2013年6月3日经衡阳市劳动能力鉴定委员会鉴定为十级伤残。源江山煤矿只支付了住院费用,没有按相关法律规定给予程某其他赔偿,并违法解除了与程某的劳动合同。源江山煤矿于2013年12月5日注销。2014年4月12日,程某以源江山煤矿为被诉人,向当地劳动仲裁委员会申请仲裁,要求矿方支付违法解除劳动合同经济补偿金、加班工资,未签订劳动合同双倍工资和一次性工伤医疗补助金、一次性就业补助金、一次性伤残补助金等费用。源江山煤矿的负责人以双方的劳动关系已终止,其法人已注销,不具备诉讼主体资格为由拒绝支付上述费用。[①]

试问:

程某的诉求能否获得法律的支持?

案例一评析:程某向大坪塘司法所申请法律援助。大坪塘司法所作为原告代理人依法向当地法院提起了诉讼,要求根据《个人独资企业法》第28条"个人独资企业解散后,原投资人对个人独资企业存续期间的债务仍应承担偿还责任,但债权人在5年内未向债

---

① http://www.chinalegalaid.gov.cn/China_legalaid/content/201407/04/content_5649659.htm? node=40882。

务人提出偿债请求的,该责任消失"的规定执行。人民法院开庭审理查明案件事实,采纳了原告代理人的观点。经法庭调解,源江山煤矿和出资人蒋某向程某支付所有赔偿53 970元。

案例二:2005年11月的一天,宣武区法律援助中心接到残疾人金某打来的电话。37年前只有19岁的金某被电车撞成重伤,造成高位截瘫,卧床至今。电车分公司为金某支付了住院期间的医疗费和相关费用,此后,又在1971年和1997年分别给了他1200元和1.2万元的赔偿,用于后续治疗。2003年和2005年金某分别做了两次截肢手术,左右腿相继失去。手术前后,与电车分公司数次协商,但电车分公司不愿再承担赔偿责任。无奈中,金某找到了宣武区法律援助中心。

中心决定特事特办,在正式办理书面申请审批手续之前,先行指派亦德律师事务所的魏律师提前介入案件。接受指派后,魏律师对30多年前的案件进行了繁重的调查取证工作。终于从一堆发黄的纸里,找到了1997年金某接受电车分公司补偿的协议。经最后与电车分公司协商不成,魏律师立即代为提起诉讼并为金某主张到了免交诉讼费的权利。开庭审理过程中,人民法院主持调解。2006年1月20日,原被告双方达成协议,北京市公交控股公司给付金有福5万元。魏律师亲自将钱交到金某的手上。年近六旬的残疾老人噙着泪水一遍一遍重复着"谢谢!"。

试就本案中相关主体的行为进行法律分析。

案例二评析:《法律援助条例》第10条规定:"公民对下列需要代理的事项,因经济困难没有委托代理人的,可以向法律援助机构申请法律援助:(1) 依法请求国家赔偿的;(2) 请求给予社会保险待遇或者最低生活保障待遇的;(3) 请求发给抚恤金、救济金的;(4) 请求给付赡养费、抚养费、扶养费的;(5) 请求支付劳动报酬的;(6) 主张因见义勇为行为产生的民事权益的。省、自治区、直辖市人民政府可以对前款规定以外的法律援助事项作出补充规定。公民可以就本条第1款、第2款规定的事项向法律援助机构申请法律咨询。"

《法律援助条例》第11条规定:"刑事诉讼中有下列情形之一的,公民可以向法律援助机构申请法律援助:(1) 犯罪嫌疑人在被侦查机关第一次讯问后或者采取强制措施之日起,因经济困难没有聘请律师的;(2) 公诉案件中的被害人及其法定代理人或者近亲属,自案件移送审查起诉之日起,因经济困难没有委托诉讼代理人的;(3) 自诉案件的自诉人及其法定代理人,自案件被人民法院受理之日起,因经济困难没有委托诉讼代理人的。"

《法律援助条例》第12条规定:"公诉人出庭公诉的案件,被告人因经济困难或者其他原因没有委托辩护人,人民法院为被告人指定辩护时,法律援助机构应当提供法律援助。被告人是盲、聋、哑人或者未成年人而没有委托辩护人的,或者被告人可能被判处死刑而没有委托辩护人的,人民法院为被告人指定辩护时,法律援助机构应当提供法律援助,无须对被告人进行经济状况的审查。"

《法律援助条例》第 13 条规定:"本条例所称公民经济困难的标准,由省、自治区、直辖市人民政府根据本行政区域经济发展状况和法律援助事业的需要规定。申请人住所地的经济困难标准与受理申请的法律援助机构所在地的经济困难标准不一致的,按照受理申请的法律援助机构所在地的经济困难标准执行。"

本案中相关部门的做法体现了我国社会主义法律援助制度的特点与优点,是值得肯定与表扬的。本案在诉讼时效上存在很大难度,37 年的时间间隔给调查取证带来了很大的困难,法律援助为当事人百分之一的希望付出了百分之百的努力,最终取得了成功。执着正是贯穿本案始终的红线。

参考文献

[1] 肖蔚云.宪法[M].北京:北京大学出版社,2004.

[2] 许崇德.宪法[M].北京:中国人民大学出版社,1999.

[3] 许崇德.宪法[M].第二版.北京:中国人民大学出版社,2004.

[4] 董和平.宪法[M].北京:中国人民大学出版社,2004.

[5] 王利民.民法[M].第二版.北京:中国人民大学出版社,2006.

[6] 张玉敏.民法[M].北京:中国人民大学出版社,2003.

[7] 王利民.民法总则研究[M].北京:中国人民大学出版社,2003.

[8] 郑云瑞.民法总论[M].北京:北京大学出版社,2004.

[9] 魏振瀛.民法[M].北京:北京大学出版社,高等教育出版社,2000.

[10] 郑玉波.民法总论[M].北京:中国政法大学出版社,2003.

[11] 〔德〕哈特穆特·毛雷尔.行政法学总论[M].高家伟,译.北京:法律出版社,2000.

[12] 张正钊.行政法与行政诉讼法[M].第二版.北京:中国人民大学出版社,2001.

[13] 叶必丰.行政法与行政诉讼法[M].北京:中国人民大学出版社,2003.

[14] 王作富.刑法[M].第二版.北京:中国人民大学出版社,2004.

[15] 马克昌.刑法学[M].北京:高等教育出版社,2003.

[16] 陈兴良.刑事法评论[M].第二版.北京:中国政法大学出版社,2000.

[17] 高铭暄.刑法分论[M].北京:高等教育出版社,2002.

[18] 周光权.刑法各论讲义[M].北京:清华大学出版社,2003.

[19] 张小虎.刑法的基本观念[M].北京:北京大学出版社,2004.

[20] 刘文华,潘静成.经济法[M].第二版.北京:中国人民大学出版社,2005.

[21] 黄河.经济法[M].北京:中国人民大学出版社,2003.

[22] 李昌麒.经济法学[M].修订版.北京:中国政法大学出版社,2002.

[23] 杨紫烜.经济法研究[M].北京:北京大学出版社,2001.

[24] 杨紫烜.经济法[M].第二版.北京:北京大学出版社,高等教育出版社,2006.

[25] 江伟.民事诉讼法[M].第二版.北京:中国人民大学出版社,2004.

[26] 田平安.民事诉讼法[M].北京:中国人民大学出版社,2003.

[27] 江伟.民事诉讼法专论[M].北京:中国人民大学出版社,2005.

[28] 章武生.民事诉讼法新论[M].北京:法律出版社,1993.

[29] 程荣斌.刑事诉讼法[M].第二版.北京:中国人民大学出版社,2005.

[30] 张旭.刑事诉讼法[M].北京:中国人民大学出版社,2003.

[31] 陈光中,徐静村.刑事诉讼法学[M].修订版.北京:中国政法大学出版社,2002.

[32] 樊崇义.刑事诉讼法学[M].修订版.北京:中国政法大学出版社,1999.

[33] 田平安.刑事诉讼法学[M].北京:法律出版社,2003.

[34] 王国枢.刑事诉讼法学[M].北京:北京大学出版社,2001.

[35] 程荣斌.中国刑事诉讼法教程[M].北京:中国人民大学出版社,1997.

[36] 倪新兵.法律基础教学案例[M].北京:北京大学出版社,2006.

[37] 国家司法考试辅导用书编辑委员会.2014年国家司法考试辅导用书[M].北京:法律出版社.2014.

[38] 屈茂辉.中国民法[M].北京:法律出版社.2014.

[39] 江海昌.刑法应用[M].北京:中国检察出版社.2014.